谋定天下系列

谋逐神鹿

南北朝开国奇谋

姜若木 编著

台海出版社

图书在版编目（CIP）数据

谋逐神鹿：南北朝开国奇谋 / 姜若木编著·-北京：台海出版社，2013.7

ISBN 978-7-5168-0220-5

Ⅰ.①谋… Ⅱ.姜… Ⅲ.①中国历史-南北朝时代-通俗读物 Ⅳ.①K239.09

中国版本图书馆CIP数据核字（2013）第153020号

谋逐神鹿：南北朝开国奇谋

编　　著：姜若木

责任编辑：孙铁楠　　　　装帧设计：侯　泰

版式设计：姚　雪　　　　责任印制：蔡　旭

出版发行：台海出版社

地　　址：北京市劲松南路1号，邮政编码：100021

电　　话：010-64041652（发行，邮购）

传　　真：010-84045799（总编室）

网　　址：www.taimeng.org.cn/thcbs/default.htm

E-mail：thcbs@126.com

经　　销：全国各地新华书店

印　　刷：北京柯蓝博泰印务有限公司

本书如有破损、缺页、装订错误，请与本社联系调换

开　　本：710×1000　1/16

字　　数：210千字　　　　印　　张：16.25

版　　次：2013年10月第一版　　　　印　　次：2013年10月第一次印刷

书　　号：ISBN978-7-5168-0220-5

定　　价：33.00元

前　言

在中国古代历史的发展进程中，“分久必合，合久必分”这一规律已经被证实过无数次。当历史的车轮滚动到南北朝的时候，再一次将天下大势的变化演绎出来。南北朝是中国历史上一个非常重要的阶段，在这个大分裂和动乱时期，出现了无数的英雄人物，更有雄才大略的君王。那么，纷繁变化的南北朝，将会为我们展现出怎样的一幅画卷呢？

东晋后期，朝政颓败，皇权沦丧，权臣操持着国家大权。俗话说，乱世出豪杰。在这个动乱的时期，涌现出了很多的杰出人物，而刘裕便是这其中的最耀眼的人物之一，他揭开了南北朝的序幕。早年的刘裕，生活异常艰辛，但是他胸怀大志，年轻时就有气吞万里的气势。投军之后，很快受到赏识。在后来的战争中，更是屡立战功，显示出了卓越的军事才能。在铲除了一些障碍之后，刘裕便开始独掌大权，并且篡位称帝，开始了南朝的历史。

刘裕在位时，刘宋朝开始出现了清明的政治，然而，刘裕死后，刘宋朝的江山便开始出现动摇。在这个时期，出现了一位颇有将帅才能的人，就是萧道成。和刘裕一样，萧道成也是生逢乱世，但是他少有才能，并且在军营中，很快就崭露头角。随后，他也慢慢地掌握了朝政大

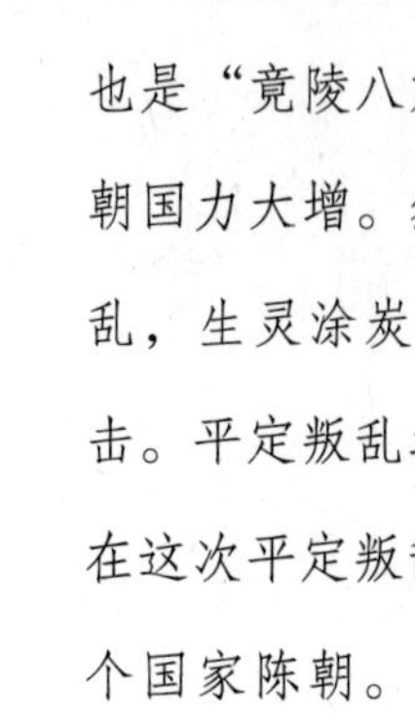

权，并且最后灭掉了刘宋王朝，建立南齐王朝。然而，自他之后，朝中局势混乱，皇位频频易主，使得南齐王朝很快就岌岌可危。随后，也就有了萧衍趁势称帝。在萧氏中，多富有文才之人，萧衍更是少有才名，也是“竟陵八友”之一。萧衍称帝之后，励精图治，使得南齐之后的梁朝国力大增。然而，由于他晚年笃信佛教，甚至舍身佛寺，导致国家动乱，生灵涂炭，并且引发了“侯景之乱”。这给梁朝带来了致命的打击。平定叛乱之后，梁朝国势颓危，朝不保夕。出身寒门的陈霸先便是在这次平定叛乱中逐步掌握大权，并且取代了梁朝，而建立南朝最后一个国家陈朝。然而，陈霸先此时面对的是一个刚刚经历战乱，内忧外患、积贫积弱的局面。尽管陈霸先一心想振兴国家，但是事业未竟，猝然离世，留下了一个仍然弱小的国家。

当南朝在不断地改朝换代的时候，北方也开始发生着巨大的变化。北方的拓跋氏在经历了灭国的灾难之后，又很快崛起，并且迅速强大起来。数年之后，拓跋珪兼并了一些部落，建立了北魏。随后，在拓跋嗣、拓跋焘的努力下，终于使得北魏成为北方霸主。在北魏孝文帝拓跋宏的统治下，实现了北魏的统一，同时也形成了南北对峙的局面。然而，随着时间的推移，北魏在经历了数代君王之后，朝政也开始腐败，纲纪失控，最终导致了皇帝的出逃。同时，这也形成了东西魏分治的局面。由于东西魏都是由权臣专政，所以，此时的北魏皇帝形同虚设。在后来的时间里，东西魏战争不断。最后，北周出现并灭掉了北齐。这时，天下的局势又开始发生变化。而这种分裂局面的终结者杨坚，也逐渐地壮大起来，并且取代了北周，建立隋朝。在经过南下灭陈等战争之后，实现了天下的一统。

本书从气吞万里，刘裕建宋；谋权夺位，轮流坐庄；受禅称帝，萧衍建梁；改换门庭，霸先建陈；苍狼北顾，拓跋建国；东魏西魏，各霸一方；波谲云诡，大浪淘沙；雄才出世，天下一统八个方面来详细讲述了南北朝的历史。本书采用客观平实、层次清晰的语言，借助史学典籍的记载以及史家的评论为一体，精心编著了《谋逐神鹿——南北朝开国奇谋》一书。在讲述这些历史故事的同时，我们还加入了智谋精髓，让广大读者在阅读历史的同时，有所感悟和收获，也希望本书能成为广大读者成长路上的良师益友。

目　录

上篇　南朝开国权谋

第一章　气吞万里，刘裕建宋

中国历史上的南北朝是在三国两晋之后的又一个分裂时期，而一手拉开跌宕起伏的南北朝的序幕的人，就是“气吞万里如虎”的刘裕。经历了早年的磨难之后的刘裕，在动乱中逐步成长起来，并且在战争中屡立战功。经过数年的经营，他终于横扫南燕，再灭后秦，在剪除异己之后，成就了一番霸业。

第二章 谋权夺位，轮流坐庄

宋武帝建立了南朝宋，并且促成了“元嘉之治”，然而，在他死后，国内便开始动乱，并很快就陷入到内忧外患的境地。俗语说，乱世出英雄，萧道成便是生活在这样的背景下。他少有将才，并且在平乱中立下汗马功劳。随后，他逐步掌握了军权。随着局势的变化，萧道成在时机成熟之际灭宋建齐。然而，在南齐政权中，纷争不断，皇位屡屡易主，使得南齐国势迅速颓危。

第三章 受禅称帝，萧衍建梁

南齐政权到了齐明帝之后，国内混乱，朝政败坏。出身皇室家族的萧衍，自幼好学，少年时就已经博学多才，后成为“竟陵八友”之一。不仅如此，萧衍胆识过人，并且能够洞悉时势。随着南齐国势的变化，萧衍在朝中颇有威望。后终受禅称帝，建立梁朝。萧衍成就帝业之后，全面改革，使得江表无事五十年。由于萧衍晚年崇佛，故也被称为“和尚皇帝”。

第四章　改换门庭，霸先建陈

在南朝的历史上，陈朝是唯一一个以君王的姓来命名的朝代。陈朝的创建者陈霸先出身寒门，却胸有大志。他不满足于一生只做小吏，于是便满怀报国之志，前往梁都建康施展自己的抱负。在军营中，陈霸先能谋善战，深受器重。后来，在“侯景之乱”中，他审时度势，篡梁建陈，实现了自己的抱负。然而，在经过“侯景之乱”后，梁朝已经内忧外患，积贫积弱了。面对这样的严峻局势，陈霸先展现出了哪些雄才大略呢？

下篇　北朝开国权谋

第一章　苍狼北顾，拓跋建国

当南朝的诸国在经历着朝代的更换的时候，北方的一些部落也开始崛起，并且逐步壮大，这其中最神秘的就是拓跋氏。随着拓跋部落的不断强大，拓跋氏的继承人拓跋珪最终建立了北魏王朝。到了拓跋焘时期，北魏逐步成为了北方霸主。随后，孝文帝拓跋宏最终统一了北魏，并且采取了一系列汉化政策，这些极大地促进了南北的融合和文化交流，对后世有着非常重要的意义。

第二章　东魏西魏，各霸一方

北魏经历了繁荣时期之后，也逐步走向了衰落。随着皇权的颓弱，朝中逐有权臣操政，而高欢便是这其中的一位。高欢的肆意专权，导致君臣猜忌，最终使得君臣决裂。后来，孝武帝元修逃往长安宇文泰部。这样，北魏就逐步分裂成对峙的东西魏，随后，东西魏之间的博弈就成了高欢和宇文泰之间的战争。然而，双雄对决，孰胜孰负呢？

第三章　风诡云谲，大浪淘沙

东西魏建立之后，高欢与宇文泰之间的战争始终没有停止。高欢死后，高澄执政，而高洋最终篡位建立北齐，国势开始衰微。此时，西魏宇文泰也登上皇位，建立北周。在宇文泰的治理下，北周日益强盛，并且消灭了北齐，成为最后的赢家。然而，这其中的形势波谲云诡，一切都还在继续。

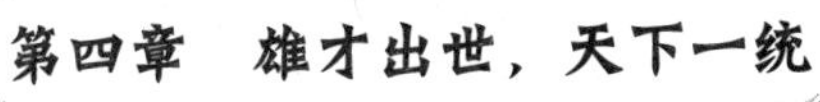

第四章　雄才出世，天下一统

天下大势，合久必分，分久必合。南北朝经历了漫长的分裂之后，到了隋朝才实现统一，而实现这个大统一的君王正是隋文帝杨坚。杨坚蒙祖德荫，在北周朝中迅速成长壮大起来。当他看到北周国势已衰之时，便乘机夺取政权，建立隋朝。建国后，杨坚采取了有效的改革措施，使得国内渐安。同时，他率军南下，消灭南朝最后一个小国，实现了南北的大一统。

谋逐神鹿

上篇 南朝开国权谋

第一章 气吞万里，刘裕建宋

中国历史上的南北朝是在三国两晋之后的又一个分裂时期，而一手拉开跌宕起伏的南北朝的序幕的人，就是“气吞万里如虎”的刘裕。经历了早年的磨难之后的刘裕，在动乱中逐步成长起来，并且在战争中屡立战功。经过数年的经营，他终于横扫南燕，再灭后秦，在剪除异己之后，成就了一番霸业。

幼年磨难，初露锋芒

东晋哀帝兴宁元年（公元363年）的一个夜晚，江南丹徒县京口镇一个没落侨民刘翘的妻子赵氏生了一个儿子。这个孩子就是刘裕，即后来的宋武帝。史书记载，刘裕出生时“神光照室尽明，是夕甘露降于墓树。”

虽然刘裕出身寒门，按《宋书》的记载，他是汉室宗亲，汉高祖刘邦弟弟楚元王刘交之后。当年在沛县（今属江苏）丰邑中阳里，刘太公有四个儿子，其中的老三就是后来的汉高祖刘邦。公元前201年，刘邦诈游云梦泽，诱捕了大功臣楚王韩信。十几天后，将韩信贬为淮阴侯，同时将楚国封地一分为二，让弟弟刘交继任楚王。因为楚国都城在彭城（今江苏徐州），所以作为刘交之后的刘裕便把祖籍算在彭城。

然而，这个孩子刚刚坠地，赵氏就暴病身亡。赵氏得的病，历史记载为产后血崩。这样一来，古人迷信，讲究克父、克母、克夫之说，也许刘翘一开始就认定刘裕会给家里带来灾难，现在克死了母亲，保不准将来哪一天也会克死自己，败坏这个家庭。所以，刘翘打算活埋刘裕。

当时五胡乱华，晋室东迁，北方的民众大批南下，渡过淮河、过长江，迁徙至安定的江南。北方来的侨民，丧失了土地，失去了做地方豪强的资格。东晋时期，最看重门阀，士族和庶族有着天壤之别，庶族能做到郡太守，已经到顶了，很难进入上层社会。刘裕的家境即是如此，他祖父刘靖做到了郡太守的职位，而刘裕的父亲刘翘只是个郡功曹。

刘裕像

就在刘翘想要抛弃刘裕的时候，刘翘的同宗兄弟刘万见刘裕可怜，将刘裕抱回家，断了自己儿子的奶，让妻子喂养刘裕。婶母将刘裕喂养了两年才将他送回家，刘翘见此，便开始抚养这个孩子。鉴于刘裕在婶母家寄养的经历，遂给他取了个小名——寄奴。按《宋书·刘怀肃传》的说法，这位少妇是刘裕的从母。从母也就是母亲的姐妹，那么她应该也姓赵。有文章称，此人是刘裕的从叔刘万之妻杜氏，此说与《宋书·刘怀肃传》的记载相差很大，也与《宋书·符瑞志》中“皇妣既殂，养于舅氏，改为寄奴焉”的记载相矛盾。

不论是赵氏还是杜氏，刘裕这位从母待他极好。她当时刚生下第二个孩子刘怀敬不久，为了保证小寄奴有充足的营养，甚至给自己的儿子断了奶。很多年后，刘裕已成为极有权势的大人物，他特别照顾这位因自己而被亏待的表哥刘怀敬，授予他会稽太守之职。刘怀敬终因母亲的善举而频得好运，刘宋代晋之后又升任尚书、金紫光禄大夫。

相传刘裕年少之时，经常上山去打柴。一天，他又去到一个叫新州的地方打柴，突然一条巨蟒横卧路中央。刘裕见状，连忙弯弓搭箭，一箭射去，大蟒负痛而走。第二天，他又去那里砍柴，路过一处山崖下，忽闻有阵阵杵臼声。刘裕感到奇怪，便循声寻去。原来是两名青衣童子在捣药。问其故，答曰："主人昨日被寄奴所射。伤势严重，非此外敷内服不治。"刘裕再问："你家主人为何不杀寄奴报仇？"童子答："主人说杀不得，他将来是一位真龙天子，坐镇天下的！"刘裕听后，大吼一声，两名青衣童子惊慌逃去，只剩下石臼和未捣烂的药草。刘裕拿起药草一看，认识就是民间称为"奇蒿"的野草。说来奇怪，后来刘裕起兵打仗，争夺天下时，凡军中士兵被刀箭所伤者，用此药外敷内服，皆能奏效，后来刘裕果真坐上了皇帝的龙椅。又因这种草药为刘裕争夺江山而立下了不朽功绩，后人便称它为"刘寄奴"。

刘裕射杀巨蟒他自己曾经亲口说过，但和传说中的并不一样，仅"见大蛇长数丈，射之，伤。"这种说法，只是刘裕发迹前为了提高自己的身份，自己对别人讲的，和中药"刘寄奴"扯上关系，只是民间的附会。

表面看来，刘裕的童年是离奇而神秘的。而实际上，他的童年充满了磨难。在刘裕年未及冠时，刘翘一病不起，不久便死去。刘裕断了生活来源，又是家里的长子，不得不承担起家庭生活的重担。因此刘裕从少年时起，就拼命地耕田、打柴，还编织草鞋去贩卖。

有一天，刘裕仍旧像往常一样挑着草鞋去集市上卖，正好遇见班师回京的谢玄大将军，当时的谢玄可谓当朝第一名将，淝水之战就是由此人指挥并取得最终胜利的。谢玄骑着高头大马，银盔亮甲，十分威风地从他身边经过。

谢玄，字幼度，出身陈郡谢家，父亲是安西将军谢奕，叔父是大名鼎鼎的江左名相谢安。他幼年时曾随叔父一起在东山隐居，因为聪明，悟性高，深得谢安的喜爱。谢玄善于识人，择贤任能，并且赏罚分明，与部下同舟共济、荣辱与共。他虽然出身豪门士族，却较少门第偏见，于是，北府便成为了当时人才的汇集中心。著名的人才有彭城刘牢之、东海何谦、琅琊诸葛侃、乐安高衡、东平刘轨、西河田洛、晋陵孙无终等，这些人基本上都出身寒门，但都被谢玄以不计贵贱的态度委以重任。这些人才中，最重要的人才是刘牢之。

晋太元三年（公元378年）八月，前秦主苻坚命兖州刺史彭超、后将军俱难、洛州刺史邵保等率7万大军攻晋。第二年，前秦军攻克盱眙，生擒晋高密内史毛璪之，又在堂邑大败晋军，东晋举国危机。危难关头，方显英雄本色，谢玄、刘牢之等率领的北府军集结停当，从广陵出发，只用了短短半个月时间，经过三阿、盱眙、淮阴、君川四次会战，北府将士们连败秦军，取得了全歼前秦彭超、俱难7万余人的辉煌战绩！彭、俱二将仅逃一命。这是晋军继桓温首次北伐之后获得的对前秦作战的最大胜利。这次战争发生的时候，刘裕只有16岁。

当刘裕见到谢玄这样威风的时候，他心潮澎湃，发出了一句类似当年刘邦见到秦始皇浩大的车队时一样的感叹：“大丈夫当如此也。”这一天见到的境况彻底地改变了刘裕，改变了他多年的想法。他心想：我堂堂七尺男儿，难道就要在这个破地方耕一辈子田，打一辈子柴？只有像谢玄这样，受万人景仰，让万民追捧，才是我所想要的生活。我要去参军，纵使马革裹尸也在所不惜。

东晋时期还没有科举制度，当官主要途径是推荐，而且实权大都掌握在世家大族手中，像刘裕这样没有背景，家世又贫寒的平民充其量像他父亲那样做个小吏，命运好的话还可以做一任地方官，但是要做大官是绝对不可能的。不过两晋承袭汉制，军功受封赏极多，一般平民要成就事业，最好的办法也只有参军一途。但是，参军易，要成就伟业难，晋朝士族势力强大，掌握实权的大都是世家大族，像桓温、谢玄，都是出自名门望族，才能掌握实权，像刘裕这样的寒门之人，要成就伟业，掌握大权，实非易事。然而，这也是唯一的出路了。

那一年，刘裕35岁。他的女儿刚刚出生不久。此时的刘裕投军的信心更加充分了，他必须要出人头地。有了这个想法以后，刘裕辞别妻儿，渡过长江，投到了冠军将军孙无终的部队。刘裕参加的是当时最强悍的部队——北府兵。

东晋后期，以两大军系为主，其一便是桓温首创的荆扬强兵，这是桓温当年西征北伐的主力，虽然最后一次北伐中损失颇多，但是元气未伤，日后经桓冲、桓玄两代经营，其实力相当可观，乃是东晋西线主力，不过朝廷对桓家是又恨又怕。因为当年桓温可是明着要篡位的，所以这个时候，朝廷对控制在桓家的荆扬强兵有着很高的警惕。不能依靠荆扬强兵，那只有建立自己的武装，那便是晋末的北府军了。这北府军是谢玄为了抵御前秦，招募北方流民建立起来的军队，这支军队建立之后屡立奇功，淝水一战中更是名满天下。

刘裕投军后，就成为孙无终的部下。刘裕生性勇猛，更以豪气善战闻名，加之他又是孙无终的京口老乡，很快就做到了孙无终的府司马。

然而，淝水之战以后，东晋对北方各国处在战略防御的位置上，没有大的战争。然而，对于迫切希望建功立业的刘裕来说，他非常需要时机。东晋安帝隆安三年（公元399年），一场战争让刘裕初露锋芒，此后，他便备受器重。

就在这一年，新安太守孙泰之侄孙恩造反。

孙泰既是新安太守，又是五斗米道的首领。在东晋，五斗米道属于不被朝廷承认的邪教，是邪教，当然就是要镇压的。隆安二年（398

年），东晋皇室会稽王司马元显设计捕杀了孙泰，并大肆搜捕孙泰余党。孙恩侥幸逃走，并且逃到了海岛上。孙恩逃走时，跟随他的还有一批忠实的信徒。在东海的一个海岛上，他又继续宣扬他的五斗米道，跟着又有100多亡命之徒来投奔他。

东晋末年，藩镇林立，各拥重兵，皇室反而逐渐衰弱。只要这些军阀们对皇室的决议稍有不满，时常就会起来造反作乱。在这种情况下，手握朝政大权的司马元显为了同几个特别蛮横的军阀如桓玄、刘牢之之辈抗衡，决定组织一支由他自己控制的军队。于是下令征发江东八郡的农民充兵役，结果引起骚动。在这种情况下，孙恩认为时机已到，便率领百余人登陆，攻上虞，杀县令。孙恩占领了上虞，又乘胜袭击会稽（今浙江绍兴），杀掉了会稽内史王凝之（大书法家王羲之次子）。

占领会稽后，吴中八郡群起响应。其时，士族豪门凭借特权，过着贪婪腐朽的生活，不断加强对人民的压迫和剥削，很多“不明真相”的百姓群众纷纷加入，以此泄愤。短短十多天里，孙恩的部众就发展至十多万人，郡县兵卒，望风披靡。孙恩把会稽作为大本营，自称征东将军，把部众都叫做“长生人”，并宣布命令：“凡是县官以上都杀！凡是不投顺本教的都杀！”一时间，杀死的官吏和百姓无数。捉到县令，醢为肉酱，给他的妻子和子女吃，不吃的，把手脚砍断。即使婴儿，也不能幸免。当时民众，妇女们都纷纷投入军队，有的妇女有婴儿的拖累，她们便把婴儿装在竹篓中，放进水里，同时祝告说：“祝贺你先登仙界，我随后就来。”

面对咄咄逼人的孙恩叛军，晋廷急调卫将军谢琰、前将军刘牢之率北府兵前去镇压。刘牢之临行时因军中缺少一个参谋而闷闷不乐，正是这个时候，他想到了刘裕。于是他借机向下属孙无终提出，调刘裕到将

军府任参府军事，刘裕遂奉调到了前线，从此起家。

当年十二月，刘牢之派刘裕率数十人前去侦察孙恩部队的行踪，结果被对方数千人包围。数千人对数十人，实力悬殊得不成比例，但这时候的刘裕没有害怕，相反，他很兴奋，因为他明白，只有在战场上，他才能无限接近他那个心中的目标，不成功便成仁。由于实力过于悬殊，刘裕的随从全部战死，他自己也被赶下河岸，命悬一线，就在这个时候，刘裕手持长刀，将试图跳下岸的敌人一连斩杀了好几个，并且叠尸为梯，跃登上岸，冲进人群乱砍乱杀。真乃一夫拼命，万夫辟易。孙恩部队多是乌合之众，看到如此威猛疯狂的亡命之徒，一个个恐惧怯战，完全忘了己方人多势众，互相推搡观望，没有人敢再去正面迎战刘裕，反而在刘裕冲过来时人人争相掉头逃跑。

此时刘牢之见刘裕许久不归，怕有闪失，派长子刘敬宣率领骑兵前去接应，正好看到刘裕惊心动魄的杀敌场面。只见刘裕满身血迹，正挥舞着闪亮的战刀，犹如虎入羊群，将数千名敌人赶得到处乱窜。刘裕从此一战成名，深为刘牢之所器重。也就是从这个时候开始，刘裕开始了他人生真正的转折。

大败桓玄，北伐南燕

在东晋朝廷忙于征讨孙恩之时，坐拥荆、江二州的桓玄开始暗暗扩

充自己的实力。此时，东晋朝臣司马元显对桓玄一直心怀痛恨，这时的桓玄实际上已经控制了东晋近乎三分之二的国土，司马元显知道，桓玄始终是国家的祸患。

这个时候，桓玄写了一封信给司马元显，而正是这封信，间接导致了一场天翻地覆的战争，东晋朝廷也被改朝换代，更名为楚，而皇帝正是桓玄。

司马元显读信后大为恐慌，召心腹张法顺商议。张法顺分析局势后，给司马元显出了一个主意，而这个主意直接要了司马元显的命。

他的主意非常简单明了，概括起来就几个字："以北府兵对抗荆扬强兵。"张法顺没料到的是，他看错了一个人，而这个人直接决定了战争的形势。

司马元显平素非常倚重张法顺，但他也知道桓玄不是那么好惹的，于是他仍决定暗暗地等待机会。正好这时，另一封信使他坚定了攻打桓玄的想法。如果说前一封信间接导致了这场战争，而这第二封信却是这场战争最直接的导火索。

信是武昌太守庾楷写的，信的内容很简短，大意是说："司马公如果出兵讨伐桓玄，我将为你充当内应。"司马元显见信后大喜，外有强兵，内有内应，事无不成之理。晋安帝元兴元年（公元402年）元旦，司马元显命刘牢之为先锋，刘裕为参军，即日征讨桓玄。

桓玄得知司马元显出兵的消息后，听从长史卞范之的建议，带领大军沿江东下，直扑建康，同时历数司马元显数大罪状。此时的刘牢之虽然被司马元显任命为先锋，却迟迟不肯发兵。因为他心中打起了借刀杀人的计谋："由桓玄来诛杀司马元显父子，再以之为借口讨伐桓玄，便可以一举荡平海内！"

桓玄率大军顺利通过浔阳，不见刘牢之的军队的踪影，桓玄全军都清楚了，刘牢之的部队是不会来攻打自己了。于是率领士气大振的军队迅速拿下了襄城，并击败了司马尚之率领的9000名步兵。此后桓玄做了一件很重要的事情，他派出自己的舅舅何穆去说服刘牢之，刘牢之当即同意投降桓玄。

得知刘牢之投降桓玄的消息后，其子刘敬宣、外甥何无忌及参军刘裕本人大为不满。刘裕看得很清楚，桓玄以下犯上，出师无名，久之必失人心。在动之以情，晓之以理的情况下，刘牢之仍不为所动。刘裕随即决定回家赋闲。

司马元显见调不动刘牢之，只好自己亲自披挂上阵，在宣阳门外，两军还未交战，司马元显的众多士兵不战而逃，司马元显大败被俘。桓玄就这样非常顺利地占领建康。

随后，桓玄的势力更是如日中天。把持朝政的桓玄，立即逮捕了司马元显和张法顺，并且赐死。这个时候桓玄还做了一个很重要的人事调动，他撤了刘牢之北府大营将军的职务，安排他去做会稽内史。

刘敬宣从建康回来，暗中劝刘牢之说："桓玄已经控制朝政，乱臣贼子，民心不合，现在正是你讨伐他的时候，请速作决定。"然而，此时的刘牢之却没有了主意。刘牢之悄悄地把刘裕找到面前问他，我准备北上和高雅之会合一起反抗桓玄，你和我一起去吗？刘裕听了刘牢之的话以后，衡量了一下形势，然后说，将军你当初拥有几万精兵本来可以阻止现在这种情况发生的，不过你被桓玄的几句话一说就投降了。此时桓玄大权独揽，天下的人都愿意归附他了。你要去广陵策划谋反，怎么可能会顺利到达呢？

刘裕看得相当透彻，几年的战争风云，不光磨炼了他卓越的军事才能，也使他看清了历史的真相，反复无常的人最多只能充当小丑的角色，要成大业，必须顺应民心，百姓不能拥护的人，最后必然走向衰亡。刘裕的预言很快就得到了验证。

刘牢之召集所有将领对他们讲出自己要退守江北反抗桓玄，但是手下将领刘袭说，你两次叛变你的主人，这次你还想要第三次叛变你的主人，就算成功，你以后如何对天下交代呢？众多将领都觉得如此，听完这番话以后一哄而散。刘牢之无奈，在众叛亲离的情况下，上吊自杀。

到了这个时候，东晋王朝已经无人能和桓玄相抗衡了，分裂的东晋王朝终于控制在了桓玄的手中。然而，此时的刘裕正在韬光养晦，静待时事变化。

随着局势的骤变，刘裕感觉到时机已到，于是便开始起兵讨伐桓玄。从京口起兵之后，刘裕一路所向披靡。在军师刘穆之辅助下，在覆舟山之战中，刘裕打败桓玄，使得桓玄败走。但是，桓玄临走之时，也将皇帝司马德宗带上了。刘裕看到这种情况，感觉事情有些棘手。因为刘裕起兵的口号就是恢复东晋王朝让晋安帝复辟。现在皇帝还被桓玄控制，还没死，这样一来，很多的调动就会受到限制。

桓玄虽然屡屡败退，但是他准备得却很充分，刘裕的追兵始终也没有追上。正在刘裕一筹莫展之际，军师刘穆之给他出了一个好计策。虽然司马德宗被桓玄控制，但是建康城里皇室人士众多，可以重新找一个，名义上让其监国。于是刘裕便找来了武陵王司马遵，并且对他说，晋安帝密诏要司马遵代替他统领百官，治理国家事务。这样一来，军事上的调动就会容易多了。

刘裕知道自己不善于处理政事，于是就将朝廷内外政事全委交给刘穆之，刘穆之斟酌时宜，根据实际情况，矫正桓玄执政时的弊病，建立

各项制度。刘裕以身作则，带头遵守，京城的风气有了很大的改观，史称“威禁内外，百官皆肃然奉职，二三日间，风俗顿改”。

稳定了京城局势后，刘裕下面要做的便是全力围剿桓玄势力。随后，刘裕命刘毅等人主动进击。

桓氏在荆州称霸三代，老臣宿将众多。于是，回到荆州的桓玄仍自称楚帝，集合兵马，挟帝反扑。桓振取胜后，荆州军声势大振，刘毅与何无忌、刘道规虽然合兵一处，但也感到暂时无力继续进攻，便收兵撤回寻阳，上书请罪。不久，建康朝廷的处理决定下来了：因刘毅是主帅，故承担主要责任，免除刚刚担任没几天的青州刺史一职，没过几天，这个职位就让刘裕升任了。这次战败的主要责任人明明是何无忌，可最重的责任却落到刘毅身上，二刘之间隐藏的矛盾继续加深。

桓玄从子桓振打退刘毅的西征军后，又打败了东进的益州军。桓家在荆州的统治暂时又稳定下来，但在其他地方，桓家就没这样的好运气了。六月，毛璩攻克汉中，斩梁州刺史桓希，梁州失守。建康方面当然不可能对桓家重据荆州无动于衷，更何况此时晋朝的两个中央中，建康政府已明显强于江陵政府，只要略假时日，刘裕所能动员的军队很快就会在实力上压倒桓军。

几个月后，建康新政府对桓家的第二次讨伐开始了。鉴于桓振的势力，刘裕采用了类似于当年汉高祖破项羽的战略，兵分两路。主攻方向仍以刘毅为主帅，在得到刘敬宣的增援后，沿长江西上，连克鲁山城（今湖北武汉市汉阳区）、偃月垒（今湖北武汉市武昌区西南）、巴陵，打败老将冯该；助攻方向由南阳太守鲁宗之指挥，南下进攻襄阳，还没怎么打，雍州刺史桓蔚便仓皇弃城逃回江陵。刘毅与鲁宗之两军南北呼应，夹击荆州。

桓振在江陵一想，两相比较，认为刘毅的威胁更大。于是他于元兴四年（公元405年）正月初七从江陵出发，挟持着安帝司马德宗出江津（今湖北沙市东南），进攻刘毅。刘毅一见桓振出来了，便命全军扼守马头（今湖北公安西北），坚壁以待，不与之交战。

这个时候，北面的鲁宗之乘桓振南出的机会，大败桓家军将领温楷，推进到纪南（地处江陵西北，古楚国的都城郢），而桓振面对刘毅却求战不得。无奈之下，桓振派人去见刘毅，提出和谈条件：桓家可以把皇帝送回建康，但要求停战，同时让桓家保有荆、江二州的地盘。刘毅二话没说，一口拒绝。桓振气得跳脚，又拿刘毅没办法，鲁宗之在桓家后院放的火已到了非救不可的时候了。桓振只好收兵，命桓谦、冯该防守江陵，自率大军北上进攻鲁宗之。

桓振走后，刘毅立即挥军出击，大败冯该于豫章口（江陵东南），守城的桓谦已经吓破了胆，慌忙和桓蔚、桓怡等兄弟以及何澹之、温楷等败将一起弃城出逃，桓家大本营江陵被攻克。司马德宗和司马德文兄弟总算摆脱了桓家的控制，被西征军解救出来。

随后，桓振挥军北击，大败猝不及防的鲁宗之。但他知道强敌在后，不敢穷追，得胜后连忙收兵回江陵，谁知还是晚了一步。到达江陵城北不远处时，桓振的士兵看到城头火光冲天，知道江陵已经沦陷，各自的妻儿老小多在城中，霎时斗志尽丧。而且这次江陵失守与上回不同，上次江陵城几乎没什么守兵，此时城中都是很难对付的北府兵。桓振方面军心瓦解，溃逃迅速扩散到全军，桓振纵然声嘶力竭地呵斥，也无法制止，桓家军终于抛下兵器旗帜，一哄而散。这次战败后，桓家军主力尽失，残存的将领也四处逃生。

卞范之在江陵被攻陷时，被克城的刘毅军俘虏，立即被斩首。老将冯该在石城（今湖北钟祥）被刘怀肃逮捕，就地处决。曾是前秦太子的苻宏，带着少数残兵在各地流窜，五个月后被刘毅、刘道规等消灭。

几个月之后，桓振乘晋军防备松懈的机会，奇袭南郡，赶走新上任的荆州刺史司马休之，再次夺回江陵。但是，刘怀肃和刘毅的军队很快就先后杀到，与桓振战于江陵之北的沙桥。桓振奋力厮杀，然而大势已去，桓振在身中数箭后，被刘毅的部将唐兴斩杀。此后，未逃走的桓家族人基本上被杀光，只有桓胤因是桓冲长孙，朝廷特别加恩赦免。两年后，桓胤被卷入子虚乌有的谋反案，随后被杀。从江陵出逃的桓谦等人，几经辗转后投奔后秦，被好客的后秦主姚兴收留，得到暂时安全。谯国桓氏，从此退出了历史舞台。

刘裕打败桓玄后，在朝中势力大增。但他在朝内立足未久，除了灭桓玄之外并没有什么功劳。和桓温一样，刘裕也把北伐作为增强自己政治威望的手段。义熙五年（公元409年）三月，也就是慕容超向晋朝发起挑衅行动一个月后，刘裕正式上书晋安帝司马德宗，请求出兵讨伐南燕。

此议一出，众朝臣议论纷纷，多数都持反对意见。有人反对是因为对刘裕的将才无信心，担心北伐不能成功。因为东晋之前两次最有望成功的北伐失败了。也有人反对是因为对刘裕的将才太有信心，当时野心勃勃的刘毅，深深的感觉到，如果刘裕再通过灭燕增加权势威望，就会威胁到自己。赞同者只有尚书左仆射孟昶、车骑司马谢裕和参军臧熹三人。然而，尽管当时反对意见居多数，但是此时的刘裕手掌大权，就像是挟天子以令诸侯，所以，北伐建议顺利转变成了北伐行动。

当时，南燕的皇帝是慕容超，南燕建国之主慕容德去世后，慕容超即位。

慕容德，字玄明，乃前燕皇帝慕容皝的少子、后燕皇帝慕容垂的弟弟。十七八岁时，慕容德已经身长八尺二寸，姿貌雄伟。不仅样子翩翩，青少年时代的慕容德人品也不错，博观群书，性清慎，多才艺。前秦灭掉前燕后，慕容一族广获苻坚优待，慕容德被封为张掖太守。他在当地为官数年，很有政声。

苻坚淝水之战大败，慕容德随慕容垂复兴燕国，获封范阳王，居中镇卫，参决政事。

公元400年，慕容德以广固为都城，正式称帝，史称南燕。由于齐、鲁本文明旧都，人才济济，土地丰腴，慕容德又与民休息，很快就有强兵近40万，战马5万多匹，并萌生了伐晋的念头。由于年老生病，慕容德伐晋之举半途搁浅。

由于慕容德自己无子，不久，他就立侄子慕容超为太子。慕容超在苦难中长成，深谙人情世故，入则尽欢承奉叔叔，出则倾身接纳下士，内外称美。东晋安帝义熙元年（公元405年）秋，慕容德病死，在位6年，终年70岁。随后，慕容超即位。

慕容超继位后，把宗室慕容钟、慕容法、慕容镇等人虚衔高位，皆派外任。在都城内，他大加任用公孙五楼等佞人。很快，慕容法、慕容钟等人屡被谗言，皆被逼出奔敌国，慕容宗室之间相互残杀。慕容超在广固城内大杀异己，树立权威。至此，南燕已呈衰败之象。

东晋义熙五年（公元409年）二月，慕容超竟因为嫌乐伎太少，发兵攻击晋朝北境，掳去大量人口，挑选了男女2500百人作乐伎。四月，刘裕率大军从建康出发，乘船沿长江入中渎水（连接长江与淮河的人工运河，后来成为大运河的一段，即邗沟），经淮水，至泗水，于五月份到达下邳（今江苏睢宁），正式开始了他的第一次北伐。

东晋此次出动的北伐大军不但兵力较为雄厚，参战的各级指挥官也称得上人才济济，有刘裕的第一心腹谋士刘穆之，老友刘敬宣，还有其他著名的将领。这其中有檀韶、胡藩、朱龄石等人，还有北府将领孟龙符（孟昶的族弟）、向弥、蒯恩等以及刚刚离任的临澧（今湖南桑植）县令王镇恶。

王镇恶是前秦名相王猛的孙子，生于五月初五端午节，按当时观点看，这个出生日期很不吉利，因此他父亲王休打算把他过继给远亲。祖父王猛知道后阻止说："当年孟尝君田文也是恶月出生，后来却成为齐国相国，这个孩子将来也可能兴旺我们王家的门楣。"并给他取名"镇恶"，以毒攻毒。年纪稍长后，王镇恶虽然不擅长骑射，但熟读诸子兵书，谋略过人，果决善断，志向远大。前秦败亡时，他流落到渑池人李方家，曾对李方放出豪言："我若遇英雄主，必取万户侯！再回报今日的大恩。"而后，他与叔父一起，南投晋朝，寄居于荆州。

在此次北伐开始前，有人向刘裕推荐他有将帅才干。刘裕便特意召见他，一番交谈之后，刘裕对他大为欣赏，当晚留他住下彻夜长谈。第二天一早，刘裕对左右感慨地说："我听说将门出大将，如今见到王镇恶，方知此言不虚！"当即下令，王县令不用回湖南了，留在自己幕下担任中军参军。

刘裕带着这批精兵良将进抵下邳后，面临的问题是选择哪一条进军路线，打进南燕的心腹地带。南燕中部偏南有一系列东西向的山脉，通常称做鲁南丘陵，成为南燕防备南方军队进攻的天然屏障，由泰山、鲁山、蒙山、沂山等组成，其中蒙山和沂山绵延较长，又彼此衔接，称为沂蒙山。春秋时期齐桓公为防备南方各国可能的进犯，沿着山势修筑了绵延600多公里的大型防御工事，也就是著名的齐长城。

著名的孟姜女哭长城的故事，说的就是齐长城。到十六国时代时虽然大部分已经荒废，但其险要地势仍在。要穿过这道屏障进攻广固，大约有三条道路可供选择。

西路是沿当年桓温伐前燕时的水道前进，过梁父后转向东北，可达广固。这条路有较长的水道可以利用，但要拐个大弯，路途遥远，而且会将自己的侧翼暴露在后秦与北魏的威胁之下，很不安全。中路是沿沂水而上，经琅琊，翻越大岘山，过临朐至广固。这是最短的线路，故后勤运输比较方便。但翻越大岘山要经过著名的天险穆陵关，山道狭窄，两车不能并行，如遇南燕重兵阻击，则十分不易突破。东路是向东北经东莞、东武，沿黄海海岸而上进入潍水，再从今潍坊转向西，直达广固。这条路可以绕开山地，不易受后秦或北魏的威胁，但路程最远，沿途多滩涂，行军补给均不方便。

刘裕权衡利弊后，决定选择中路。从江苏到山东要经过很远的路程，而刘裕率领的多是步兵，高阳烈日下孤军深入，无险可守，但是刘裕胸有成竹，他说："慕容超此人贪财好利，又贪军功，因此不会坚壁清野，也没有耐性打持久战。大军一到，慕容超必定出兵，到时必定成功。"事实果然如刘裕所料，晋军一路虽然轻兵北进，但是沿途都是农业发达地区，根本不愁补给。慕容超认为可以打败刘裕，不舍得坚壁清野；他也等不及和刘裕持久作战，认为刘裕轻兵远来，肯定疲惫至极，放出骑兵一冲杀必能成功。刘裕料到他会和自己在平地拼杀，因此毫不惧怕。

当年六月，燕、晋两军在临朐以南相遇并大战。刘裕摆出4000辆车分为两翼徐徐推进，慕容超的骑兵在战场上难以施展，只得和步兵作战。这时刘裕派一万军偷袭临朐，同时在前线发动猛攻，斩杀燕军十几员大将。慕容超大败，弃军出逃，他乘坐的玉辇和玉玺都被缴获，余军逃窜到广固城等待援军。刘裕没有立即攻城，而是气定神闲地在广固城附近安营扎寨，招抚流民。时近六月，谷物成熟，一切军需遍地所取，后勤给养甚至不仰赖南方的漕运。困守孤城的慕容超派尚书张纲到长安向后秦求救，想不到半路被刘裕军抓住。刘裕让张纲立在楼车上面，向城中喊话："刘勃勃大破秦军，无兵相救！"南燕和后秦为了对抗北方崛起的北魏和南方的东晋，结成同盟。当时后秦正受到匈奴王刘勃勃的攻击，无兵可救。因此城里的人听了这话都十分沮丧。其实后秦倒有心救燕，就是派不出兵来，而是虚张声势派了使者到刘裕军中来恫吓说："大秦派了十万铁骑已经走到洛阳，贵军最好识相撤退。若贵军拒不撤退，大军将要东进。"

刘裕毫不示弱，当即就说："我打算灭燕之后，休兵三年，然后进取关中。既然现在送上门来，再好不过了。"听到这话，使者只得灰溜溜地走了。同为统兵将领的刘穆之听说后赶到，埋怨刘裕说："这样的大事你怎么不和我商量一下。你把后秦给激怒了，他们驱兵前进，这仗怎么打？！"刘裕哈哈大笑说："兵贵神速，如果秦国真的有心来救燕，他怕我知道，怎么还会先派人来通知呢？秦国自己焦头烂额，自顾不及，哪里还会来救南燕。"

凑巧的是刘裕抓住的这个送信的使者张纲恰好是制造兵器的。于是，刘裕让他制造各种攻城器具，增强晋军的攻击力量。城内的慕容超恼羞成怒，把张纲的母亲押到城头肢解处死。这残忍的举动激怒了张纲，使他更努力地制造各种军械，只恨迟一天破城。刘裕却不着急，悠悠闲闲地围困广固城长达半年，等到城中男女陆续地出逃投降，慕容超还是不降。

城中守军知道后秦来援的希望破灭，无不沮丧失望。

一个叫张俊的官员见势已至此，无可挽回，便偷偷溜走投降了刘裕，并献策说："燕国之所以到现在还坚持不降，就是寄希望于韩范能够带着秦国的援军回来，如果我们得到韩范，让城里的守军看见，使他们知道援军已经无望，必然投降。"刘裕认为有理，便一面写亲笔信给韩范，劝其归降，一面上奏朝廷，推荐韩范担任散骑长侍。这时后秦的长水校尉王蒲也劝韩范留在后秦为官，但韩范拒绝了王蒲的挽留，叹息说："刘裕出身不过一介小民，竟能从平地崛起，消灭桓玄，兴复晋国。如今伐燕，旌旗所至，无不瓦解！这大概就是天命，不是人力所能抗拒的。燕国灭亡之后，下一个必然是秦国，我受一次投降的屈辱就够了，不能一辱再辱！"随后，韩范降晋。

有几个臣下建议慕容超立即诛杀韩范满门，以儆效尤，但慕容超认为韩范的弟弟韩谆是难得的忠臣，故不予采纳，韩范的亲属全部赦免不问。至此，守军大多已经没什么士气了，只有皇帝慕容超还在顽强或者说顽固地抵死不降，也不许任何人提"投降"二字，并将建议他投降的灵台令张光处死。

义熙六年（公元410年）正月初一，慕容超登上天门，接受文武百官的新年朝贺。然而，此时的慕容超为挽回败局，做着最后的挣扎，二月初，他命公孙五楼与贺赖卢挖掘地道，乘夜出城偷袭晋军，虽然趁晋军久围松懈，一度击破檀韶负责的一段围墙。但随后就被闻讯赶来的晋军打败。后来，趁着慕容超再次登上城楼巡视的机会，尚书悦寿劝他说："如今天助盗匪，我军残存的将士疲惫不堪，困守孤城，外援又已无望，天意如何，已经非常清楚了。自古以来，如果气数已尽，就是尧、舜那样的贤君也只能禅位，陛下难道不考虑拯救城中生灵？"悦寿是慕容超的心腹，此时听到他的这番委婉劝降之言，慕容超没有再大发雷霆，只是长叹一声，回答说："兴、亡皆是天命，但我宁可奋剑战死，也决不能衔璧求生！"

从义熙五年的六月到义熙六年的二月，晋军围城已达八个月之久，广固城还未攻下，主要原因是刘裕采取了围而不攻的策略。正如孙子曰："不战而屈人之兵，上之上者也！"

但二月份之后，情况发生了变化。刘裕接到密报：卢循和徐道覆计划趁他不在建康，从广州北上，大举进犯朝廷！虽然刘裕对具体情况并不明了，但他已预感到此事非同小可，广固之战不能再无限期拖下去了。

二月五日，刘裕下达了对广固城发动总攻的命令。随后，晋军从广固四面八方同时发起猛攻！檀韶为弥补前几天松懈失利的过错，率所部奋勇当先，未经激战，南燕尚书悦寿便私自打开城门迎接晋军入城，慕容超得知广固已破，率数十名骑兵想突围逃走，被晋军擒获。果然是"我往他亡"，广固之战结束。

片刻之后，这位皇帝俘虏被带到刘裕面前，刘裕当面斥责他：为何拒不投降！慕容超虽为一代昏君，但他面色不改，拒不回答，事已至此，唯死而已！稍后，被押往南方，在建康的集市上公开处斩。随着南燕——鲜卑慕容氏本家建立的最后一个国家灭亡，曾在十六国历史中扮演过极重要角色的慕容家族基本上退出了历史舞台。

在这次的北伐南燕的战役中，刘裕大开杀戒。之后，刘裕又下了一道命令：将广固城拆毁，夷为平地！刘裕不但拿下了广固城，而且成了它最后一位征服者，此后的广固城、只留下了少许断壁残垣，供人凭吊。

平灭卢循，收复岭南

正当刘裕在广固休整军队的时候，孙恩邪教逃亡至岭南的残余势力卢循、徐道覆忽然率大军分两路直杀建康，形势十分危急。

卢循，字于先，小字元龙，是西晋卢谌的曾孙。其五世祖卢志，也是晋朝忠臣，曾在成都王司马颖手下任幕僚长，做过不少利国利民之事。后来，他娶了孙恩之妹为妻。

孙恩生性残酷，杀人无数，当时卢循还时常加以规劝，被俘的东晋朝十多赖其得活。可见，卢循仍是书生性情，不算大恶之人。史载，卢循"双眸同彻，瞳子四转，善草隶弈棋之艺"，是个不折不扣的士大夫子弟。孙恩死后，卢循被造反余众推为首领，从海路逃到番禺。占据广州后，他对东晋朝廷遣使贡献。晋廷当时正值多事之秋，便封孙恩为征虏将军、广州刺史、平越中郎将，封卢循姐夫徐道覆为始兴相。

当东晋内政得到整治，刘裕在外交方面取得成功之后。他派使臣出使后秦，以平等姿态向姚兴示好，并要求讨还原为东晋领土的南乡诸郡。姚兴大儒出身，竟出人意料地答应交还如许土地。后秦群臣纷纷进谏，姚兴坚持己见："天下善恶的标准是一样的。刘裕出身寒微，能够诛除桓玄，兴复晋室，内整庶政，外修封疆，对这样的人，我岂能因吝惜数郡之地而不成其千秋美名呢？”于是，后秦尽还汉水以北十二郡给东晋。

后来，随着刘裕率大兵征伐南燕消息的传出，徐道覆非常高兴，忙派人前往广州，劝卢循乘晋廷内虚时主动出击。卢循当时名为大州刺史，实为小国国君，天天诗酒茶棋书画，根本不想找东晋麻烦。但是，徐道覆坐不住，从始兴（今广东韶关附近）亲自赶往番禺，面见卢循，说：“朝廷一直把您当腹心之患，刘公（刘裕）现正被牵制于坚城之下（广固），等到他擒灭慕容超回朝，肯定会亲自率军齐集豫章，派锐师越山过岭。到时候，您再英明神武，也只能束手投降。今日之机，万不可失。如果我们占领都城建康，刘裕即使率军赶回，也无可奈何。如果您不从我计，我自己率始光之军单独向寻阳挺进！”

卢循虽然不想起兵，又无法辩驳姐夫，只得依从徐道覆，发兵相从。于是，徐道覆从始兴出发，一路连克南康（今江西赣州）、卢陵（今江西吉水），直奔豫章（今江西南昌）。当时，东晋镇南将军何无忌在豫章驻守，此人在刘牢之、刘裕手下时远谋深见，待他自己独当一面，却显得轻佻少谋。眼见徐道覆贼兵重楼巨舰顺流而下，长史邓潜之进谏：“此战系国家安危，贼人自上流而下，舟舰大盛。我们应该掘开南塘之水，坚守城中，与其相持，俟其兵老师疲，然后趁势出击。否则，弃此万全之策，决成败于一战，万一失利，悔之无及。”

何无忌不从，命军将登战舰迎击贼兵。双方交战，大风突起，何无忌所乘的指挥船被风吹至东岸，贼军数艘大舰直逼靠来。晋兵见主帅不免，顿时崩溃，加上贼军多是三吴“思归忘死之士”，杀兴正酣，奋勇向前。如此危急之时，何无忌还大叫“取我苏武节来”，辞色不挠。贼兵刀枪齐下，把何大将军分尸数段。

卢循方面，也是所向皆捷，他连克湘东（今湖南衡阳）、长沙诸郡，进至巴陵（今湖南岳阳）。

南方诸郡败讯继至之时，晋廷还没有接到刘裕平南燕的捷报。惊慌之下，只得连遣数道急使，征刘裕回军驰援建康。本来，刘裕打算在平燕之后，驻镇下邳，休养几年后再一举攻克关洛之地。听说都城告急，刘裕只得即日班师回朝，星夜驰还。大军行至下邳，刘裕命人以船只运送辎重，自己亲率精锐部队急行军从陆路奔还。

刘裕回师走到半路听到这个消息，担心建康有失，当即率领十几个人骑快马跑回来。到了长江边上打听消息，路人不知道他的身份，说："贼军还没有到，刘公若能回来，就不用担心了。"刘裕听了心中这才放宽，只要民心还在他这里，以他的军事才能并不难击败叛军。朝廷和百姓本来弥漫着极为悲观的情绪，见刘裕回来，也稍微安定下来。

之前，东晋抚军将军刘毅，本来在卢循刚起兵时就上表表示率军南征，但他忽然患病，一下子到了病危的地步。延迟数日，病势减轻，他要求马上提兵灭卢循。

桓玄称帝时，刘裕、刘毅联手起兵，声名不相伯仲。眼见刘裕平灭南燕，刘毅心中不服，也想立功显威。刘裕闻讯，忙写信给刘毅，提醒他提防卢循、徐道覆等人奸谋多端，善打游击战，希望刘毅准备充分，专心致志，与自己合军击灭贼众。为了说服刘毅，刘裕派刘毅堂弟刘藩前往劝谕。

刘毅读毕刘裕亲笔信，大怒，掷之于地，对堂弟刘藩说："当初平桓玄，我是因为谦虚才把首功推让于刘裕，难道为此你们便以为我不如刘裕了吗？"于是，刘毅亲率两万水军直奔建康。徐道覆听闻刘毅来讨，舍江陵而不攻，报卢循："刘毅兵重，成功在此一战，宜并力攻

杀。”两多万兵将，乘千余艘战船，与刘毅晋军大战于桑落洲（今江西九江附近）。本来就众寡不敌，徐、卢两人又是计谋之士，教众斗志，比寻常军士勇锐，双方一交手，晋军大败，刘毅本人只与数百兵逃得性命，遗弃战船、辎重、器械无数。晋廷知悉刘毅军败，惶惧异常。当时，刘裕北还将士不仅因长途行军疲乏不堪，而且多伤病，战斗力极差。建康守军不过数千，皆有畏惧之心。

刘毅败还的军士回城，都讲敌军势盛，晋军一时慌乱，不可收拾。

卢循、徐道覆有将士十余万，舟车百里不绝，楼船高十二丈，浩浩荡荡，势不可挡。朝中大臣孟昶、诸葛长民眼见建康危急，便想拥晋安帝过江以避兵锋。当初刘毅、何无忌出战，孟昶均预言会战败，结果两人果然一出即败。至此，他又在朝议中表示，如果刘裕出兵，也会重蹈覆辙，众人颇信其言。

刘裕坚决不同意皇帝出奔：“今重镇外倾，强寇内逼，人情危骇，莫有固志。若皇帝一旦迁动，自然土崩瓦解，江北又岂可以逃得了呢？”孟昶倒不是什么怯懦怀私的坏人，但他就是坚信刘裕必败。见自己争不过刘裕，孟昶便在大殿上表示自己要自杀。

刘裕说：“你先看我一战如何，再死也不晚！”孟昶性急又固执，当晚回府，向皇帝修书一封，表奏：“当初刘裕北讨，意见不同，为臣我力赞其行，致使强贼乘间，社稷危逼，此乃为臣之罪也。”写完奏书，孟昶吞药自尽。

随后，刘裕招募百姓修治建康城的防守工事，叛军到了建康城下竟以为城内会投降，就暂缓攻城。刘裕在城上瞭望，见敌军船舰靠着江中的沙洲停泊，知道可以缓一口气。刘裕的兵力逐渐集结，又增筑几座堡垒防守。叛军想进攻时，刘裕坚守不出，叛军极为无奈，只得在附近游戈抢掠，收获不大。相持了几个月，叛军师劳疲惫，看到建康是攻不下来了，只好撤兵。刘裕抓住机会反攻。

卢循、徐道覆从建康撤退时起，刘裕就加紧赶造战船，训练水军，不多时，准备就绪，派出孙处和沈田子从海路去了卢循的老巢——广州。

起于海上的孙恩、卢循一直以为海上是安全的，以前孙恩在海上招募部队，聚敛钱财，刘裕也拿他没办法。现在卢循接过了孙恩的大旗，他也一样认为，刘裕不敢从海上打他。但是，这次卢循错了。

当时，看着孙恩在海上肆无忌惮，刘裕就下决心整顿海军。这几年虽然忙于内陆作战，但他始终惦记着海军的进展情况。尤其见到卢循水军的优势之后，更加坚定了他的信念。这样一来，卢循就算逃到海上，也一样可以将他捉拿。刘裕将几年来勾勒的海军全部付诸实施，他的海船同样“大舰重楼，高者十余丈”，海军训练有素。临出发时，刘裕还特意交代孙处、沈田子：十二月初，我在陆地一定会打败卢循的部队，那时候，希望你们也能拿下广州。他们没有辜负刘裕的重托，很快，孙处、沈田子就出色地完成了任务。

卢循留在广州的部队根本就没想过戒备海路上的进攻。十一月，孙处、沈田子到达珠江口时，恰好天公作美，江上一片大雾。军队迅速登陆。由于敌军没有什么防备，所以孙处、沈田子没费什么劲就击败了处于惊恐状态的守军，迅速占领广州。

作为深入敌后的部队，孙处一面安抚百姓，一面诛杀卢循的亲信党羽，并指挥军队严密防守，而且还抽空将岭南各州县一起收了回来。此时的徐道覆进攻江陵，只是卢循的先头部队，他本人的大军还留在溢口。卢循收留了狼狈逃回来的徐道覆后，很快又收到广州失守的消息。而紧随其后的，正是刘裕的大军。

前无可去，后有追兵。怎么办？卢循、徐道覆非常惊恐。经过商议，卢循、徐道覆一致认为：和刘裕决战。十二月，卢循率军调转船头，顺江东下，重新进攻建康。晋安帝义熙六年（公元410年）年底，刘裕集大军于大雷（今安徽望江），也就是雷池。

雷池的位置在今鄱阳湖以东，著名的“不敢越雷池一步”中的“雷池”说的就是它，不过这个典故和刘裕无关，而是来自于东晋庾亮《报温峤书》：“吾忧西陲，过于历阳，足下无过雷池一步也”，意思是严令温峤守住江州，陶侃强大，最东端的军事力量只能放在雷池，不要过雷池而东进，以免因小失大。急欲与刘裕决战的卢循一路上又散播起了谣言，他到处声称，自己不会攻打雷池，将会顺着长江东下，向建康进发。

上过一次当的刘裕，这次没有相信卢循的伎俩，而是积极地做好了战斗布置。他先是安排了一部分步骑兵携带引火的东西，登上长江西岸的树林里面作为伏兵。战船多以木制，因此火攻乃是最好的办法，在当时的水战中，屡试不爽。其后他召集大量的轻便的小战船作为主力，并且亲自率领这些水军。每艘船上都配备了大量的射手，至于火箭之类的水战利器也是一点不少。准备充分后，卢循大军正好出现在雷池，场面非常壮观，卢循军的战舰塞满江面，从头都看不到尾。

两军一遭遇，刘裕就率领所有的轻快战船，充分利用风向和水流的形势，急速向敌船靠近：开弓放箭。卢循军受到阻击，竟然准备泊在西岸，稳一下阵脚再行进攻。西岸的树林里，有刘裕事先埋伏好的步骑兵。卢循军刚一靠在西岸，埋伏好的大军马上现身，将准备好的燃烧工具纷纷射向敌人。战船很快被点燃，江上烟雾弥漫，仿佛又是一个火烧连营的场景。结果可想而知，再次遭到大败的卢循，带着残兵逃回了寻阳。

为了对付刘裕，卢循在休整之时，命人在江中设置栅栏，阻塞通道。刘裕到达时，江面已经被封锁。但是没想到，刘裕正准备发起冲锋之时，他的旗舰帆樯突然折断。未及交战，帆樯竟先折断。在当时看来，这不是好兆头。于是将士都请求暂缓攻击。刘裕不可能放过这个的机会。不过，安抚众人还是非常有必要的，刘裕因此大笑说："当年在覆舟山作战的时候，旗杆也折断过，现在又是这样，这说明贼寇必败无疑。"一句话就打消了众将的疑虑。

随后，刘裕的将士们在这里再次大败卢循军，卢循军被杀死和跳进水中淹死的人就达1万多，卢循独自乘船逃跑。而刘裕也知道卢循气数已尽，派出刘藩和孟怀玉率领轻装部队追击卢循和徐道覆。

一路逃奔的卢循、徐道覆像无头的苍蝇，无处可逃。他们很清楚，东边的建康是去不得了。北上投秦、西进奔蜀，则不仅有刘道规挡着，而且那种寄人篱下的日子似乎也不好过。

于是，他们决定向南边逃奔。虽然广州已经被刘裕派人占领，但自己在那里经营多年，依然有自己的势力。于是两人一路翻山越岭回到了岭南，首先到达始兴城。徐道覆以前做过始兴相，这里是他发家的地方，于是徐道覆决定留在这里重新整顿自己的部队。而卢循，则准备去他自己的老巢——广州。

然而，徐道覆刚到始兴，刘藩和孟怀玉已经来到始兴城下。由于此时始兴城防薄弱，兵力疲累，所以很快被攻下，徐道覆被杀于乱军之中。

徐道覆一生有着超凡的战略眼光和军事谋略。早先在建康城外已有胜机，只是无奈遇上犹豫寡断的卢循，这才使他的大计功亏一篑。后来荆州战败，也仅是刘道规太过生猛，加上奇兵相助，才使他先赢后输。

论军事才能，孙恩不及卢循，而卢循又不及徐道覆。

徐道覆虽死，但卢循还在逃亡。到达广州城后，卢循开始围攻广州。当时，守广州的孙处手上也没多少兵，当初攻下广州，只不过是借了出其不意之功。现在，他的将士所剩无几，难以和守军对抗。

幸好，卢循一路败下来，也没多少兵。这样一来，孙处坚守是比较理智的做法。半个多月下来，孙处把广州城守得稳如磐石。卢循没有取得任何进展。而在这时，刘藩、孟怀玉、沈田子都向他赶来。沈田子率领先头部队首先抵达，立即从后面向卢循发起了进攻。一时间，卢循部大乱。

内外夹击之下，卢循大败，死数万余人，狼狈逃走，一路连连败绩，最后跑到交州附近（今越南北宁），与当地起兵反晋的俚、僚等蛮人合兵，进攻东晋交州刺史杜慧度。

杜慧度身处僻州，尽散家财以赏军士。晋军先在岸上向卢循舟船扔火把，然后又在两岸夹射浑身是火、四下奔逃的贼兵。坐在华丽的指挥大船上，卢循自知此次难逃一死，便先用毒酒把自己的妻子、儿女十多人尽数毒死。然后，他把数十位貌美的姬妾召至座前，问："我今将自杀，谁能和我一起死？"眼见大势已去，诸位美女皆表示："雀鼠尚且偷生苟活，从死实在太难！"只有两三低声言说："官人欲死，我们也不愿活着。"之后，卢循让那两三个愿死的美姬出舱，放她们一条生路。接着，他抬出大酒缸，尽数毒死了那些不愿与他一起同死的美女。片刻，望着满船的美姬尸体，卢循攀上船头，赴水而死。

杜慧度得胜后，杀掉卢循老父。然后，他让人找到卢循尸身，再把首级割下，送到京师邀功。至此，卢循、徐道覆起兵一年多，功败垂成，最终为刘裕所平灭。算上孙恩，"五斗米教"作乱了达11年之久，严重削弱了东晋的政权。虽然最终其被扑灭，东晋的国祚也差不多走到了尽头。

孙恩、卢循之乱，对王、谢这样的东晋世家大族也打击极大，子弟纷纷被杀不说，经济方面也遭受了巨大的损失，丧失田产家财无数。同时，随着他们力量的削弱，刘裕为代表的寒人阶级因军功不断蹿上政权第一线，大族世家，渐渐从主角变成了配角。由此，孙恩、卢循之乱彻底平息，刘裕本人也因此登上权力的巅峰。晋廷授刘裕太尉、中书监，军权、政权，齐集一人之手。面对当时豪强横行、广行兼并的现象，刘裕大行惩戒，严肃纲纪，诛杀藏匿亡命的豪族之士多人，致使“豪强肃然，远近知禁”。

接下来，刘裕要做的就是进一步夺得权力。而在这个过程中，他又开始了杀戮。

剪灭异己，独掌大权

在北伐南燕，平灭卢循之后，刘裕的权势如日中天。身处高位的刘裕并不满足，因为在朝廷中，他还有很多的政敌，如果想独揽大权，这些人就一定会成为他的阻碍。接下来的第一步，刘裕要做的就是剪灭异己。而首当其冲的，就是刘毅，随后，还有诸葛长民。

刘毅，字希乐，彭城沛县人，与刘裕是同乡。桓玄称帝后，刘毅、刘裕等人共谋起事，刘毅京口起兵，首斩桓修。此后，江乘之战，覆舟山大战，峥嵘洲大战，刘毅均身先士卒，殊死拼斗。桓玄之灭，刘毅立下汗马功劳。桓玄死后，刘毅率军进讨桓振、桓谦以及冯该等人，平巴陵、降襄阳、入江陵，以功拜卫将军、开府仪同三司等职，一时间，权势显赫。

在征伐卢循的桑落洲一战中，是刘毅威望急剧下挫的一个转折点，此战他所损失的不仅仅是数万精兵、无数辎重以及精良船舰，最重要的是他输掉了名声。以前，二刘均以平桓玄之功，在朝廷不相伯仲。而现在，刘裕刚立灭南燕的大功，又平定岭南，在朝廷内外，权势威望，少有人能及。

晋安帝义熙八年（公元412年），东晋荆州刺史刘道规因老疾卸任，刘毅见有新机会，自告奋勇，以为国家开辟财源、养民富兵为由，申请外任荆州。刘毅此举，也可谓深思熟虑。建康朝中，他已经全然不是刘裕的对手，只能坐拥重镇。众兵在手，才有资格在暗中与刘裕较劲。

这个时候的刘裕仍旧未起杀心，以诏命任刘毅为荆州刺史、都督荆、宁、秦、雍四州诸军事。不久，刘毅再要求交州、广州也要由自己辖统，刘裕也没有阻拦。不久，刘毅上奏，要求把亲信郗僧施、毛修之等人委以重镇实职，刘裕还是一一同意。眼见事事皆准，刘毅居上流之地，渐有阴图刘裕之心。刘裕是武人，刘毅却"颇涉文雅"，故而京城朝士有清望者多心附于他。东晋一直崇尚清谈之风，就连谢安的孙子尚书左仆射谢混也和刘毅交往甚密。

刘毅爱好史籍，谈至蔺相如降屈于廉颇，拍案大叹以为不可能。在平灭卢循的庆功会上，晋安帝在西池大宴群臣，诏群臣赋诗，刘毅诵道："六国多雄士，正始自风流。"他自知武功不如刘裕，只能向众人显示其“文雅有余”。刘毅赴任前，往京口辞墓，刘裕自建康与其相会。临行前，宁远将军胡藩劝刘裕趁机拿下刘毅杀掉，刘裕沉吟半晌，说：“我与刘毅俱有克复之功，其过未彰，不可自相图也。”刘毅到江陵后，不知谦抑，随意升降所统属官，并在不上报朝廷的情况下把豫州、江州等地万名文武随员和精兵划拨至自己麾下。不急如此，每逢有大事发生前，刘毅就疾笃。

谋士郗僧施等人恐怕刘毅哪天暴死，便劝刘毅调他的堂弟刘藩来荆州给他当副手。刘裕此时大怒，他再也抑制不住愤恨，上表请诛刘毅。晋安帝是个摆设，刘裕的“上奏”，其实就是上奏给自己，府中官员拟草，加印玉玺发出，宣示刘毅等人罪过，指斥他“轻佻躁脱，职为乱阶，煽动内外，连谋万里”，并收捕时任兖州刺史的刘藩和尚书仆射谢混，赐死于狱中。谢混是东晋数一数二的美男子，晋元帝女婿，风姿绝秀，文采茂然。刘裕后来受禅为帝时，谢混的族侄谢晦对刘裕说：“陛下应天受命，登坛之日，恨不得谢益寿（谢混小名益寿，字叔源）奉呈玺绂。”刘裕当时大发感慨：“吾甚恨之，使后生不得见其风流！”刘裕与谢混开始关系还不错，刘裕抓住杀害谢混父亲谢琰的叛将张猛，捆缚送交谢混。谢混生刳其肝而食之，以报杀父之仇。以此道之，刘裕于谢混还有恩。但是在官场之中，人与人之间的关系甚是微妙，并且瞬息万变。准备妥当之后，刘裕自率大军讨刘毅。出发前，他称诏以宗室司马休之为荆州刺史，使刘道怜为兖青二州刺史镇京口，使豫州刺史诸葛长民监太尉留府事。由于对诸葛长民不放心，刘裕乃加心腹刘穆之为建武将军，配给军士，让刘穆之提防诸葛长民。

安帝义熙八年（公元412年）冬十月，刘裕以王镇恶为前锋，授其轻船百艘。临行前，刘裕告诫王镇恶：“若贼可击，击之；不可击，烧其船舰，留屯水际以待战。”王镇恶自是计谋多端。他首先派人烧掉刘毅在江津的大小船只，自率步卒离船上岸，直奔江陵城杀来。半路，有人问到来的兵将是何人，王镇恶均遣人说是刘兖州（刘毅）亲军。因此，一路之上，他们没有造成任何惊扰，也无人阻挡。

离城五六里远，刘毅亲信将领朱显之正好带兵要去江津。与王镇恶军打了个照面后，他心起怀疑，问：“刘兖州何在？”王镇恶军士回答：“在后面。”朱显之心疑，径直策马向后军赶，却不见刘毅影踪。忽然，他发现这些兵士皆携带攻城器械，鬼鬼祟祟。远望江上，江津船队燃烧的大火正烧红半边天。大叫一声“不好”，朱显之掉转马头奔回城里向刘毅报告，下令关闭各个城门。王镇恶和他手下兵士几乎是和朱显之同时疾驰入城，因此江陵诸城门未及落闸，王镇恶军已经冲入。几番恶战，刘毅退入城中，督士卒力战。刘裕送与刘毅的诏敕及赦文，刘毅看都不看，均立时烧毁。

刘毅手下有不少建康士兵，而进攻的台军（都城卫戍军）与这些人中不少都是中表亲戚，双方一面格杀一面交谈，刘毅军士才知此次刘裕本人真的是率军亲来，于是渐渐不支。傍晚时分，刘毅听事厅前的卫兵已散败而去，勇将赵索也阵亡。刘毅的亲兵仍旧忠于职守，犹自紧闭东西阁拒战。半夜，毛修之由于先前与刘裕有私交，知事不济，自己带人逃走。刘毅自率几百兵士，从北门突围，一路与王镇恶兵士勇斗，杀伤殆尽，至江陵城北20多里的牛牧寺时，他身边已无一个从人。刘毅紧拍寺门，要入内躲藏。寺僧隔着门缝表示拒绝，说：“从前我师傅收容了逃跑的桓蔚，被刘卫军（刘毅）下令杀掉，现在，我们实在不敢收留陌生人。”7年之前，刘毅平灭桓氏，严刑峻法，至此，终于有了“报应”。

刘毅愣了半天，叹说："为法自弊，一至于此！"眼见逃藏无地，刘毅在寺门边找了棵歪脖树，自缢而死。转天早晨，有人发现刘毅尸体。人死罪不免，刘毅尸身仍被抬入江陵城内，斩首示众，兄弟子侄皆伏诛。刘裕至江陵后，宽租省调，节役原刑，礼辟名士，荆人大悦。

除掉了刘毅之后，刘裕便又开始筹划对诸葛长民的行动。

诸葛长民是琅琊人，督豫、扬等六州诸军事、留守建康。诸葛长民虽有文武干用，然不持行检。桓玄时，曾引用他为"参军平西军事"，不久就因贪污险些被罢免。刘裕等人伐桓玄，诸葛长民因为怨恨之故，踊跃相从，事成后被封为辅国将军。后来，诸葛长民率众击败桓歆，其部下又击退慕容超于下邳。

在刘裕伐刘毅的过程中，诸葛长民居中用事，骄纵贪侈，不恤政事。他四处纳财收贿，家中美女珍宝无数，大营宅第，残虐百姓。由于所行多不法，诸葛长民很怕刘裕日后会纠劾他的罪行，其弟辅国将军诸葛黎民也劝说："刘毅宗族覆亡，我们诸葛家也要有准备啊。趁刘裕未恢复建康，应该先发制人才好。"

面对这样的处境，诸葛长民思来想去，犹豫不决，叹说："贫贱常思富贵，富贵必履危机。今日欲为一布衣百姓，岂可得乎！"私下里，诸葛长民修书给冀州刺史刘敬宣，表示要"共图富贵"。刘敬宣是名将刘牢之之子，此人为人处世小心谨慎，回书婉拒，并把诸葛长民写信给自己的事向刘裕汇报。刘裕闻之，更坚定了对诸葛长民的诛除之心。为了试探周遭反应，诸葛长民趁上朝办公的时候，假装无意，问刘裕亲信刘穆之："外边纷纷传言刘太尉和我有过节，是真的吗？"刘穆之冷静答言："太尉率军征行，把老母弱弟留在京城，托付给您，如果他对您有二心，能这样做吗"？诸葛长民闻言，稍稍心安。然而，形势复杂，

诸葛长民仍是忧心忡忡，常对左右讲："昔年醢彭越，前年杀韩信（喻指刘毅被杀），估计快轮到我了！"

刘裕确实心中很担心诸葛长民在建康先发制人，于是就制造各种假象拖延归期。同时，他又命军队、辎重日夜兼行，先返回建康候命。听说刘裕要旋师，诸葛长民等朝中百官好几天都从早至晚在城郊外的驿亭等候。刘裕怕中埋伏，迟迟不露面。待深夜时分，刘裕得知属下大军已经布满建康城，才连夜乘轻舟由水路急达建康，潜入东府。第二天早晨，忽然听说刘太尉已在府署办公，诸葛长民又惊又怕，赶忙亲自前往东府拜见。

刘裕见到诸葛长民，笑谈如平日，命人大张宴席，两人在密室纵谈痛饮极欢。本来十二万分紧张，如今见刘裕如此友好地对待自己，诸葛长民终于放下心来。数杯过后，诸葛长民刚准备起身，就被早已埋伏好的卫士用绳子活活勒死。随后，刘裕又立刻派人杀掉了诸葛长民的几位兄弟。诸葛长民大弟弟诸葛黎民骁勇绝伦，力斗而死；小弟弟诸葛幼民逃入深山，后来仍被人告发擒斩。

除掉刘毅和诸葛长民之后，在诸大臣中，已经没有人可以威胁到刘裕了。然而，此时，在朝中，晋安帝的宗室依然控制着大权。野心勃勃的刘裕，已经不能容忍这些人的存在。于是，在巩固了自己的权力之后，他又开始密谋夺权，铲除宗室的斗争。在诸多的宗室当中，最有威望的要数司马休之。

司马休之，晋安帝的远亲，谯王司马尚之的兄弟。为人谦恭，且治军治民政绩突出。桓玄乱起，司马休之曾亡奔南燕，及至桓玄受诛，才得以归国回家。再到后来刘毅被诛，司马休之就继任为荆州刺史。司马休之做荆州刺史，不是刘裕安排的，而是晋安帝亲自任命的。晋安帝提拔司马休之，一来是司马休之确实有这个本事，二来也是想找个宗室人物出来，以此牵制刘裕。晋安帝早已感觉到，随着刘裕的势力越来越大，自己的皇位也面临着危胁。

然而，没过多久，这种相互制衡的局面，随着谯蜀的消灭被打破了。这个时候，刘裕对权力的渴求已经越来越强烈。因此，他开始向司马休之下手。他派人四处搜罗司马休之的罪证，很快就找到了足以讨伐司马休之的借口，突破口是司马休之的儿子司马文思。司马文思是司马休之的长子，由于谯王司马尚之膝下无子，因此司马休之将司马文思过继给了谯王，留居建康。

司马文思贵为皇室，从小就养成了骄横残暴的习性。喜欢结交江湖朋友，外出游猎，欺负百姓，得罪了很多人。有一天，司马文思由于抢劫了一名绝色美女，把上门要人的官吏给打死了。相关人等立即向刘裕报告了此事。在当时，打死官吏在东晋时期是按律当斩的罪名。

于是，刘裕抓住了这个机会，当即下令搜捕司马文思一党，诛杀他的手下，并将司马文思绑送到了江陵，让司马休之自己来处理这件事。于是，权衡之下，司马休之向朝廷上书请辞。但是晋安帝不希望司马休之辞职，因此他原谅了司马文思，而且表示希望司马休之继续做荆州刺史。

但是，对这样的一个处理，刘裕心里并不满意。所以，经过一段时间的准备之后，刘裕首先发难，第二年春天，将司马休之留在建康的次子司马文宝等人一并赐死，并向皇帝要来了荆州刺史的位置自己做，亲自带兵讨伐司马休之，留下兄弟刘道怜掌管太尉府，提拔刘穆之为左仆射，佐助刘道怜，不管大小事，都由刘穆之断决。自此，刘裕的野心已经昭然若揭。权力已经被架空的晋安帝对硬来的刘裕毫无办法。

此时的司马休之，也对朝廷上了一封奏表，谴责刘裕的罪过，并且举兵反抗刘裕。同时，非刘裕系的雍州刺史鲁宗之也起兵响应司马休之。刘裕听说司马休之的参军韩延之是个人才，很想招降他，于是特意写信劝降。他没料到的是，面对强势的刘裕，韩延之不为所动，并且回了一封堪称经典的拒降书。

"刘裕足下，海内之人，谁不见足下此心。而复欲欺诳国士，天地所不容。在彼不在此矣……刘藩（刘毅）死于阊阖之门，诸葛毙于左右之手。甘言诧方伯，袭之以轻兵，遂使席上靡款怀之士，阃外无自信诸侯。以是为得算，良可耻也。吾诚鄙劣，尝闻道于君子。以平西（司马休之）之至德，宁可无授命之臣乎！假令天长丧乱，九流浑浊，当与臧洪游于地下耳。"

此文言辞激烈，文采斐然。刘裕妄加罪名，排除异己的行为跃然纸上。韩延之同时表明自己绝不为强势所屈，坚决辅佐司马休之。为了表明自己的决心，韩延之甚至将自己的字改为显宗，因为刘裕的父亲刘翘字显宗，而且他还将自己的儿子取名为韩翘。看到这样言辞激烈的回信，刘裕却没有生气，反而将信传给左右看，并赞叹说："事人当如此也。"从这里，也能看到在劝降未果之后，刘裕便开始采取军事行动。刘裕亲率一支部队进攻江陵，对付司马休之；另以参军檀道济和朱龄石的弟弟朱超石率步骑兵进攻襄阳，阻止鲁宗之增援司马休之。江夏太守刘虔之接到刘裕讨伐荆州的消息，受刘裕势大的影响，倒向了刘裕一边。他秘密修筑城防，储备粮食，准备接应檀道济的部队。然而，还没有等到他准备行动，就被杀掉了。

当时，鲁宗之的儿子鲁轨，任竟陵太守，侦察到了刘虔之的举动，约同司马文思一起，亲率4万大军，突袭江夏。江夏兵微将寡，怎抵得住4万荆州兵的轮番攻击。很快，江夏城破，刘虔之被杀。先一步进入荆州境内的刘裕得知江夏失陷，为了避免战事进一步恶化，派出自己的女婿徐逵之统领蒯恩等人率领一万步骑兵出屯江夏口，以期尽快夺回江夏。

由于徐逵之急于立功，所以，当两军在破冢遭遇，徐逵之二话不说，首先向鲁轨发起了攻击。心浮气躁的徐逵之在准备充分的鲁轨面前惨遭失败。晋军大败，徐逵之被杀。蒯恩由于在后军，且他毕竟是个战场老手，在强大的荆州兵面前坚守不战，因此得以勉强守住江夏口。

徐逵之战败的消息很快传到刘裕耳朵里，刘裕非常愤怒，于是带领各位将领以最快的速度渡江，直扑西岸的江陵。由于那一段长江的西岸，岩壁陡峭，高达数丈，且岩面光溜，正是防守的最佳天然屏障，进攻方必须攀登上去才能和敌人决战。鲁轨充分利用这一地域优势，在悬崖上横向布下阵势，并辅以巨石等守城工具。

面对这样的不利形势，刘裕并没有退缩，而是准备亲自去攀岩。但是，此时他的将士们却不赞同这样强攻。主簿谢晦更是冲上去将刘裕拦腰抱住，说：谁都能上，唯独你不能上。刘裕还在来气，拔出佩剑指着谢晦说，违令者斩。谢晦见到这种阵式，也不慌张地说了一句毫无悬念的话：天下可以没有我谢晦，但是却不可以没有您刘公呀！

听到这句话，刘裕才逐渐冷静下来。在众将领中，刘裕挑出建武将军胡藩，强行让他登岸。面对陡峭的岩壁，胡藩想出了一个办法。他从军校手中接过一把利刀，用刀头凿穿岩土，形成一个个可以容纳脚的小洞穴，趁夜偷偷地向上攀登，这一招果然灵验，全军纷纷效仿，很快跃上陆岸。在岸上，鲁轨、司马文思根本没法抵挡刘裕的猛攻，其军很快被击退。刘裕乘机向江陵发起猛攻，很快，江陵城破，司马休之和鲁宗之带着家眷只好北逃，留下鲁轨镇守石城暂时抵御追兵。刘裕派人进攻鲁轨，鲁轨再次战败。

于是，北逃的队伍中又加入了鲁轨、司马文思、韩延之等人。一行人等在路上得到百姓的掩护，终于抵达后秦。自此，司马休之也被消灭。

班师回朝之后，刘裕被加封为太傅，扬州牧，享受东汉末年曹操一样“剑履上殿，入朝不趋，赞拜不名”的待遇。尽管如此，为了那个梦寐以求的座位，刘裕还需要通过北伐来证明自己。

再次北伐，消灭后秦

东晋安帝义熙元年（公元405年），益州将侯晖等人趁东晋内乱之际，拥当地大族谯纵为主，称成都王，割据一方。谯纵称王后，向后秦姚兴称臣，联合桓玄堂兄桓谦，不停进袭东晋，给荆楚之地造成很大威胁。

刘裕在击灭刘毅之后，立刻就破格提拔大将朱龄石，发大军自外水取成都，又发疑兵佯攻内水，使谯纵分兵弱势。晋安帝义熙九年（公元413年）六月，晋军攻破成都，谯纵走投无路，自缢而死。至此，巴蜀皆平，重归东晋所有。

大胜连连之际，刘裕做事更加无所顾忌。晋安帝义熙十一年（公元415年）初在建康杀掉司马休之次子司马文宝、侄子司马文祖后，发兵进攻江陵。攻克江陵之后。司马休之父子以及鲁宗之等人逃往后秦依附姚兴。至此，东晋国内再无与刘裕抗衡之人。朝廷下诏，授刘裕太傅、扬州牧，并封刘裕第三子刘义隆为公爵，以刘裕之弟刘道怜为荆州刺史。

刘裕在平定南燕，除掉刘毅、诸葛长民以及宗室之后，后秦就成为了刘裕野心扩张的一个心病。

后秦皇帝姚兴，字子略，羌人，自后秦太元十九年（公元394年）即位起，共为帝22年。当年苻健开国不久，其大将苻黄眉杀姚襄后，俘姚兴之父姚苌，准备立时斩杀，幸亏当时同为大将的苻坚解劝，留姚苌一命，并以公侯之礼下葬了姚弋仲、姚襄父子，待姚苌可谓仁至义尽。淝水大败后，姚苌趁乱起兵反叛，最终还把苻坚大帝缢死于新平佛寺。姚苌死后，其子姚兴却是中国历史上少有的仁德帝王。

姚兴即位后，平灭苻登；大定关中，彻底清除了前秦残余势力。姚兴以儒兴国，劝课农桑，收用贤士，广纳善言。公元399年夏，由于当时国内天灾频频，姚兴做出自降帝号之举，这也是中国历史上少有的事情。同时，他礼敬宗室，惩治腐败，交好邻国，曾作出一次割十二郡给东晋的友好举动。作为帝王，姚兴车马无金玉之饰，后宫无纨绣之服，十分勤俭廉平。而且，姚兴时代，也是佛教传入中国的一个高峰期，佛经翻译大师鸠摩罗什深为姚兴礼敬，自此州郡化之，求佛者十室有九。礼佛的同时，姚兴的儒学教养已臻至境，是十六国帝王中具有极高修养和个人品德的佼佼者。

当时，南凉的秃发傉檀、北凉的沮渠蒙逊、大夏的赫连勃勃、西秦的乞伏乾归等人，都因姚兴的宽宏幸免于死，那些人狼子野心，脱逃即叛，纷纷反目成仇，竟也能从姚兴手下变出四个国家来。

与此同时，称霸北方之后的姚兴，无时无刻不惦记着江南的富庶，

梦想着有朝一日能在江南的大地上纵横驰骋。然而，此时西北方向赫连勃勃的大夏国不时南侵，使得他的计划最终落空。不过，尽管如此，姚兴的后秦还是大肆收留从东晋战败逃过来的人，为他们提供庇护，而且尽力帮助他们南侵。姚兴在位期间，勤于政事，治国安民，同时在对外的军事方面也很有作为，在国内外都有着很深的影响。

姚兴的这些做法让此时的刘裕感到非常的担忧。刘裕知道，后秦收留他的敌人，就算是为了自己的野心，他也必须要北伐。在东晋内部的异己势力基本被清除后，刘裕的野心越来越大，也越来越明显。为了使一切进行得合情合理、众望所归，他必须要建立一次对外的功勋。

晋安帝义熙十二年（公元416年）三月，后秦皇帝姚兴病死，太子姚泓继位。姚泓，字元子，自幼孝友宽和，但无经世之用。姚泓身上孝服还没有脱，后秦国内一片乱起，先后有其兄弟姚懿、姚弼想杀他自代。当时，赫连勃勃刚刚掠数郡满载而归，南面的刘裕又统大军气势汹汹地杀来。面对这样的危局，姚泓日日紧锁愁眉。主弱国疑，终于让刘裕盼来了北伐平秦的最佳历史时机。

在宣誓北伐之前，刘裕在全国来一次大赦，规定凡是刑期在五年以下的人都一律释放。并且对所有任期届满，很久没有提拔的官员都提拔官阶。不仅如此，刘裕还把宁州刺史送给他的一块琥珀玉枕给捣成粉末分发给手下的士兵，因为中医里面说过琥珀能够治疗外伤。另外，刘裕既然要领军出征，皇帝所在的建康也不容有失。自己走了，要是谁在建康作乱，一切都可能将化为乌有。因此，刘裕必须要将大本营安排好。他封世子刘义符为中军将军，留守建康，并以刘穆之为左仆射（相当于副宰相的职位），总摄内外。

刘裕初入建康之时，对那些重大事情的处理和安排，全部交给刘穆之，使那些应办的公务马上办理完毕，没有不恰到好处的。此后，刘穆之更是显示出了他卓越的组织才能，他在内总管府中事务，在外供应军旅的给养，遇事当机立断，处理问题快如流水，一切事情没有堆积迟滞的。各方宾客从四面八方集中到他这里，各种请求诉讼千头万绪，内内外外，各种材料堆满了书房。刘穆之竟然能够眼睛看着文件内容，手写答复信件，耳朵听属下的汇报，嘴里当场答复，同时进行这四种工作，互相之间甚至不混淆错乱，一切应酬自如，全都处理得当。不仅如此，刘穆之自从跟随刘裕以来，对刘裕皆是言听计从，竭尽所能，赤胆忠心得毫无保留。有刘穆之在，刘裕就可以安心北伐了。

一切都准备好了之后，在刘裕脑中盘旋了数年之久的北伐大业终于付诸实施。

于是晋军分为五路，由步军、水军两部分组成。第一路为步军前锋，由王镇恶、檀道济统兵，从淮河、淝水向许昌和洛阳进发。王镇恶本就是北方人，只因前秦被后秦所灭才南逃归晋，因此他对后秦实在是怀着刻骨的仇恨，在大军出发之前，王镇恶就立下誓言：此番北伐，如果不攻克关中，绝不再过长江。

第二路由朱超石、胡藩率领，自襄阳进攻阳城（今河南登封东南），以期策应王镇恶的前锋主力。

第三路由沈田子、傅弘之率领，自襄阳进攻武关（今陕西商县西南）。

第四路是水军，由沈林子、刘遵考率领，从石门出发，自汴水进入黄河，直逼洛阳。

第五路也是水军，由王仲德率领，开通巨野被淤塞的旧河道进入黄河。

王镇恶、檀道济皆是能将，手下兵精粮足，一气攻拔项城、许昌等地，后秦诸屯守皆望风而附。后秦留守洛阳的姚洸不听人劝，没有固守金墉，直搏晋军兵锋。随即几路大败，姚洸最终不敌，献城出降。克复洛阳，刘裕更觉自己功高盖国，便派其左长史王弘还建康，暗示东晋朝廷给自己加“九锡”。留守京师的刘穆之本是刘裕心腹，见到主公此种赤裸裸的篡位举动，愧惧发病，卧床不起。然而，这个时候的晋廷当然只能照办。晋安帝义熙十三年（公元417年）年初，晋廷下诏，以刘裕为相国、总百揆、扬州牧，封十郡为宋公，备九锡之礼，位在诸王侯之上。诏下，刘裕辞而不受。

当初，刘裕闻知卢循进逼建康的时候，他正在从广固得胜归来的途中，即有向朝廷索取太尉黄钺的举动；其属下大将朱龄石提兵伐蜀，形势未明朗之前，刘裕也曾向朝廷要加自己为太傅并总镇扬州。现在，伐秦未见其果，刘裕试探朝廷加自己“九锡”，足见刘裕的政治手腕。刘裕种种举动，如在纲纪严明的朝代，朝臣们早就喧哗怒骂，以其为不忠不义，挟威自重，谋逆不道。但在当时，晋室已失人心，一切只能听任刘裕摆布。“人好逸而不惮劳，人好生而不畏死”，文武将士们，之所以不知疲倦地随刘裕东征西讨，都是想攀龙附凤，贪图新朝。因此，刘裕权位愈重，他们的希望就越大。有此依恃，刘裕本人也就日益妄为。

在王仲德方面，东晋水军由清河入黄河，北魏滑台守将尉建竟然吓得连箭也不发一支，弃城逃跑。晋将得便宜还卖乖，占领滑台后对外宣称：“我们本来想给魏国七万匹布帛借道伐秦，谁想到滑台守将弃城跑掉了！”魏主拓跋嗣闻讯大怒，派兵济河，将尉建斩于军前，投尸河中，并质问晋军为何侵占魏国城池。晋军当时不想与魏国为敌，多添仇家，便说等平秦后马上归还。刘裕也假装卑词下意，表示：“洛阳，晋之旧都，一直为羌人所据，我们晋军来此只想进据洛阳，修复陵庙。而且秦人一直收留晋朝叛将，与晋为患，现在我们是借道伐秦，实不愿与魏国为敌。”

然而，外交辞令虽然漂亮，晋、魏两国仍剑拔弩张，各怀鬼胎，密切关注对方的一举一动。晋安帝义熙十三年（公元417年）二月，刘裕从彭城出发，自引水军亲自参加北伐战争。

这个时候，先锋王镇恶、檀道济等人已合兵于潼关，对姚绍守军展开猛攻。姚绍是姚泓叔父，有谋善战，采取固守坚城的方法，希望孤军深入的晋兵兵老城下。同时，他派大将姚鸾出兵切断晋军粮道，不料，姚鸾反被晋军偷营，数千后秦兵连同主将一起被杀。刘裕水军入清河后，将溯黄河西上，为避免与魏军摩擦，就假装客气，遣使魏国，表示要借路。

姚泓窘急，后秦与北魏有姻亲关系，他忙遣使求魏国发救兵。魏国君臣议事，大臣崔浩表示说：“姚兴已死，姚泓懦弱。刘裕乘危攻伐，其志必取。如果我们遏止其军，刘裕心生愤恨，上岸北侵，那样的话，我们魏国就是代秦受敌。现在，柔然在北侵扰，民又乏食，如果我们与刘裕开战，南北顾此失彼，不如听任刘裕西上，然后屯兵以塞其东。如果刘裕取胜，会因我们借道给他心存感激；如果刘裕战败，我们又有救秦之名，趁其撤退时还可攻击取利。”拓跋嗣不听，以司徒长孙嵩督山东诸军事，遣步骑10万屯黄河北岸，以待晋军。

刘裕水军入河后，见魏军沿河活动，深感忧虑。于是命王镇恶等人前来。他打开船窗，指着河边的魏军说：“我告诉你们攻克洛阳后，等大军齐至才进攻，现在轻易进兵，又多出魏国敌军，我又该怎么分兵布将？”此时，魏军一路随行，在北岸一直跟着刘裕的船队走。晋兵凡有

小船因大风漂浮到北岸的，尽被魏兵箭射枪捅，一个不剩。每当刘裕派军去追，晋军刚上岸，北魏骑兵马快，顿时转移了。晋军撤回到船上，魏军就又冒了出来，继续跟着船走。

同年五月间，刘裕想出一招，他派七百兵士，给以兵车百乘，渡北岸，在离河百余步的水边列开“却月阵”——“两端抱河，车置七仗士，事毕，使竖一白毦（相当于令旗）”。魏军看不明白，不知晋军演什么戏，都立于原地不动。突然，一直待命未发的晋朝宁朔将军朱超石见白毦摇动，便率两千晋军疾趋上岸。他共带100张床弩，每车站列20甲士，左右前后列大盾掩护，组成一种看上去非常奇怪的兵阵。魏军见晋军列阵完毕，便也列阵迎前。魏军统帅长孙嵩，亲率3万骑兵在步兵后面作后援，从四面八方冲杀过来。

忽然，晋军强弩齐发。魏军不顾生死，虽然前面的士兵一排排被射死，后面的士兵仍喊杀声阵阵，冲势不减。关键时刻，朱超石使出早就准备好的秘密武器——几百把大锤以及一千多长稍。晋军先把长稍从中间的木杆折成两段，只长三四尺，然后，一名兵士持稍前立装填，后面兵士用大锤猛击弩机柄端。待魏兵蜂拥而至，弩机猛力发射，一稍就穿死三四个人。魏兵不能挡，一时奔溃，死者相积。魏军大将临阵被斩，余众退至畔城。晋军乘势追击，一路追杀，斩魏国兵将数千。

魏主拓跋嗣闻言，才知晋兵勇猛，后悔不用崔浩之言。但是，对于刘裕是否能够击灭后秦，拓跋嗣仍有疑心，便就此问崔浩：“刘裕伐姚泓，果能克乎？”崔浩说：“肯定能。”拓跋嗣问：“为什么？”崔浩说：“昔姚兴好事虚名而少实用，其子姚泓懦弱多病，兄弟乖争，刘裕乘危而进，兵精将勇，必能战胜！”拓跋嗣又问：“刘裕与慕容垂相比，又如何？”崔浩答：“刘裕才能，当然在慕容垂之上。慕容垂借父兄之资，修复旧业，其国人归之，如夜虫就火，稍加依仗，易以立功。刘裕奋起寒微，无尺土之地，讨灭桓玄，兴复晋室，北擒慕容超，南枭卢循，所向无前，可谓才超常人！”由此，魏军再也不敢轻犯晋军兵锋，刘裕顺利抵达洛阳。如此危急时刻，后秦军屡败不说，最重要的御敌统帅鲁公姚绍，又因忧急愤懑，发病吐血而死。八月，刘裕至陕地。沈田子、傅弘之人武关，进踞春泥（今陕西蓝田）。

沈田子等人将攻峣柳。秦主姚泓至此横下一条心，御驾亲征。他率马步数万大军，想与刘裕主力正面决战，但又怕沈田子东晋军从后掩袭，便想击灭沈田子后，再东出与刘裕交手。沈田子一部，本来就是迷惑后秦军的“疑兵”，总共1000多人。忽闻探报，姚泓自率数万大军马上就到，沈田子就要提兵前去相斗。傅弘之持重，劝说兵力寡殊太大，想要退兵。“兵贵奇用，不必在众。而且敌我双方人数相差太远，等敌军固列阵形，我们想逃也来不及。不如乘其始至，营阵未立，先发制人，可以立功！”言毕，沈田子转身对士兵们讲：“诸军冒险远来，正求今日之战，生死一决，可以一战封侯！”晋兵闻言，皆踊跃鼓噪，手执短兵，高呼奋击后秦军。就在后秦军毫无防备的时候，忽然从树林中冲出晋兵，秦兵惊慌失措，转身而逃。大败之下，被东晋兵斩杀1万多人。姚泓奔还灞上，其御用乘舆仪仗皆为东晋军所缴获。

王镇恶攻潼关坚城不下，便向刘裕请示，要转率水军自黄河入渭水，直袭长安。王镇恶所领的晋朝水军，都乘艨艟小舰，兵士皆藏于船内向下划桨。后秦士兵没见过此种船只，他们只看见船走而不见有人外露摇桨划船，皆惊以为神。王镇恶一军至渭桥后，立刻下令兵士在船上吃饭。然后，持杖登岸，严令“后登者斩”！士兵上岸后，小船无缆无锚，渭水迅急，瞬间全部顺水飘走，一只船也没剩下。

王镇恶对将士们说：“大家的家属都在江南，这里是长安北门，离家乡已是万里之遥。船舰衣粮，皆随流飘没。今进战而胜，则功名俱显。不胜，尸骨无存！”言毕，王镇恶身先士卒，第一个向前冲杀。他身后晋兵立于绝境，勇气倍增，无不以一当十，冒死直前。后秦将姚丕前来抵拒，被杀得大败。后秦主姚泓闻讯，自领兵卒前往，正赶上姚丕败军溃还，一时践踏拥推，死伤无数。大败之下，姚泓单马还宫。王镇恶军攻入长安平朔门。

姚泓惶恐无计，与宫内的家人商量，想出宫投降。其子姚佛念时年十一，对父亲说：“晋人将逞其欲，肯定不会让我们活命，还不如我们先行阖家自尽！”姚泓怃然不答。姚佛念说完登上宫墙，投地而死。姚泓无奈，只得率妻子数人步行至城门的刘裕大营中投降。姚泓之弟姚赞，随后也带着宗室100多人来降。

此时，刘裕立刻把除姚泓以外的所有后秦宗室、妇女全部就地处决，血满营盘。接着，他用槛车押送姚泓到建康，斩于闹市之中，以彰功名。姚泓死年三十，在位两年。从姚苌算起，后秦共历三世，共三十二年。

后秦至此终结。而对于刘裕来说，这两次北伐，连灭两国，他的丰功伟业是东晋数百年来所未有的。当时东晋内主政的刘穆之病故，刘裕担心变故，急忙率军回朝。匈奴的赫连勃勃见刘裕率军回朝，便乘虚而入，攻杀了留守长安的守将，此次北伐的成果竟化为乌有。然而，此时的刘裕取晋而代之之心已经很明显。当他回朝之后，他的帝王大业也很快变成现实。

篡位称帝，终成大业

晋义熙十四年（公元418年）六月，刘裕接受他推让了快两年的“九锡”和宋公爵位，向从权臣到皇帝的大道上迈出实质性的一大步。

有一天，刘裕站在长安城头，环望四周，扭头对身边的王镇恶说：“成吾霸业者，卿也！”王镇恶虽是忘死名将，但是生性贪婪。当时，后秦府库充盈，王镇恶派手下军士盗取私拿，不计其数。刘裕对此一清二楚，但以其功大，竟不责问。当有人告称王镇恶私藏姚泓的御辇时，刘裕倍感警惕，以为王镇恶有什么称王称帝的“异志”，忙派人暗中伺察。派出之人回报，王镇恶只是贪图御辇上的珍宝装饰，悉数剔取后，御辇架子被扔弃。刘裕闻此，其心乃安。

四月，晋恭帝司马德文下诏，征召宋王刘裕返回京城建康。刘裕留第四子刘义康镇寿阳，以刘湛为长史，动身返朝。

随后，刘裕以随军的次子刘义真为都督雍、梁、秦三州诸军事、安西将军；以王修为长史；王镇恶为司马，领冯翊太守；沈田子、毛德祖为中兵参军，沈田子领始平太守，毛德祖领秦州刺史；傅弘之为雍州治中从事史。当时，刘义真官虽大，时年才十二。而他的各位将领，皆在平秦战争中立有奇功，谁也不服谁。特别是王镇恶，其祖父王猛在关中非常有名气，南来诸将对他皆心存猜忌，并因互相争功而产生怨恨。其实，刘裕这次的西征队伍只出来一年，非久疲之师。而且，关中为富饶之地，金银财宝无数，粮食积储丰富，大可以凭此重镇广土乘胜击伐北魏和大夏。只要专心，消灭周围的各个割据政权也绝非难事。所以，刘裕急返江东，确有失策之处。

刘裕接到诏书，很快就回到了建康。一回到建康，傅亮立即入宫，面见司马德文。这位中书令大人，给司马德文呈上了一份文辞华美的禅位诏书草稿。此时的司马德文显得非常平静，他欣然提笔，平静地对左右说："当初桓玄篡位，司马家其实已经失去了天下，多亏刘公出手拯救，才让晋朝死而复生。今天能将天下奉还给刘公，正是了却了我长久以来的心愿！"随后，司马德文在文书上批阅，最后，司马德文取出玉玺，盖下大印，东晋王朝的死刑判决书正式生效。这一天是晋元熙二年（公元公历420年7月5日）。

然而，在刘裕刚刚东还的时候，一直觊觎关中的夏王赫连勃勃听说刘裕东还，大喜过望。其手下大臣王买德马上表示："关中形胜之地，而刘裕以幼子守之，狼狈而归，正是为要急于回建康篡国。他无暇经营中原，这正是天赐我大夏的极佳机会，绝不可失！青泥、上洛两地，分扼南北险要，应先遣游军断其通路；接着，派兵东塞潼关，绝其水陆之路；然后传檄三辅之民，施以威德，刘义真小儿，必在我们网罗之中！"赫连勃勃大喜，以其世子赫连璝为先锋，率铁骑二万奔赴长安；以另外一个儿子赫连昌屯军潼关，以王买德为抚军右长史，屯兵青泥。众兵发后，赫连勃勃自率大军，以为诸军后续。赫连璝军队驰至渭阳，关中民众望风迎降。刘裕东返，关中汉人对晋军已不抱任何希望。

东晋龙骧将军沈田子前去抵拒，但忌畏对方众盛，退屯刘回堡。也就是在几个月前，同样一个人，率1000多疲惫饥渴的晋军，能够一战击溃后秦姚泓御驾率领的数万军队。如今，晋军休整停当，人不缺食，马不缺草，赫连璝骑兵远来，属于疲乏之敌，沈田子却“畏其众盛”。双方未交手，心理上已经输了一大截。

沈田子的信使到长安报告军情。王镇恶对王修说："刘公以十岁儿托付给我们，正当共思竭力，一举破虏，现在畏敌不前，大事何可得济？"沈田子本来就与王镇恶先前因争功有隙，闻听信使回来陈说，心中又愤又惧。愤者，王镇恶不帮自己说话；惧者，未战先退，怕回去被军法从事。不久，沈田子、王镇恶两人合兵，出长安以北共拒夏军。

沈田子派人在军营中散布谣言，说王镇恶要尽杀营中南方人，只留下数十人把刘义真遣送回江东，自己盘踞关中造反。为此，东晋军人怀惴恐，南北兵士相互疑惧。看见谣言已有效果，沈田子派人请王镇恶到傅弘之大营议事。王镇恶本人没有任何戒备之心。他进得傅弘之营门，没见傅弘之本人，只见沈田子迎前，一脸笑意，很友好地搂着自己的胳膊，说有要事单独商议。王镇恶不知是计，随沈田子走入营帐。刚要说话，幕后窜出沈田子预先安排好的亲戚沈敬仁，当面一刀，砍下了王镇恶脑袋。沈田子一身是血，手提王镇恶人头，出营向士兵们宣布："遵刘太尉令，诛杀谋反主谋王镇恶。"更过分的是，沈田子派人杀掉在营中没有任何防备的王镇恶兄弟和堂弟7人。

傅弘之虽然早就向刘裕进言说王镇恶不可信，忽闻沈田子在自己营中杀掉王镇恶，错愕异常，吓得他骑上一匹快马，飞奔回长安城内向刘义真等人禀报。事情发生得如此突然，刘义真与其幕僚长王修都被吓一大跳。几个人贯甲执剑，紧闭城门，登上城楼观察情况。

很快，沈田子带着几十个从人驰来，马脖子旁挂着大将王镇恶以及其兄弟等人的数颗鲜血淋漓的头颅。“王镇恶谋反，已被我们诛杀！”

沈田子向城头喊话，一脸得意。他原先的如意算盘是：刘裕本来就对王镇恶不放心。现在，大敌当前，杀掉王镇恶，诬称他谋反，死无对证，一来泄愤，二来抵拒夏兵还需要自己出力，也不会因杀人得罪。王修等人见沈田子没多少人马，就开城门放他们进来。刚一下马，实际主持军政的王修就命兵士上前捆绑了这几十号人，斥责沈田子无故东戮国家大将，立即加以斩首。未及与敌交阵，东晋因窝里反已经自折两员大将。虽如此，傅弘之受命出军，先在池阳大破赫连璝骑兵，打败赫连勃勃的军队，长安暂时得安。

刘裕听闻王镇恶死讯，吃惊不小，忙上表晋廷，表示说：“沈田子忽发狂易，奄害忠良。忠勋未究，受祸不图，痛惜兼至，惋悼无已。”于是，晋廷追赠王镇恶为左将军。刘裕建宋后，追封他为龙阳县侯。击退赫连璝后，刘义真觉得“强敌”不过如此，天天与左右侍奉他的臣子嬉戏、玩乐，赏赐无度。王修为人正派，又亲受刘裕嘱托，不时对刘义真进行规劝。刘义真左右臣子们见小主人信口赏赐给自己的金玉银两总被王修借口不发，非常怨恨，就向刘义真进谗：“王镇恶当时确实要反，所以沈田子杀掉他。王修反而杀掉沈田子，正是他自己也要造反！”

一来二去，刘义真信以为真，派人以议事为名，召唤王修进府，一刀结果了这位高参。至此，王修一死，东晋军人情离骇，莫相统一。事后，刘义真下令外驻的晋军悉数入城，全部龟缩于长安防守。这样一来，示敌以弱，关中郡县，纷纷向夏国军队投降。不久，赫连勃勃攻克咸阳，长安失去补给。

刘裕闻讯大惊，忙派辅国将军蒯恩去长安，召回刘义真。同时，他派相国右司马朱龄石为都督关中诸军事，代刘义真坐镇长安；又命中书侍郎朱超石去河、洛劳军。

晋安帝义熙十四年（公元418年）年底，朱龄石军队刚到长安，得知自己马上要被轮换回江东老家的刘义真部晋军，临行大掠长安，多载宝货、子女，方轨而行。赫连勃勃得知消息，派赫连璝率3万军士追击刘义真。眼看晋军行动迟缓，建威将军傅弘之劝言："现在辎重繁多，一天之行，不过十里，虏兵即将追至，何以抵抗！不如尽弃车载，轻行速进，方可免难。"

没等刘义真开口，他周围的臣子们皆使劲摇头。很快，夏兵大至。傅弘之、蒯恩保护小主人先跑，二将自己率兵断后，力战连日，边跑边斗，最终大败。傅弘之、蒯恩、毛修之皆被夏军活捉。傅弘之大骂赫连勃勃，不屈而死；蒯恩后来伤重而死；毛修之投降。就这样，数万晋军，全部被杀，先前从长安抢得的金银美女，也为夏兵所得。刘义真独自逃于草中而幸免。赫连勃勃方面，得胜后，他在长安城外大开庆功宴，把数万晋军的人头堆在一起筑土成"京观"，号为"骷髅台"，以彰其功。长安城内，居民愤恨晋军无道，自发起义，把朱龄石驱逐出城。朱龄石临走，丧心病狂，一把火把后秦苦心经营多年的华丽宫殿烧个干净，自率败兵奔潼关。长安至此，终为赫连勃勃所得。

刘裕得知晋军青泥败讯后，爱子心切，又不知刘义真的生死，即刻整理行装又要北伐。大臣谢晦等人纷劝："士卒疲惫，请待他年。"刘裕不听。准备之中，忽得部将书信，知道刘义真安然无恙，刘裕才放下一颗心。北伐之举，遂止不行。牺牲无数将士、百姓人命，耗费无数钱财物力，关中得而复失，诚乃刘裕一生最大的败笔。

晋恭帝元熙二年（公元420年）六月十四日，刘裕受晋恭帝禅，即位做皇帝，国号宋。南朝从此开始，刘裕是为宋武帝，大赦天下。

在盛大的典礼上，也出现了不和谐的音符：晋朝老臣，秘书监徐广当众大恸，哭得泣不成声。谢晦怕他影响典礼气氛，说："徐公在新皇登基的喜庆大典上，做这样煞风景的事，不怕招罪吗？"徐广毫不畏惧，回答说："你是宋朝的佐命元勋，我是晋朝孤臣遗老，本就不是同路人，悲喜的感觉自然不一样！"对于前朝文臣这种没有实质威胁的冒犯，刘裕没有追究。这位六十九岁的徐广最后不愿仕宋，辞官回家，直到五年后以七十四岁高龄寿终正寝。

刘裕称帝后，下诏封晋恭帝为零陵王，徙至秣陵县，派重兵禁守。晋恭帝怕被人毒杀，常与其妻褚皇后自己煮食吃饭。一年多后，刘裕派褚皇后的兄弟携毒酒去弑恭帝。褚家两兄弟先把姐姐叫出来说要拉家常。引开褚皇后，三个兵士跳墙入室，进毒酒给晋恭帝。晋恭帝信仰佛教，说："佛教教义，自杀者不能转投胎为人身。"几个兵士闻言，就进前用被子把晋恭帝活活闷死。司马德文时年36，在位才半年。随后，刘裕率百官举哀于朝堂。

至此，寒门出身的刘裕经过数十年的打拼，终于在垂暮之年实现了自己的宏图大业。

刘裕虽篡晋自立，后世史臣对此极少有微言相加。何者，他武功盖世，莫可比伦——东灭慕容超，西擒姚泓，野心勃勃如赫连，觊觎得利如拓跋，北魏、大夏这两个鲜卑、匈奴强悍的国家，皆对刘裕怀有惴惴之心。而且，自刘宋以后，南朝的齐、梁、陈三朝，一代不如一代，无尺寸国土拓展，且日渐削夺，越来越弱。

刘裕为人，本性节俭，寡欲严整。称帝之后，他常穿连齿木屐，在神虎门外散步为乐。他一生中两次北伐的光辉胜利，撑起整个南朝时代的立国基础。由于他本人出自寒门，知民间疾苦，采取了诸多行政措施，相对减轻了当地人民的负担，并对世家大族的横暴侵占进行了严厉打击，抑制了豪强势力。其子宋文帝日后鼎鼎大名的“元嘉之治”，实赖刘裕的丰厚基础而成。

第二章
谋权夺位，轮流坐庄

宋武帝刘裕建立了南朝宋，并且促成了“元嘉之治“，然而，在他死后，国内便开始动乱，很快就陷入到内忧外患的境地。俗话说，乱世出英雄，萧道成便是生活在这样的背景下。他少有将才，并且在平乱中立下汗马功劳。随后，他逐步掌握了军权。随着局势的变化，萧道成在时机成熟之际灭宋建齐。然而，在南齐政权中，纷争不断，皇位屡屡易主，使得南齐国势迅速颓危。

生逢乱世，少有帅才

南宋武帝刘裕去世之后，太子刘义符继位，是为宋少帝。刘义符游戏无度，不亲政事，辅政的司空徐羡之等大臣于景平二年（公元424年）废黜刘义符，迎立任荆州刺史的刘义隆为帝，改元元嘉。身为皇帝的刘义隆不能容忍大臣擅行废立，元嘉三年（公元426年）杀徐羡之等人，从此政由己出。刘义隆从小体弱多病，登基六年之后就因为生病把政事委给其弟彭城王刘义康代摄。刘义康柄政其间，擅行生杀，杀死宋朝名将檀道济，使后者有"自毁长城"之叹。元嘉十七年（公元440年），刘义隆采取断然措施罢斥刘义康，后来又把义康杀死。

宋武帝去世时，北魏元明帝趁机派军南侵，在虎牢和彭城展开争夺大战。在大将毛德祖的坚守抵抗和名将檀道济的奋力反击下，北魏损耗兵力达到十分之三。刘宋取得胜利，但却是一场惨胜。北魏太武帝拓跋焘即位后，发动了一系列对柔然与大夏的战争，北方风起云涌。宋文帝利用这个机会，决定出兵北伐。

元嘉七年（公元430年），宋文帝派大将到彦之率5万大军一路沿水路北进，沿淮河北上直到黄河，再西溯逼进，轻易拿下碻磝、滑台、虎牢、金墉四镇，前锋已经能窥伺潼关一带。到彦之把全军摆成一字长蛇阵，守卫在黄河南岸两千余里长的防线上。隆冬黄河冰封之后，魏军突然大举渡河南下，宋军因防线过长，各处都很薄弱，一下就被击溃，连失洛阳、虎牢数城。到彦之初时轻敌，现在又畏敌如虎，率军往水路南逃，狼狈不堪。关键时刻，檀道济率军北上救援，一路硬闯与魏军交战，损失惨重。他的粮草、军资被北魏军袭击，一时将尽，在打了一系列仗之后不得不引军南归。北魏军穷追不舍，想要趁着檀道济的大军缺粮发起攻击。檀道济心里也十分焦急，他暗地里命令粮官用沙子代米，军中仅有的余粮就铺在沙子上，显出军粮很多的样子，以迷惑魏军。魏军得知后，一时犹疑，不敢急追。檀道济又故作镇静，命全军放慢速度，大摇大摆南撤。这使魏军更加相信宋军有诈，终于放弃了追击，这样檀道济方得全军而归。

这次北伐以刘宋的完全失败告终。其后南、北方保持了近20年的平静。北魏四处攻伐，公元439年，拓跋焘灭亡北凉，统一北方。刘宋也休养生息，力量增强了不少。公元450年，魏军以10万之众再次南伐。刘宋守将纷纷弃城而走，南军对北军的畏惧可见一斑。在这样南不敌北的情况下，宋文帝刘义隆却战心大起，竟想要北取中原。他不听朝中有识之臣的劝谏，专听谄媚之人的吹捧，下了北伐的决心。此时南朝最有威望的将领檀道济已被冤杀，宋军缺乏统军大将。北伐的军队主要分为三路，萧斌率沈庆之、申坦军为东路军，从江苏走水路入山东；中路的梁坦、刘康祖进攻河南洛阳；以随王刘诞率柳元景军为西路军，从襄阳北上入河南。东路军走黄河直入山东，连得乐安等数城。萧斌命王玄谟进攻滑台。滑台城小兵少，本来并不难攻。王玄谟却想进城掳掠财物，不肯破坏城池，也不让用火箭攻城。他对投军的中原义军不信任，还到处催捐派饷，以致人心大失。滑台屡攻不下，等到魏军前来救援，王玄谟

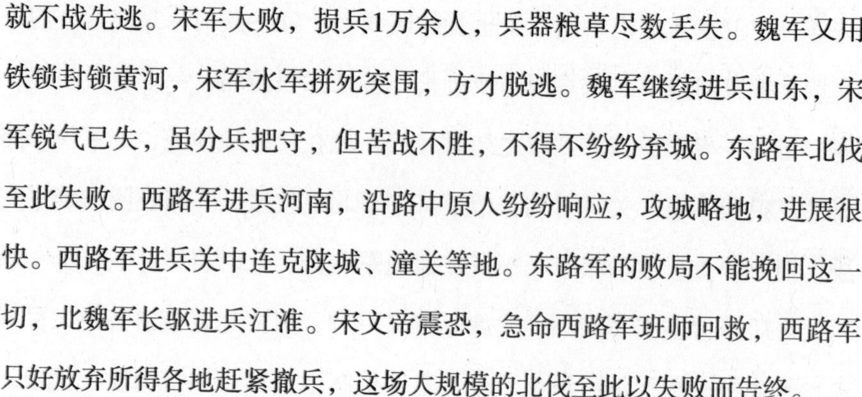

就不战先逃。宋军大败，损兵1万余人，兵器粮草尽数丢失。魏军又用铁锁封锁黄河，宋军水军拼死突围，方才脱逃。魏军继续进兵山东，宋军锐气已失，虽分兵把守，但苦战不胜，不得不纷纷弃城。东路军北伐至此失败。西路军进兵河南，沿路中原人纷纷响应，攻城略地，进展很快。西路军进兵关中连克陕城、潼关等地。东路军的败局不能挽回这一切，北魏军长驱进兵江淮。宋文帝震恐，急命西路军班师回救，西路军只好放弃所得各地赶紧撤兵，这场大规模的北伐至此以失败而告终。

北伐既败，魏军则大举南侵，一路打到长江边上，直逼刘宋都城建康。宋文帝登城看到魏军兵势，这才想起檀道济来叹道："若檀道济在，怎么会使胡马到此！"由于北魏没有水军，对攻取建康也没有把握，主动提出和亲。这个举动被南朝视作奇耻大辱，宋文帝以生硬的口气予以回绝。拓跋焘大怒，下令军队四处烧杀劫掠以示泄愤。这一场大战发生在元嘉末年，南、北两朝的损失都十分惨重。

元嘉北伐失败，北魏铁骑反击至济南城时，曾上演了一出空城计而保卫济南的，就是萧道成的父亲萧承之。

萧道成，出生于公元427年，字绍伯，小名斗将。萧道成的父亲萧承之元嘉十七年（公元440年），官至汉中太守。

萧道成长在将门，受到良好的教育。小时候他就读于京城建康鸡笼山，私塾的老师雷次宗称赞他是一块"内润的美玉"。

一天，宋文帝刘义隆与彭城（今徐州）大将军刘义康兄弟二人因朝务发生激烈冲突，宋文帝一怒之下将刘义康贬为江州刺史，出镇豫章。派萧承之率军前去防范监护刘义康。

此时，正在朝中跟随著名儒士雷次宗先生研习《礼》及《左氏春秋》的14岁的萧道成被人唤出。萧道成大步流星回到家中，看到正在门厅里背着双手踱着步的父亲，朗声问："不知父亲唤孩儿回来何事？"

父亲转过脸来轻拍了一下着萧道成的肩膀说："你且坐下，听父亲说。"于是萧承之便把皇帝发配刘义康让他举家前去监护的事说了。萧道成看着父亲，说："敢问父亲，听说这刘义康是为有权有势的大官，皇帝为何派父亲前去监护？"

萧承之笑："你长大就知道了。"萧道成说："父亲，孩儿不小了，一直在读史书，孩儿想知道当朝大事，将来做个有用之人。"

萧承之沉吟片刻，说道："好吧，父亲就告诉你这里面的原因。我们萧姓先祖为西汉的萧何，你乃萧何的二十四代孙，先皇宋武帝刘裕的继母为我萧家人氏，父亲也算刘宋皇朝的外亲，现在皇帝派老父我前去监护刘义康，是对我们的信任……"

萧道成目光明亮地望着父亲，不住地点头："原来如此。"

从此，萧道成跟随父亲南征北战，以其机智勇敢屡立战功，成长为将帅之才。后来，萧道成屡立大功，成为当时朝中的一员大将。

平定叛乱，再立奇功

宋武帝去世后就出现了兄弟争位的现象，后来斗争越演越烈。刘宋宗室的互相残杀，始于文帝被其子刘劭所杀。

宋文帝在位三十年，当时的太子刘劭实在等不及，却又不敢动手。

后来，刘劭结识了女巫严道育，他们琢了一个文帝像，埋在宫殿地下，诅咒其父速死。元嘉二十九年（公元452年），这件事情败露，文帝既愤怒又悲伤。他对这个太子是十分钟爱的，几乎有求必应，为了护卫太子的安全还特意拨附1万军充实东宫卫戍。他年事已高，不忍心废去太子，只是严厉痛斥了儿子的无道行为。他放过太子，却没有放过女巫严道育，派人四处搜捕。后来得知，严道育还躲藏在太子的东宫。这使文帝起了废掉太子的念头，可是一时又没有合适的人选。就在他犹豫的时候，太子得知消息，抢先发动了政变。

元嘉三十年（公元453年）二月，刘劭集结东宫将士两千余人冲击内城，刘劭用假诏书骗开城门，进宫上殿。凌晨时文帝还在和大臣讨论废太子的事，东宫将领张超之持利刃奔上殿来径直砍向文帝，文帝拿起茶几招架，五根手指都被砍了下来，张超之再一刀便送掉了文帝的性命。朝廷主要大臣们被软禁起来，发出诏书通知百官。由于百官已经听说宫廷政变，应召而来的只有几十人。刘劭就在这几十个大臣的“拥戴”下登基称帝。

政变之后，远在湖北领兵的三皇子武陵王刘骏首先举兵讨伐，各地军政长官纷纷响应。四月，武陵王到新亭（今南京南）即位，是为孝武帝。五月，诸军攻克台城，即位仅三个月的刘劭被杀。早在刘劭登基时，为了清除异己，皇叔刘义恭的全家十几个儿子全被处死。当时流传这样一句歌谣：“遥望建康城，小江逆流萦。前见子杀父，后见弟杀兄。”

孝武帝刘骏即位之后，就和刘劭一样开始大肆清除异己。随后，他派人毒死兄弟平南王刘铄，刘铄本是文帝最宠爱的儿子，刘骏自然把他视作大敌，除之而后快。他的叔父刘义宣起兵与侄儿争位，却被侄儿击败，刘义宣与其儿子都被处死。孝武帝大肆诛杀宗亲，引起了其他宗室的恐慌。竟陵王刘诞本来和孝武帝的关系是极好的，当年孝武起兵即位，竟陵王刘诞立下汗马功劳。但是此时的刘诞心里非常恐惧，于是自己蓄养勇士，储藏精甲利器，以备不测。

大明三年（公元459年），有人告发刘诞谋反，孝武帝便派人前去刘诞的广陵住所捉拿，刘诞闭城拒命，公然起兵反叛。孝武帝调来军队猛攻广陵，攻打了几个月，才破城杀死刘诞。由于广陵长期打不下来，恼羞成怒的孝武帝兽心大发，竟然在城破之后下令屠城。在大臣沈庆之的恳求之下，身高不满五尺的孩童得以免死，妇女也可以不杀，而是交给军人凌辱。孝武帝还下令把死者的头颅集中到石头城南，筑为“京观”（用积尸加泥土筑成高的坟墓），以此炫耀武功。当时，扬州刺史被竟陵王刘诞胁迫，被孝武帝以“附逆”的罪名残杀。他的妻子、儿女被发配到交趾，后被杀死。

大明五年（公元461年），雍州刺史海陵王刘休茂起兵造反。为了避免皇帝下令攻杀引起不必要的惨祸，地方军尹玄庆起兵把他攻杀，这件事才就此平息。

公元465年，宋明帝刘彧登基，朝廷内部发生了权力争斗。一支是以晋安王刘子勋等孝武帝系诸王为首，另一支则以明帝为首的文帝系诸王。四方州郡大多举兵响应晋安王刘子勋，可谓天下同叛。

当时，官至右将军的萧道成审时度势，他说：“皇上（明帝）虽势单力薄，形势危机，乃为一国之君，亦有诸王鼎立相助。若我为皇上效力，可助皇上平定天下，定能功成名就；若追随叛军，虽有成功之可能，但将来各路反将之间难免倾轧，刘子勋未必重用我们。”他的手下都赞成他不随波逐流，站在宋明帝一边。当日，萧道成上朝向明帝表明

自己的看法，得到明帝嘉许。同一天，他便被提升为辅国大将军，随即宋明帝派遣他和张永等将领带大军前去讨伐东境叛军。

萧道成带领大队人马浩浩荡荡奔东境而来，至晋陵安营扎寨，第二天率大军与叛军展开厮杀。但由于敌方人多势众，且蓄兵以待，双方恶战多日，一直相持不下。正在萧道成苦于无破敌良计之时，忽然从义兴（今江苏宜兴）传来将领吴喜等率部打败叛军北上的消息。萧道成异常兴奋，将士们也摩拳擦掌，齐声高呼："打败叛军，战之必胜！"

第二天一早，萧道成率领众将士，一马当先，杀向敌营。他身先士卒，叛军死伤无数。他们一天攻破敌军12个营垒，占领了晋陵。随后，萧道成率领大军攻克了义兴。晋陵、义兴两大战役胜利，为东境战场胜利奠定基础。随后，萧道成率大军进军浙东，生俘会稽太守刘子房。至此，东境战事全面胜利。回到军营，萧道成刚刚休息片刻，便有人报："徐州刺史薛安都受叛军蛊惑，在彭城起兵造反。薛安都派其从子薛索儿带人马南下，并已渡过了淮河，正在向朝廷逼近。"于是，萧道成率大军即刻启程，萧道成深知薛索儿骁勇善战，且来势汹汹，绝不可仓促应敌，他一路思索着御敌之策。

萧道成很快来到了薛索儿进攻京师的必经之道，他号令三军安营扎寨并对手下将领说："敌来之甚猛，我等不可莽撞，需先稳住阵脚，再与之搏斗。"叛军很快到来。萧道成率领人马先与其迂回厮杀，以避其锋芒。相持几日后，萧道成决定出一路骑兵攻敌西部，然后又派另一路从敌后合击。这一战术果然奏效，薛索儿大队人马仓皇之下大败而退。

一天夜里，萧道成与众将士商议完御敌之策，刚刚躺下休息，忽听得军营中喊杀声震天，他立刻意识到敌人来偷袭了。手下很快来报："薛索儿手下千余骑兵前来偷营。"此时，军中将士有些慌乱。萧道成不慌不忙，众将士见萧道成镇定自若，便稳定下来。袭营骑兵见萧道成营地秩序井然，安之若素，觉得无隙可乘，急忙退兵。几次交锋之后，薛索儿损兵折将，只得兵败北退。不久，叛军全部被平定，宋明帝大喜，自是对平定叛军的功臣悉数提拔重用。

公元467年，萧道成被委任南兖州刺史，成为镇守一方的大员。

泰豫元年（公元472年），刘彧病危，仓促间写就一份遗诏：太子刘昱继位，沈攸之、褚渊、萧道成等同受顾命，辅佐幼主。

看到刘彧归天之后，留给太子刘昱的辅政大臣中竟不见自己的名字，刘休范心里就不平衡。在现在的皇族中，若要论资排辈，刘休范确为不二人选。他始终觉得，天下是他刘家的，权力就该握于他刘家之手。但是这个时候，事实已成。

刘休范，史载其“谨涩无才”，就是说刘休范平凡木讷，反应迟钝。如果不是刘休范的部属许公舆，刘休范或许还真会老老实实地待着。随后的时间里，许公舆经常在刘休范耳旁煽动，而刘休范却也听任他摆布。

许公舆知道，当今天子弱小，于是他也想拿自己的前程赌一把，希望刘休范有朝一日坐拥天下，自己也好位极人臣。许公舆告诉刘休范：“你应该礼贤下士，广交朋友，吸引人才，将来会有大用处的。”一句话说到刘休范心窝里，随后，刘休范一面暗藏兵器，一面大力招揽人才。短短一年时间，刘休范就招揽了万人之多。

元徽二年（公元474年）五月十二日，刘休范在寻阳以“清君侧”为口号扯旗造反。他的对象主要就是除掉刘休仁、刘休禧、王道隆等人。刘休范亲率大军两万，亲骑五百，日夜兼程，直奔京师建康。

刘休范政变的消息传至建康，朝臣惊慌失措。刘休范的此次行动，做得非常隐秘，誓师之前，几乎没有任何预兆，仓促之间大家都不知所措。因此，在中书省商议对策之时，出现了一个很有趣的现象，官员们大眼瞪小眼，无人敢轻易发表意见，辅政首臣褚渊，更是束手无策。良久，萧道成起身，说：“从当前形势看，凡是在长江上游发动叛乱的，行动迟缓都会失败。此次刘休范轻装直下，意在速战速决，我们若派军远征，一旦失利，军心必受影响。当务之急，乃是屯兵新亭、白下，死守京师要道，以逸待劳，待敌军兵疲粮乏，再与之战，当可一战摧之。”萧道成清楚自己的建议必会得到众人的认同，但为了公平起见，萧道成提出，每人拿一张纸，写下对自己意见的看法，觉得行写“同意”，觉得不行写“不同意”。很快，结果出来了，大家写的完全一致：“同意”。朝议之后，刘昱命萧道成为平南将军，即刻率领大军向新亭进发。另以张永守白下，褚渊、袁粲等在宫中护驾。由于刘休范大军来得实在太快，打开武库，让士兵们自己拿兵器，不得有片刻停留。

在这样的危急关头，刘休范在抢时间，京师同样在抢时间。萧道成领军到达新亭后，立即下令修筑城垒工事，做好防御。不几日，刘休范亲率主力赶至新林，弃舟登岸，面对对面的萧道成，刘休范不听部将直取台城的建议，坚持亲率主力与萧道成决战，而仅以部分军力往袭台城。

一开始，刘休范军的确占据了优势，叛军人数众多，气势也很盛，从清晨开始一直到正午，叛军越聚越多，攻势也一波比一波猛，萧道成尽管领军全力抵抗，仍旧无法阻挡工事一寸一寸地沦于敌手。关键时刻，萧道成举剑大呼：“大家别慌，敌人都是乌合之众，不用多久，我军就可反败为胜。”但是，这个时候，这样的话已经没有作用，因为将士纷纷溃散，毫无战斗力。

与萧道成不同，刘休范此时正是志得意满，他身穿便服，乘上轿子，由几十个亲兵陪同，登上新亭城南的临沧悠闲地观望着战场上发生的一切。自然，如此显眼的装束也让对面的萧道成部将看在眼里。萧道成部将黄回、张敬儿看到后，终于替萧道成找到了解决之道，二人商量出一个非常古老而又屡试不爽的计策。

听完张敬儿的计策，萧道成的愁容总算舒展开来，并给了张敬儿一个最愿意听到的承诺："你要是能办成这件事，我把雍州给你。"张敬儿、黄回非常开心地奔出南门，放下武器，跑到了刘休范面前，并给刘休范带来了一个"天大"的好消息："萧道成已经抵挡不住了，愿意归顺王爷，特意遣我们过来作为人质，并希望王爷你也能拿出诚意，以两位公子送与萧道成为质。"

刘休范答应了。出现这样的情况，只能说，刘休范被胜利冲昏了头。在他脑中，萧道成束手无策的景象在前，似乎萧道成投降就成了必然诚心之举，然而，"兵者，诡道也"，他更不知道困境之中的萧道成不仅会困兽犹斗，还会诈降。刘休范高高兴兴地将两个儿子送到了萧道成的大营。

刘休范的两个儿子一到萧道成的军营，立即被杀。这边，刘休范把黄回、张敬儿带在身边。刘休范心情大好，在帐中喝酒庆祝，醉醺醺之时，张敬儿趁机快速地抽出刘休范的佩刀，取下刘休范的人头。刘休范一死，叛军即溃。而以前名不见经传的萧道成也凭借这场战争成为刘宋后期的朝中重臣，其风头甚至盖过沈攸之。

手握大权，操控朝政

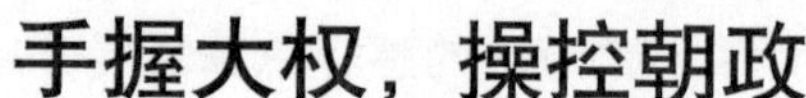

平定叛乱之后的萧道成，更加受到倚重，一时成为朝中炙手可热的人物。而此时的皇帝刘昱却不学无术，这也给萧道成操控朝政提供了机会。

元徽二年（公元474年），刘昱举行了象征成人的“冠礼”。但是，他依然是一个孩子。作为一个孩子，没人能管得了他，作为一朝天子，又没人管得住他。刘昱觉得在宫里待着没意思，他更喜欢海阔天空的郊野生活。刚开始时，刘昱出宫郊游时还带着些仪仗队，一大帮人看着，他倒没敢怎么放肆。可时间一长，刘昱开始烦这些仪仗，后来出宫的时候，他一出宫门就带着左右数人策马飞奔，一下就把后面的仪仗队给甩掉了。

于是数月间，建康宫城外的闹市，城郊的农场、林场，经常可以看见他带着几个随从或逛或走，或躺或卧，没人知道他就是当朝天子。这样过了一阵，刘昱觉得有亲信跟着也不免有不痛快之处，于是决定，微服私访。白天，刘昱一个人在街市上到处晃荡，跟商人们讨价还价，有时候天气炎热，他干脆就躺在了马路边歇凉。不仅如此，晚上也不回宫。就这样，日子一长，刘昱便在建康城交上了酒肉朋友。

在街面上混久了，耳濡目染下，刘昱竟学到了不少市井手艺。后来刘昱变得更加骄横放纵。如果遇上刘昱心情不好，他也会亮明身份，挑上几个随从跟着，手持长矛，将街市上一切所见之物都当做了发泄对象。只要是长矛刺得透的，无论妇孺老幼，抑或犬马牛羊，一概举矛乱刺。一时间建康城里被闹得鸡犬不宁。这还不算，刘昱发现了自己的缝纫天分后，刘昱又开始进行人体解剖。或许觉得那种举矛乱刺的行为不够刺激，刘昱开始随身携带一些钳子、锥子、凿子、锯子等工具，只要是他看不顺眼的，也不管是宫里宫外，马上就和随从一起开始肆意妄为。

一时之间，宫内朝臣胆战心惊、惶恐不安，宫外商人罢市停业，行人绝迹，偌大一个建康城，显得死气沉沉。刘昱杀人上了瘾，没多久又将矛头指向了萧道成，准备拿萧道成祭刀。然而，萧道成多次都被皇太后救下。但是，萧道成心里明白，皇上已经开始对他有杀意了。此时，手掌大权的萧道成也动了杀机。

此后的日子，虽然刘昱仍旧像往常一样频频出宫游玩，但情况却又有了一些变化。在刘昱身后，总会有萧道成派的人密切注视着刘昱的一言一行，一举一动。王敬则就是其中的一个人。

王敬则，时任越骑校尉。在萧道成的授意下，王敬则一方面监视着刘昱，一方面开始收买刘昱的侍卫。经过一段时间的行动，成效非常显著，侍卫杨玉夫、杨万年、陈泰伯等人倒向了萧道成。

元徽五年（公元477年）七月初七这天，刘昱的先是坐着玉辇，带着部分随从，到宫城外的游玩。玩累了之后，一群人又悄悄地摸进了附近的尼姑庵。直到第二天天亮，刘昱被侍卫们架回仁寿殿睡觉。刘昱睡觉要人侍候，今天正巧杨玉夫、杨万年当班，又正巧，刘昱说了一句不该

说的话。俗话说酒后乱性，杨玉夫侍候刘昱就寝时，刘昱不知怎的杀性又起，但这时候的他已经烂醉如泥，又根本不知道眼前的人是谁，只是瞪着一双血红的眼睛说了一句平常他说得最多的话："明天就宰了你，挖肝取肺。"说完倒头便睡，不多时，鼾声骤起。

说者无心，听者有意。其实，刘昱就是酒后胡言，酒醒了就忘了。可杨玉夫并不这么想，虽说刘昱酒后失言，但万一哪天刘昱发现了自己的阴谋，自己性命就难保了。想到这里，杨玉夫狠了狠心，看了一眼身边的杨万年。他没想到杨万年竟也和他一般心思。于是，杨玉夫再无犹豫，轻轻抽出刘昱放在枕头下面的那把防身刀，杀死了正在熟睡的刘昱。

由于刘昱居无定所，宫内的房间平常都不敢关门，他身边的侍卫们也害怕刘昱动不动就砍了自己的脑袋，一到夜深人静时都躲得远远的。因此，发生了此等大事，宫中竟无一人知晓。

事情做成之后，二杨稍加考虑，杨玉夫就以皇帝的名义唤醒了住在厢房的乐工和歌伎，让他们大肆奏乐唱歌，制造皇帝仍旧生龙活虎的假象。继而，陈泰伯把头颅藏在衣袖中，转手交给了承明门外的王敬则。王敬则拎着人头火速赶到萧道成的领军府，大声叫门，将人头抛给了萧道成。萧道成知道，任务完成了，接下来该他上场了。于是，他换上官服，上马与王敬则一起，狂奔至宫城。

当时，按照刘昱的规定，他进宫门绝对没个准点儿，平常只需侍卫们招呼一声，门卫们就会开宫门，而且，刘昱杀性重，门卫为了保命，谁也不敢直视他一眼。当然，这一次，萧道成进宫也是如此。一行人等奔至承明门时，王敬则依旧装腔作势地高喊皇帝回宫，门卫哪有丝毫怀疑，低着头乖乖地将萧道成放了进来。萧道成策马进入朝会大殿。同时，他也告诉朝臣，刘昱伏诛。刘昱残暴，朝臣们自然也希望他早点下台。但这种心态对大多数大臣们来说，他们只能掩藏于心底。这次，刘昱死了，也意味着大家的心结也随之解开，性命得以保全。

第二天一早，萧道成将所有大臣请至殿中，这个时候，萧道成已经成为了朝中的实际掌权者。他说的话也没有人敢反对。随后，萧道成指定了新的皇帝刘準。刘準，安成王，十一岁，刘休范之子，刘彧第三位养子。

被萧道成扶上大位的刘準，是为宋顺帝，也是刘宋最后一任皇帝。而他，再也没有了他的前任一样的霸气，他是萧道成的傀儡，需要看萧道成的脸色行事，一如以前的晋恭帝。

宋顺帝升明元年（公元477年）十二月，荆州刺史沈攸之，向众人宣称：太后手谕，“社稷之事，一以委公”，随后勒马派兵东下。随后又写书信给萧道成说：萧公不与诸公商议，不向太后请示，结交少帝左右，亲行逆弑；且在朝内移易旧臣，布置亲党，专擅朝政，有亡宋之心。

萧道成看完信后大怒，有意问信使：你可知道沈刺史为何如此？要如实讲来！那信使胆怯地说：沈刺史认为当年名望比萧将军高，现今萧将军专理朝政，沈刺史不服。不到一天的工夫，萧道成就听到了沈攸之举兵谋反的消息，随之便调兵遣将，布置讨伐事宜。后一天，亲自来到石头城，面见袁粲，意在商讨出兵之事。不料袁粲以身体欠安，不能见客为由拒绝了他，萧道成无奈只好回了朝廷。随即又召褚渊进入台城，授予防范事务，褚渊凡事皆听从萧道成安排。

其实，袁粲早就知道萧道成有谋反篡位之心，私下已经与刘秉秘密结交湘州刺史王蕴，并和将帅黄回、任候伯、王宜兴、卜伯兴等联

合，想要共同除掉萧道成。来人听说袁粲不肯见萧道成，便说：袁公，你这样做，萧道成恐怕会生疑。袁粲说："我见了萧道成，若他以主上年幼要我协助料理为由劫我入台城，我该如何拒绝？若一朝和他共事，岂不受他挟制。"不久，袁粲听说入台城后的褚渊对萧道成唯命是听，从不敢提出反对意见。而谋划铲除萧道成的事准备好后，袁粲想要将此事告诉褚渊，众人听了都认为褚渊与萧道成关系密切，不能这么做。袁粲说："褚渊受制于萧道成，虽表面服从，其内心未必不响应我们。"袁粲于是择日将此事告知了褚渊。孰料，褚渊听后内心颇为惊惧，不敢怠慢，立即告知了萧道成。一脸惶恐的褚渊看到萧道成并无惊慌之色，颇有些不解。萧道成沉吟了一会，说："我已有耳闻，褚公的言辞，更证实了此种说法。"萧道成当下便派一心腹大将以协助袁粲为名驻守石头城，又派遣王敬则与卜伯兴共同执掌禁卫兵，意为监督防守袁粲与卜伯兴。

一天，袁粲召集众人在其府内密谋："假以太后令，遣领军将军褚渊与卜伯兴领宿卫兵于朝堂攻杀萧道成，黄回率军从新亭接应，刘秉、任候伯等援助石头城。诸事安排妥当，等夜间行动。"当日密谋完走出堂外的刘秉，一直惶惧不安，午后，便忙着打点行装。将要行走，觉得口渴，便叫人端来碗汤喝下，谁知两手不停发抖，汤水洒了一前襟。天色已暗，刘秉急命人用车载着家眷妻小上路，后面跟着几百名部下，招招摇摇从大街上走过，奔石头城而来。袁粲见刘秉如此这般，惊问："为何这么早便匆忙而来？！"当下又疑虑重重地说："怕是今日必败了！"刘秉擦拭脸上的汗水，气喘吁吁地说："得见公，万死何恨！"袁粲见事已至此，只得引刘秉到府内。而此时，萧道成安插的眼线已飞速赶到他的驻处，得知这一消息的萧道成派人秘密给王敬则送信。王敬则带兵火速赶到刘秉和卜伯兴的住处，杀了两人一个措手不及。萧道成带大兵赶到石头城和袁粲的大军展开厮杀，萧军兵强将勇，袁兵不敌，大败。萧道成很快就攻占城池，刘秉携带两个儿子出城逃跑，后面杀声阵阵，追兵冲向前来，手起刀落，刘秉父子脑袋落地。袁粲走下城墙，进屋内燃着蜡烛，满面悲伤声音哽咽地对儿子说："我本知一木不能止大厦将倾，但为顾全大义理应如此啊。"萧道成部将越墙进入房间，持刀逼向袁粲，刀起的刹那袁粲之子闪身护住父亲，被刀砍伤，鲜血喷溅，袁粲急忙抱住儿子，自豪而悲壮地说："我不失为忠臣，汝不失为孝子！"说毕，父子均被杀死。

黄回此时正在大帐中整军待发，按预定计划从御道直攻台城，忽然手下来报，起事泄密，只得按兵不动。萧道成已知其原委，故不露声色，后继续对黄回安抚使用。一个叫莫嗣祖的人曾为袁粲、刘秉的手下，一起参与过密谋造反，萧道成听说后派人把他带到面前，故意质问："袁粲谋反，为何知情不报？"莫嗣祖回答说："小人没有见识，只知知恩图报，怎敢泄露其大事。现在袁公已死，为忠义，只求一死。"萧道成说："知你对主忠心，我不怪罪，你且去吧。"除主要谋反者外，萧道成对其余胁从者也都没有问罪。

在此之前，西线谋反的沈攸之率大军从江陵出发，朝廷将领柳世隆率领所部与其厮杀。而此时萧道成带兵移屯阅武堂，全力对付西线，派黄回为平西将军，并将心腹随之前往。沈攸之大队人马和朝廷大军恶战三十多日没分胜负，渐渐地，许多士兵丧失斗志，纷纷逃跑。沈攸之只得丢弃城，率领一部人马过江，进至鲁山，无奈他的部下将士人心涣散，争相逃走。随后，他率残部退回江陵，发现江陵已被萧道成的人马占领，手下人探得：此乃雍州刺史张敬儿的人马。士兵见状，立刻四下逃散，沈攸之见已无路可走，与儿子一同来到林中，自缢身亡。

平定叛乱后，萧道成在府邸内静坐，想到黄回，总觉得有一块阴影挥之不去，认为不除掉黄回，以后必然会给他带来祸乱。倘若派人前去杀他，其手下有数千人兵士，一旦不成功，会有更大的麻烦。

宋顺帝升明二年（公元478年）四月，萧道成以为时机成熟，黄回放松了对他的警惕，便找了一个借口，派人召回黄回说商量军务。黄回到了府上，萧道成派了人列数黄回的罪状，向其控诉完罪行，将黄回杀死。至此，萧道成已排除了主要的异己。

然而，虽然此时的萧道成已经是一人之下，万人之上，但他仍然感到有些不安。萧道成深知，而今万事俱备，只要笼络一批朝臣将来为我所用，他就能让自己的权力更进一步。于是，他喊了随从，说："即刻唤朝臣谢朏来府中议事。"

不多久，萧道成在府邸召见了骠骑长史谢朏。萧道成谈兴甚浓，从自己的戎马生涯谈到政权的变迁，从历经的战役，谈自己的出生入死到现在的赫赫战功，又从朝内的大臣的沉浮谈到朝外将士的忠心与谋反。谢朏只凝神倾听，一言不发。萧道成显得颇有耐心，他清楚代宋称帝，成就大业，必须广泛网罗有识之士和社会上影响重大的人。他感觉到谢朏，好像无动于衷，一句话也没有说。萧道成无奈，只好吩咐送客。这时谢朏突然说："以萧公今日之地位，怎么能终生北面称臣呢？"萧道成立刻感到谢朏早已洞悉他的内心，脸上立刻正色起来，"卿怎能如此说！"谢胜从萧道成的脸上发现了真实的想法，继续说："我承蒙萧公特殊待遇，所以才敢吐露这难吐之言。宋氏失德，非萧公无以济世。但现今人情较薄，要永保现状恐不能长久，萧公若稍有推迁，则众望就会离去。不光是大业永远沦丧，就是七尺之躯也难以保全啊！"萧道成点头说：“卿所言不无道理。”

过了几天，萧道成首先去了褚渊府上拜访，二人寒暄过后，萧道成坐下来便谈起朝中的一些近况，聊了一些闲事，后来转入正题，便委婉地说道：“我做了一个梦，梦到我要升官……”褚渊却说道：“萧公刚刚升了太尉、都督，恐怕一二年间不容移官，况且，吉梦也未必应在旦夕。”萧道成无言以对，只得告辞。回到府内，萧道成有些闷闷不乐，便叫人召来谢朏，说了事情的经过。谢朏微笑着说：“这褚渊还是未明其中的道理。”萧道成抬头看着谢朏，谢朏又说：“我有一个想法，萧公可以加升太傅，假黄钺，让人作诏。”萧道成随即找来亲信任暇，说了此事。任暇说：“按事理，此事应报告给朝中诸公。”萧道成说：“若诸公不从，又该如何？”任暇说：“那几个老臣，只知道护全身家性命，保佑妻儿老小，没有什么奇才异节，我来办成此事。”任暇去了不久，没过几天来萧道成府邸，说：“萧公，此事已经办妥。”

而此时的萧道成，真正成为了“挟天子以令诸侯”的权臣，开始真正的操控朝政，而取代皇帝只是时间的问题了。

灭宋兴齐，屡屡易主

刘宋顺帝升明三年（公元479年）四月，刘宋的最后一个皇帝刘凖把皇帝位禅位给萧道成。南朝里最强的刘宋王朝延续60年后灭亡。萧道成即位后，改国号为齐。由于南北朝时期，南北方各建立了齐朝。为了区别，萧道成取代刘宋建立的齐朝一般称作“萧齐”，或者“南齐”。齐朝能够取代宋朝完全是因为宋朝皇室内部自相残杀，削弱了实力。齐高帝萧道成没有像刘裕那样有显赫的功业，能力也不超群。新朝建立，人心并不稳固，国祚只绵延了23年，在南朝里是最短的，皇帝也无特别之处。而就在这短短的23年中，萧齐也是屡屡易主，动乱不断。

当时，按照传统禅让的礼仪，前朝末帝需要到大殿前会见百官，然后交出玺绶。顺帝刘凖吓得不敢出面，逃到了宫里佛殿的佛像底下躲了起来。王敬则把正在大哭的刘凖领出了宫。刘凖上了轿子，临上轿前，刘凖还问了一个他非常关心的问题：“你们会杀我吗？”那时，刘准方值10岁，王敬则安慰他说：“你不用害怕，这次不过是让你换个地方而已，你们刘家先前对付司马家，也是这样子的。”一听王敬则的话，刘凖心里已然明白了。想到这里，刘凖又哭着说：“但愿转世投胎，生生世世莫再生在帝王家。”

顺帝在殿上把玺绶交出来，宫中百官都泪如雨下。刘宋王朝虽然后期屡现暴君，但是刘裕和刘义隆还是颇有功绩的。右光禄大夫王琨是在东晋末年就做郎中了，这时候已经80多岁了，再没有人比他资格更老的人了。他目睹晋恭帝禅让刘裕的一幕，今天又看见刘宋禅让给萧齐，心中无限伤感。他边哭边叹说：“人人都觉得长寿应该开心，唯独老臣我认为长寿实在让人悲伤，这样的场面，居然一再亲历，如何让人不伤感。”

随后，宋顺帝刘凖就被架走了。礼官大臣褚渊手捧玺绶，领着文武百官来到齐王的宫殿之前，劝萧道成即位。萧道成依据前朝禅让惯例，推辞三遍。史官陈文建站出来说：“六是富贵之数：后汉自光武帝起，到献帝为止，经一百九十六年禅让给魏朝，魏朝经过四十六年禅让给晋朝，晋朝经过一百五十六年禅让给宋朝，现在宋朝已历六十年，六始六终，望齐王顺应天意，早登大位！”既然“天命所归”，萧道成这才换上帝服，即帝位，改国号齐，改元建元，成为南齐朝第一任皇帝，史称齐太祖高皇帝，简称齐高帝。随后，刘裕的子孙们全都被斩杀，正如刘裕当年对待司马氏子孙一样。

登基之后，为了稳固基业，萧道成广开言路，请群臣上朝广泛商议朝政，许多大臣纷纷进言，萧道成对进言的官吏予以奖赏，随后下诏：二宫诸王，都不得营立屯邸，封略山湖……又下令减免百姓租税，减免市税。针对刘宋朝流传下来的奢侈浪费之风，萧道成特别强调节俭。一天，他去翻捡主衣库，查看是否有其它异物，并将那些能助长豪华奢侈之风的东西全部销毁。后来萧道成又要求后宫器物栏杆不得用铜来装饰而改用铁，内殿设黄纱帐，宫人穿紫色的皮履，华盖除掉金花爪，用铁回钉。他经常对群臣说：“使我治天下十年，当使黄金与土同价。”

公元480年，萧道成下令扩大清理户籍，按大臣虞玩之的建议，设立校籍官，以宋元嘉二十七年（公元450年）版籍为准整理户籍，规范了当时的人口管理混乱的局面。

公元482年初，萧道成重病，他命人召来太子，病榻前语重心长地说：“吾儿，汝不日即位，当铭记骨肉不可相残；宋氏亲族如不是骨肉相图，岂能被他族乘其衰弊而取代之，汝深戒之！”太子深感父皇所言，深深叩头。这年三月，这位戎马一生的南齐开国皇帝，在其成功地统治了4年之后，病重而逝。其被后人称为齐高帝，庙号“太祖”，死后被厚葬于武进县泰安陵。

萧道成死后，萧赜听从父训，在治理国家方面保持政治稳定，同宗室兄弟也得到善待。两代皇帝在位的时间都较短，但都能厉行节俭，朝政较为清明，社会比较安定。高帝临终前曾警告武帝，应当避免手足相残的情况，武帝终其一生是做到了。但是他管得身前，却料不定身后。武帝的长子太子萧长懋在永明十一年（公元493年）正月去世，比武帝早死半年，武帝十分哀伤，于是立孙子萧昭业做皇太孙。

萧昭业自小眉目如画，容止美雅，写得一手好隶书，齐武帝非常喜爱这个孙子。他自小由二叔、竟陵文宣王萧子良抚养，很被娇惯。竟陵文宣王镇守西州，少年时代的萧昭业也随行。然而由于无人管教，他与左右家臣二十几人衣食饮酒皆在一处，天天嬉乐无度。后来，竟陵王萧子良入京城，萧昭业一个人留在西州，更加肆意妄为。为了犒赏左右，他都以黄纸预先写上爵号官位，许诺自己当皇帝后立刻任命。这些荒唐事情，武帝和太子并不知情，萧昭业的老师和侍读都又怕出事又惧祸，双双自杀。太子隐隐察觉其情，就抓紧了对他的监管，节制他的花费用度。

齐武帝病重，萧昭业致信妃子何氏，在纸上写一个很大的“喜”字，周围绕上三十六个小的“喜”字。祖父不了解这些情况，却以为这个孙儿很聪明能干，一定能够担当起国家的重任。然而大臣们却看穿了这个皇太孙的本质，认为立嗣应当立武帝的儿子萧子良。萧子良为人仁厚，喜爱文学，和文人交好，大臣们想在武帝断气之时抢先拥立。武帝病危期间萧子良领着一班大臣在内服侍，看起来他们倒像是关心老皇帝的安危，实际上个个心怀叵测。武帝死的当天，先昏了过去，于是大臣们换上丧服，取出拟好的假遗诏，正准备宣布的时候，武帝居然又苏醒了过来，第一句话就问：“太孙来了吗？”大臣们目瞪口呆，只得派人去通知皇太孙萧昭业。东宫得到诏令，迅速带兵围住皇宫，军士们径直往里面闯，有人阻一律大喝："有敕召我！"一路进入内宫，这时齐武帝已经咽气，萧子良的夺位阴谋失败。

武帝发丧之日，萧昭业刚刚送葬车出端门，就推说自己有病不能前去墓地。回宫后，他马上召集乐工大奏胡曲表演歌舞，喇叭胡琴，声彻内外。大臣王敬则见状，问身边的萧昭业亲信萧坦之："皇帝现在就这么高兴欢歌，是不是太早了点？"萧坦之回答说："这声音正是宫内的哭声啊！"

公元494年，萧昭业继位，改元隆昌。萧昭业是南齐的第三位皇帝，为齐文帝。萧昭业即位之后没有诛杀萧子良。萧子良的爵位虽然保住了，但是拥立他的一帮大臣们全都被处死。萧子良因为此事十分愧疚，加之又惊又怕，到第二年也就郁郁而终。

萧昭业登基后，随意赏赐左右群小，一赏就百数十万。同为齐国宗室的近卫军首领萧谌、萧坦之见皇帝日益狂纵，心中惊惧日后事发受祸，就都暗中依附西昌侯萧鸾，准备行废立之事。

公元494年，萧鸾引兵入宫。当时，萧昭业正在和宠姬饮酒。闻知有人造反的消息，他马上命令关闭宫门。远远看见萧谌领兵持剑奔来，萧昭业知道近侍谋叛。自知无望之下，他用刀自刺脖颈。因酒喝多了加上胆力不够，未能自尽。萧谌派人用帛粗略地给萧昭业包扎了一下，并把他抬出延德殿。萧谌初闯宫时，卫士们见有兵士进入，都持盾挺剑要迎斗，萧谌大呼："所取自有人，卿等不须动。"卫士们以为萧谌身为禁卫军长，是奉皇帝手令入宫抓人，都放下兵器原地待命。

不久，皇宫卫士们看见皇帝受伤被人扶出，都欲挺身上前救护。此时的萧昭业闷声不言，大家只得眼看他被扛出殿门，随后被杀萧鸾马上以太后的名义废萧昭业为郁林王，迎立其弟新安王萧昭文。

不到4个月，萧鸾废萧昭文为海陵恭王，自立为帝，是为齐明帝。很快，明帝就暗中派人杀掉时海陵恭王。齐明帝萧鸾，是齐高帝萧道成的兄长萧道生的儿子。萧鸾父亲早亡，由萧道成抚养成人。萧鸾即位后，自认为帝系旁枝，得位不正，加之自己亲子皆幼小，眼看着宋高帝、宋武帝子孙都日渐成年，于是就借故大杀两帝子孙。高帝萧道成有19个儿子，其中7个儿子于萧鸾称帝前病死，4个早殇，其余8个鄱阳王萧锵、桂阳王萧铄等都被明帝亲口下令杀掉。

王朝兴迭之时，杀戮前氏皇族都很惨烈，但自家骨肉相残之酷，是以齐明帝为最。齐武帝第十三子巴陵王萧子伦英果刚毅，被杀前正值镇守琅琊，兵精城坚。明帝派大臣茹法亮持毒酒与他，萧子伦正衣冠受诏，对茹法亮说："积不善之家，必有余殃。从前高皇帝残灭刘氏，今日之事，理固宜然。"他端起毒酒对茹法亮说："您是我们萧家的老臣，今日获此差遣，肯定不是本意。这杯酒我就不让您了。"言毕，饮鸩而死。

齐明帝萧鸾于公元498年病死，太子萧宝卷即位，这个少年就是中国历史上鼎鼎大名的东昏侯。在萧宝卷之后，还有几位皇帝，但都是转瞬即逝。南齐政权只有23年，在这短短的23年中，就有数位皇帝轮流坐庄。在古代社会，权力的争夺始终没有间断过，在这样的动乱形势下，政权的频繁易主似乎也是预料之中的事情。

第三章
受禅称帝，萧衍建梁

南齐政权到了齐明帝之后，国内混乱，朝政败坏。出身皇室家族的萧衍，自幼好学，少年时就博学多才，后成为“竟陵八友”之一。不仅如此，萧衍胆识过人，并且能够洞悉时势。随着南齐国势的变化，萧衍在朝中颇有威望。后终受禅称帝，建立梁朝。萧衍成就帝业之后，全面改革，使得江表无事五十年。由于萧衍晚年崇佛，也被称为“和尚皇帝”。

少有才名，“竟陵八友”

萧衍，字叔达，小字练儿，出生于公元464年，南兰陵（今江苏省常州市西北）人。他的父亲萧顺之是齐高帝的族弟，曾经做过侍中、卫尉等高官。萧衍后来之所以能建立功勋，并最终建立梁朝，他的家族背景起了很大作用。

萧衍小时候就很聪明，而且喜欢读书，是个博学多才的少年，尤其在文学方面很有天赋。当时他和另外七个人一起游于竟陵王萧子良门下，被称为“竟陵八友”，其中包括历史上有名的沈约、谢朓、范云等。沈约是知名文学家、史学家，著有《宋书》、《齐纪》等书，而谢朓则是这时期有名的诗人。这八个人当中，萧衍是最有胆识的。

当时，非常注重门第观念，不是名家大族的人，进入仕途非常不易。萧衍因为有家族背景，所以刚做官时就是在卫将军王俭手下，这为萧衍后来的建功立业提供了基础。果然，王俭见萧衍很有才华，言谈举止也很出众，于是就提拔他做了户曹属官。因为他办事果断机敏，和同事以及上司关系融洽，不久又提升为随王俭的参军。

公元493年，齐武帝萧赜去世，皇太孙萧昭业即位为帝。萧昭业即位后只知享乐，不理政务，对大臣的劝谏也不接受。这个时候，掌权的大臣萧鸾决定把他废掉。

萧沂像

在和萧衍他们商议时，萧衍表示反对，他说：“废立皇帝是大事，不能轻率从事，现在废立难免会遭到众王的反对。”萧鸾则说：“现在的众王没什么才能，只有随郡王萧子隆文武兼备，而且占据荆州。如果把他召回来，就万事大吉了。但怎么才能让他回来呢？”萧衍说：“这个随王其实徒有虚名，并无什么真才干。他的属下也没有出色的人，只是依赖武陵太守卞白龙，此人也是无能之辈，贪图金钱富贵，到时候只要一封书信许诺高官厚禄，就可以把他们轻易地召回来。没有了左膀右臂，那个随郡王到时候也会跟着回来的。”萧鸾对萧衍的分析很赞同，于是照他们商议的执行。

随后，萧鸾废杀萧昭业，拥立萧昭文，自己掌握朝政大权。三个月之后，萧鸾废掉萧昭文，自己做了皇帝，这就是齐明帝。萧鸾做皇帝之后，没有忘记萧衍的谋划之功，把他提拔为中书侍郎，后来又升为黄门侍郎。萧衍的地位开始显赫起来。在萧衍辅佐萧鸾做皇帝的第二年，北魏的孝文帝率领30万军队亲自进攻南朝的齐，沿淮河向东攻打钟离。齐明帝萧鸾先派左卫将军崔慧景、宁朔将军裴叔业领兵迎战。听到北魏军队分兵攻打义阳后，又派遣萧衍和平北将军王广之领兵救援。

王广之领兵进到离义阳百里之外时，听说北魏军队兵强马壮，于是畏缩不前。萧衍则请求充当先锋，和北魏军队交战。王广之于是派部分军队归萧衍指挥，进兵义阳。萧衍带领军队连夜抄小路赶到了距离北魏军只有几里地的贤首山，然后命令士兵将旗帜插满了山上山下。等到天一亮，义阳城中的齐军看到后，以为重兵已经赶到给他们解围来了，于是士气大增，马上集合军队出城攻击北魏军，同时顺风放火。这边的萧衍也趁机夹攻北魏军，萧衍亲自上阵，摇旗擂鼓助威，齐军士气高昂，个个奋勇杀敌。北魏军在齐军前后夹击下，溃不成军，只好退却。齐军最终取得了这场战役的胜利。战后萧衍也因战功而升任太子中庶子。

齐明帝建武四年（公元497年）的秋天，北魏军再次南下，接连攻下了新野和南阳，前锋直逼雍州。齐明帝萧鸾赶忙派萧衍、左军司马张稷、度支尚书崔慧景领兵增援雍州。第二年的三月，萧衍和崔慧景领兵与北魏军作战，在雍州西北的邓城被北魏的几万铁骑兵包围。萧衍知道城中粮草和枪械缺乏，就对崔慧景说："我们远道征战，本来就很疲惫，需要休整，现在又遇到强敌围困。如果军中知道粮草缺乏的实情，肯定会发生兵变。为防万一，我们还是趁敌人立足未稳，鼓舞士气杀出重围为上策。"崔慧景虽然心中忧虑胆怯，但表面上却假装镇静："北方军队都喜欢游动作战，他们不会夜里攻城的，不久自然回退兵的。"没想到魏军越来越多，没有退却的迹象。原来还表现得很镇静的崔慧景这时露出了胆怯的原形，没有和萧衍商议，就私自带着自己的部下逃走了。其他各部见统帅溜了，也纷纷逃散。萧衍无法控制局面，只好边战边退，一时间军队自相践踏，加上北魏军在后边射箭攻击，齐兵死伤惨重。

随后，萧衍退到了樊城，才得以站稳脚跟。这次战败后，齐明帝没有责怪萧衍，而是让他主持雍州的防务，任雍州刺史。从此萧衍就开始了他的势力扩张，这也是他发迹的地方。

南齐动乱，洞悉时势

公元498年，齐明帝萧鸾病死，遗命徐孝嗣、沈文季、刘暄、陈显达等主持军政，始安王萧遥光同参内外大政。

萧鸾刚死，继位为新皇的萧宝卷每每看见巨大的棺椁摆放在太极殿就不高兴，于是，就让臣下速速拉去陵墓里埋掉。古代礼法森严，停柩有固定的日数，徐孝嗣争执好久，才使萧鸾的棺椁又多摆放了一个月。其间，每当臣下祭拜或属国使臣临吊时，萧宝卷作为“孝子”应该在旁临哭，每次他都推称“喉痛”，只是在一旁站立。这些都让一旁大臣们心中惊疑不已。

萧宝卷在东宫当太子时就十分顽劣，讨厌读书写字，天天玩乐。萧鸾训子无方，临死时没有劝诫他如何当好皇帝守住社稷，反而提醒他要以被废掉的郁林王为戒，“作事不可在人后”，意思是对属下王公大臣要果于诛杀，不能先被别人废杀掉。萧宝卷口齿不流利，他不喜欢与朝臣士人在一起谈论正事，总是和一帮太监和恶少们一起厮混玩耍。始安王萧遥光、尚书令徐孝嗣等六位辅政大臣，在齐明帝刚死后，还勤于朝事，每人轮流在内省值班。

时任雍州刺史的萧衍对属下说："一国三公犹不堪，况六贵同朝，势必相图，乱将作矣！"于是，他私下里暗修装备，招集骁勇，准备乘乱而起。同时，萧衍写信给做益州刺史的亲哥哥萧懿："今六贵比肩，人自画敕，争权睚眦……主上自东宫素无令誉……嫌忌积久，必大行诛戮！始安王欲为赵王伦，形迹已见，然性猜量狭，徒为阶祸。萧坦之忌刻凌人，徐孝嗣听人穿鼻，江祐无断，刘暄暗弱，一朝祸发，中外土崩……"他劝萧懿据险重之地，在适当的时机废昏立明。萧懿是个忠臣，对弟弟萧衍的一番分析和劝告，丝毫没有听进去。江祏、江祀兄弟是齐明帝生母景皇后的侄子，残忍好杀的齐明帝杀掉同姓叔、伯、兄、弟无数，却十分信赖这两个表弟。

萧宝卷即位之初，辅政大臣对他的淫乐游玩虽有谏阻，但都是出于礼数，唯独这两个人对萧宝卷很严厉。萧宝卷宠信的茹法珍和梅虫儿常为二江兄弟所责骂，怀恨在心，不时在萧宝卷面前说二江兄弟的坏话。

江氏兄弟见萧宝卷越来越不成体统，就与几位辅政大臣商议，要废掉萧宝卷。几个人意见不一，有人要立江夏王萧宝玄，有人要立建安王萧宝寅，有人要立始安王萧遥光，各怀私心，拿不定主意。出于"国赖长君"的考虑，多数几人想推立成年的始安王萧遥光。但刘暄觉得自己是萧宝卷的亲舅舅，萧遥光当了皇上，自己就丧失了地位。萧遥光闻讯大怒，派人想刺杀刘暄。刘暄察觉到自己有性命之忧，惊惶之下先向萧宝卷告发了江祏、江祀兄弟废立的密谋。萧宝卷受惊后即刻派人逮捕江氏两人，虐杀于殿内。

刘暄虽然首告，但闻知二江兄弟被杀，也大惊失色，扑倒在门外，吓得连问仆从左右："逮捕我的人到了吗？"徘徊久之，他回到屋内坐定，大放悲声道："倒不是我哀痛二江兄弟的死讯，我是自己悲自己啊！"杀了江祏、江祀兄弟后，萧宝卷无所忌惮，白天黑夜地与近侍们在殿堂内鼓叫欢呼，跑马为戏。快活之余，他对近侍们说："江祏常不让我在宫内骑马奔跑，今天他如果还活着，我怎能这样快活？"接着，他忽然问："江祏亲戚中，还有谁活着？"旁人回答："江祏弟弟江祥还关在牢里。"萧宝卷骑着马，立刻挥笔写敕令赐死。

始安王萧遥光得知江祏兄弟被杀后，心中惊惧。萧宝卷下诏召他返回建康议事，更加让他相信萧宝卷要杀自己。于是，他以讨伐刘暄为名，起兵造反。萧遥光是齐明帝的亲侄子。明帝在世时，凡是诛杀齐高帝、齐武帝子孙诸王，都是在萧遥光的参谋建议下行使的。他率兵连夜攻占建康东城，由于出其不意，开始很顺利。但由于本性怯懦，萧遥光并没有乘胜攻入禁宫，丧失了最好的机会。第二天，天刚刚亮，台军（首都禁卫军）大集，本来兵锋占优势的萧遥光，一天之内兵溃退走，最后跑到床下躲避，被兵士搜出杀掉。从萧遥光起事到被杀，全部加上才不过四日。

萧遥光被杀后，萧宝卷登上旧时和萧遥光一起玩耍的旧宫土山，遥望萧遥光被杀的东府，怆然不已，黯然泪下。平灭萧遥光后，萧宝卷觉得诛杀大臣太容易了。在近侍茹法珍等人的怂恿下，他不到一个月就杀掉本来参与镇压萧遥光叛乱的功臣刘暄、萧坦之等大臣。杀刘暄时，萧宝卷还有些犹豫："刘暄是我亲舅，怎么会谋反呢？"一个侍卫说："明帝乃武帝同堂（指萧宝卷之父齐明帝与齐武帝是堂兄弟），恩遇如此，犹灭武帝之后，舅舅又怎么可信呢？"于是族灭刘暄。

六位大臣中，徐孝嗣、沈文季是文人出身不掌兵，所以活得稍稍长久一些。有人曾劝徐孝嗣废昏立明，他总觉得大动干戈不妥，应该趁皇帝出城游玩时关闭城门，再召集大臣共议废掉。但是“书生造反，三年不成”，迟迟也未见他有什么行动。大臣沈文季借口自己老病请假在家，不预朝政，想借此落个善终。他的侄子侍中沈昭略对他说：“叔父您六十岁的年纪，官至仆射，想要免祸是不可能的。”沈文季笑而不答。

永元元年（公元499年）九月，萧宝卷诏令徐孝嗣、沈文季、沈昭略三人入宫议事，一进宫门，茹法珍就把毒酒端上来。沈昭略大怒，骂徐孝嗣：“废昏立明，古今令典；宰相无才，致有今日”，他用盛着毒酒的碗砸向徐孝嗣，随后，三人全家被杀。此时，六位顾命大臣中只剩下太尉陈显达一个人了。

陈显达，彭城人，寒人出身，在南朝刘宋时，以军功被封为丰城县侯。齐高帝即位，拜护军将军、益州刺史。齐武帝即位，进位镇西将军。齐明帝即位后，进封太尉。史载，陈显达谦厚有智谋，他自以为寒人出身而位居大官，每次升迁都有愧惧之色。他常常嘱诫自己的儿子：“我本意不及此，汝等勿以富贵凌人！”知道诸子藏有当时的“天下快牛四只”（南朝人常以牛拉车比赛炫耀，如同今人赛马，当时的名贵牛是非常昂贵的），陈显达非常不高兴子弟如此暴露富贵。其子陈休尚外出当官与之拜别，陈显达见儿子手里装模作样地拿着根麈尾（魏晋风度的象征物之一），上前就夺下当场烧掉，说：“凡奢侈者鲜有不败，麈尾蝇拂是王、谢家物，汝不须捉此自遂。”齐明帝残忍好杀，陈显达更是心怀不安。他平时所用车乘朽败，随从皆选用瘦小单薄之人。一次在宫廷侍宴，酒后他向齐明帝乞借枕头一用。由于是三朝老臣，齐明帝马上命人给老将军取来一枕。陈显达抚枕言说：“臣年以老，富贵已足，唯少此枕死，特就陛下乞之。”一句话，说得嗜杀成性的齐明帝也心有不忍，忙说："公醉矣。"萧宝卷年间，陈显达在外督军进攻北魏，杀伤敌军无数，惊得魏孝文帝亲自率十余万大军增援，虽然最后陈显达被击退，但之后大名鼎鼎的孝文帝回去后不久就病死了。就连这么一个历侍齐国三主、功高盖世的老将军，听闻徐孝嗣等人的死讯后，也感祸之将至。

永元元年（公元499年）十月，他于寻阳起兵数千人，想掩袭建业。在采石，他领军与朝廷军相遇交战，大胜，属下震恐。由于身经百战，陈显达太过轻敌，即刻北上袭城，一时间禁宫四门紧闭。陈显达只带数百步兵，在西州前与台军大战。七十多岁的陈显达，挥矛如飞。不久，增援的官军大集，陈显达不支败走，被杀。他死后，诸子皆伏诛，且满门抄斩。诛杀陈显达后，萧宝卷更加骄恣放荡，觉得自己帝位稳固无比。

之后萧宝卷更加肆意妄为。每次出行，萧宝卷都不想百姓见到他的真面目。只要仪仗鼓声一响，百姓立刻奔走逃避，否则，一被发现，就当即杀头。不仅如此，萧宝卷出游时，头戴金薄帽，着锦绣衣裤，手执七宝槊，随从数百，呼啸飞奔，不避雨雪。驰骋间感觉口渴，就下马解取腰边水舀，从水洼里舀出些脏水喝下，解渴后又上马驰去。他爱玩"担幢"的游戏，做白虎幢高七丈五尺，左臂右臂来回担玩，后来又把几十斤重的白虎幢移到牙上担玩，折掉了好几颗牙齿，仍旧贪玩不已。

由于萧宝卷数次诛杀大臣，豫州刺史裴叔业很惊惶，以寿阳城降北魏。萧宝卷闻讯，派护军将军崔慧景前去讨伐。崔慧景也是三朝老臣，萧宝卷的三弟江夏王萧宝玄当时坐镇京口，听说崔慧景带兵北行，就发密信劝他造反，"朝廷任用群小，残害忠良……君有功亦死，无功亦死。不如收吴攀劲卒，一同起兵立取大功。"

崔慧景见江夏王萧宝玄此信大喜，掉头返回，攻下东府、石头、白下、新亭诸城，包围建康。江夏王萧宝玄是萧宝卷的亲弟弟，娶徐孝嗣的女儿为王妃。徐孝嗣被杀后，女儿也株连。萧宝卷随后把两个姬侍送给萧宝玄。由此，萧宝玄又恨又羞，起了取而代之的想法。众军包围都城后，都劝崔慧景发火箭烧掉北掖楼，这样，城崩后就可直入城里。崔慧景觉得胜利在望，入城后立了新帝，又要重新造楼太浪费，于是不用此计。他本人好佛，有南朝人清淡的习性。大战前夜，竟住在法轮寺与宾客高谈玄言，见此，诸将心中怨恨失望。

萧衍的哥哥萧懿当时屯兵小岘。他闻讯后即刻带兵驰援，从采石渡江，凌晨时分进战，率兵大破崔慧景军。由于好几个将领临阵投降，崔慧景余兵溃散逃跑。最后，他单骑逃至蟹浦，遇见从前的门卫士兵。该门卫士兵假装请他饮酒，趁其不备，一刀砍下头颅去请赏。崔慧景从起兵到被杀，仅12天工夫。

与此同时，江夏王萧宝玄也被擒获。萧宝卷把这个三弟招入后堂，用步障把他围起来，令数十太监敲鼓绕行鼓噪，大声告诉他说："前几天你和崔慧景包围我时，我就是这种感觉。"隔了几天，萧宝卷越想越气，派人杀掉了萧宝玄。当时众兵收集到好多朝野人士投靠萧宝玄的信件，想以此追索杀人。萧宝卷命令把信全部烧掉，说："江夏王尚且这样做，怪不得别人！"这件事让萧宝卷大受刺激，然而，尽管众叛亲离，萧宝卷仍然荒纵不已，不为所动。

萧宝卷最宠幸的妃子姓俞，乐户出身。听说宋文帝有潘妃，得以在位三十年，萧宝卷就改称俞姓女子为潘贵妃。萧宝卷平素称呼潘妃的父亲俞宝庆和茹法珍为"阿丈"，呼梅虫儿为"阿兄"，这些人常在皇帝左右提刀应敕，时人谓之"刀敕"。萧宝卷常戎服骑马前往诸刀敕家中游宴，婚丧嫁娶无不参加。一次，他前往俞宝庆家里，萧宝卷本人亲自跑到井边打水，给厨子做饭打杂。他最得宠的小太监名王伥子，年纪才十三四岁，也参与朝政，控制大臣，甚至骑马入殿，呵斥天子，百官在一旁都屏息低头，不敢仰视。当时这帮人，被民间都暗中戏称为“鬼”。有姓赵的臣子会读书晓文义，能读《西京赋》，把其中盛赞汉朝宫室之盛的描写读给萧宝卷听。皇帝大喜，按照赋中的描述大起宫殿，刻画装饰，极尽绮丽。后宫之中，天下珍奇相聚，骇人眼目。萧宝卷又派人打制纯金莲花铺于地面，令潘妃舞行于上，叹赏说：“此步步生莲花也。”

为了满足欲望，萧宝卷不断加重赋税科敛，百姓穷苦不堪。由于萧宝卷常爱出外游玩，宫殿内常有火灾发生，最大的一次火，一下子烧毁了华林至秘阁的殿宇三千多间。然而，萧玉卷却趁机大作新殿。其中专门为潘妃建造的就有神仙、永寿、玉寿三座宫殿，金碧辉煌，五彩绚烂。玉寿殿中的飞仙帐，四面织锦彩绣，窗间尽画神仙飞舞飘荡，殿内的一切书字、灵兽、神禽、风云等等都是用纯金纯银打制。由于性情急躁，往往萧宝卷诏令下后，恨不得宫殿一天而成。情急之下，督建官员就大拆各个佛寺殿堂的藻井、仙人、骑兽等物，涂饰一新后直接装上去。

萧宝卷还喜欢园林景致，把阅武堂改建成芳乐苑，大暑天种树，朝种夕死，死而复种，反正最后没有一棵树活下来。匠人反复无穷，不断把活树挪进死树搬出。为了保持园林常绿，他们在城里城外大肆搜刮，见树就取，破门毁院，从居民家里把树木倒腾出来。不少几人合抱的大树，费尽人工移植至宫内，没看上几眼，就落叶荡尽。皇宫阶庭之内，全部细草铺地，绿色茵茵，其实都是刮取的草皮覆盖其上，太阳晒一天就枯死。这样一来每天每日需要不停更换，以保持常绿常新。不仅如此，他大建紫阁等台阁，墙壁上绘满春宫图画，以供淫乐观赏之用。

齐国大臣中有位名叫张欣寿的，私下对人讲："以秦之宫，起一阿房（宫）而灭；今（齐国）不及秦一郡，而顿起数十阿房，其危殆矣。"由于潘妃之父是小商贩出身，潘妃自小就喜爱市场买卖的热闹景致。萧宝卷专门为她在皇宫后花园设立店肆，模仿城内集市的样子，放置所有日用百货杂物，他本人与宫人太监一起假装商贩立于店内高声吆喝。潘妃充任市令（市场管理员），萧宝卷自己作市吏录事（管理员助手），时不时还"扭送"几个"打架争吵"的"商贩"到潘妃前听候处罚。萧宝卷自己有过错，潘妃也怒目圆睁大声叫打。集市内游走时，潘妃坐小轿，萧宝卷自己戎服乘马跟随伺候。他在园中挖掘大渠模仿河流，在渠边设置码头，潘妃于小酒肆内当老板娘酿酒，这位天子立于肉案后当屠户切肉，两个人玩得不亦乐乎。

在这次的平乱中，萧懿平立下大功，获封尚书令，执掌卫尉（禁军司令）兵权，旁人劝他密行废立，萧懿忠于齐室，不听。茹法珍等人忌惮萧懿的忠正和威仪，撺掇萧宝卷杀掉他，说："萧懿想效仿隆昌故事。"（即萧鸾废郁林王。）有人得知消息后，在江边准备小船，劝说萧懿逃往弟弟萧衍处。萧懿说："自古皆有死，哪有尚书令叛逃的？"十月，萧宝卷派卫士于宫中赐毒药给萧懿。

随后，齐国国内到处搜捕萧懿兄弟，九人中，官吏只捕得萧融杀掉，其余或占据州县，或藏匿乡里，竟无人告发。自大功臣萧懿攻灭造反的崔慧景，到他自己被杀，总共不到半年。萧衍闻兄长被杀，集诸将起兵，得甲士万余人，马千余匹，船三千艘，直发都城建康。

萧衍建梁，江表无事

由于萧宝卷不停地诛戮功臣武将，人人自危，不少将领相继投靠萧衍。为了增强号召力，萧衍联合了南康王萧宝融一起举兵，后来南康王在江陵即位，这就是齐和帝。最后，萧衍挟持南康王萧宝融为天子，连破竟陵、江陵，在湘中诸军相会，直压汉口，并攻克都城门户郢州。

郢州失陷后，萧宝卷一点也不慌张，驰马游玩依旧，他对茹法珍说："一定等敌军来到白门前（建康城西门），我才要和他决一死战！"待到萧衍兵已围城，萧宝卷才召集兵马固守城池，他把监狱内的囚犯放出，发给兵器充当守城军士，其中不可赦免的死囚，就近在朱雀门砍头，日杀百余人。

永元三年（公元501年）九月，萧宝卷派征虏将军王珍国等率精兵10万人列阵，让宦官持白虎幡督战。萧衍将士死战，王珍国等人大败，士卒土崩瓦解，淹死于秦淮河的不计其数，致使萧衍兵士踩着浮尸就可以冲过河去，于是萧宝卷诸军皆溃。萧衍长驱直入，命诸军攻建康六门。萧宝卷派人烧毁城内营署，驱逼士民，逃入宫城内紧闭四门守城。当时，宫城内仍旧有甲士7万多人，萧宝卷最喜欢打仗，外面攻城时，他还不断与卫士、宫人在华光殿前演习战斗格杀。在殿中，他身着戎服，以

金银为铠胄，遍插羽毛、宝石装饰，昼眠夜起，跟平常一样不慌不忙。听见城外攻城鼓声阵阵，他就穿着大红袍登景阳楼往城外眺望观赏，差点被弩箭射中。

萧宝卷之所以心中有底，主要是因为先前的陈显达、崔慧景等人的围城攻伐都以失败告终，所以就觉得萧衍肯定也不会例外，必败无疑。萧衍围城前，他也不以为意，下令有司只准备城内百日用的柴米。平日赏赐左右亿万计的萧宝卷，这时候忽然变得十分吝啬，不肯出钱物赏赐守城军士。

在南齐皇宫里，太监茹法珍跪在地上请求萧宝卷赏赐将士，萧宝卷仍旧不肯，还说："反贼难道就只捉我一个人吗？为什么偏偏向我要赏赐？"后堂有数百张大木片，军人想拿去加围城防，萧宝卷想留着做殿门，竟下令不许。他催促御府赶制三百人精仗，准备萧衍退拿后庆功时给仪仗队用，还大施金银宝物给工匠，让他们雕饰仪仗铠甲。城内人闻讯后，莫不愤恨，都想逃亡投降。

此时，萧齐内部又有奸臣进谗言，说事到如此完全是文武大臣的过错，怂恿萧宝卷大开杀戒。这使征虏将军王珍国异常愤恨，暗中派心腹给萧衍送去一个明镜，表示心迹。十二月，丙寅夜，萧宝卷刚刚在含德殿吹笙唱歌完毕，躺下还未入睡，一行人就冲入喊杀。原来，王珍国是联合其他大臣，带兵夜入皇宫。萧宝卷感觉不妙，翻身跳起，想从北门跑出逃往后宫。跑到墙边，他才发现大门已闭。手中无武器，叛兵们纷纷上前，砍伤了萧宝卷的膝盖。萧宝卷仆倒，躺在地上还口中大喊："奴才们要造反吗？"兵士大刀在手，挥刀就把这位皇帝的脑袋砍下了。众人用浸过油的黄绢包起他的首级，派人送给萧衍。

萧衍进城，收斩潘妃、茹法珍、梅虫儿等40多人，又以宣德太后令废萧宝卷为东昏侯。萧衍在攻占首都建康后，派兵四处征讨，各地的官员纷纷投降归顺。这次萧衍拥戴萧宝融，消灭了东昏侯，立下了赫赫战功，他也因此升任大司马，掌管内外军国大事，还享有剑履上殿，入朝不趋，赞拜不名的殊荣。然而，随着时势的变化，此时的萧衍也想自己做皇帝，但他并没有急于求成，而是静待时机。原来的好友沈约知道他的心事，于是委婉地向他提起此事，第一次时萧衍装糊涂，推辞过去了。第二次提起时，萧衍犹豫片刻，就答应了。

沈约又告知了范云，两人都同意拥立萧衍做皇帝。在他们谋划的过程中，萧衍竟然贪恋起原来宫中的两个美女来，把头等大事忘到了脑后。范云知道后很着急，又找到萧衍，说明利害，这才使萧衍下决心代齐自立，免得夜长梦多。范云和沈约写信给和帝的中领军夏侯祥，要他逼迫和帝禅让帝位给萧衍。同时，萧衍的亲信也让人传播民谣“行中水，为天子”，利用人们的迷信观念为萧衍称帝大造舆论。等和帝的禅让诏书送到后，萧衍又假装谦让。于是，范云带领众臣，再次上书称臣，请求萧衍早日登基称帝。太史令也陈述天文符谶，证明他称帝合乎天意，萧衍这才装着勉强接受众人的请求，在公元502年的农历四月，正式在都城的南郊祭告天地，登坛接受百官跪拜朝贺，改国号为梁。

自齐文帝之后，南齐还传了六任皇帝。南齐的国祚本来只有23年，前两任皇帝就占去了大半，所以后面夺位的激烈程度就可想而知了。南齐皇室的自相残杀之激烈，丝毫不逊色于刘宋，齐文帝即位这一年杀了三任君主，有两位君主没有谥号。内廷相互攻杀消耗，这大概是南齐开国君主萧道成最不愿意看到的。他意想中的后果也出现了，南齐中兴二年（公元502年），齐和帝被迫“禅位”给权臣萧衍，

南齐正式灭亡。

明末大儒王夫之曾评价说，“故萧衍虽篡，而罪轻于道成。自刘宋以来，一帝殂，一嗣子立，则必有权臣不旋踵而思废之。伺其失德，则暴扬之，以为夺之之名。”他列举东昏侯的辅政六大臣以及前后反叛诸将，指斥他们“不定策于顾命之日，不进谏于失德之始，翘首以待其颠覆，起而杀之”。其结论，则是“君臣道亡，恬不知恤，相习以成风尚，至此极矣”。

萧衍登基之后，初期的政绩是非常显著的。他吸取了南齐灭亡的教训，自己很勤于政务，而且不分冬夏春秋，总是五更天起床，批改公文奏章。他为了广泛地纳谏，听取众人意见，最大限度地用好人才，下令在门前设立两个盒子（当时叫函），一个是谤木函，一个是肺石函。如果功臣和有才之人，没有因功未能受到赏赐和提拔，或者没有良才使用，都可以往肺石函里投书信。如果是一般的百姓，想要给国家提什么批评或建议，可以往谤木函里投书。

萧衍的生活非常节俭，史书上说他“一冠三年，一被二年”。不仅如此，萧衍很重视对官吏的选拔任用，他要求地方的长官一定要清廉，经常亲自召见他们，训导他们遵守为国为民之道，清正廉明。为了推行他的思想，萧衍还下诏书到全国，如果有小的县令政绩突出，可以升迁到大县里做县令。大县令有政绩就提拔到郡做太守。政令执行起来后，萧梁的官治状况得到显著改善。

萧衍很重视人才的作用，建国之初他任命沈约为大臣，却没有委以国事。因为萧衍觉得沈约固然才华横溢，却没有实际才干，只能起到辅佐的作用。他任命了范云为尚书仆射，这个人的特点是直言敢谏，萧衍初入建康时曾迷恋美色，范云竟率先把这些美女赐给了其他人。范云去世之前推荐徐勉和周舍作为继任者。周舍的专长是精通礼仪，梁朝的礼仪制度多半是他的手笔。周舍善言，在尚书省执掌机密二十多年，却没出现过泄密的事，可见他的心思十分细密。周舍生活简朴，衣着、用器与寒士相去不远，这在世风浮华奢靡的南朝的确是不多见的。徐勉担任吏部尚书，掌握人事大权，但是却能抑止买官、卖官的现象。

经过多年的发展，梁朝的经济逐渐发达起来，举国上下的文学氛围也十分浓厚。萧梁产生了很多颇有成就的文人学士。“侯景之乱”后，辞赋家庾信在《哀江南赋》中写道：“五十年中，江表无事。”

晚年崇佛，侯景之乱

然而，在这种内外承平的同时，朝廷内外的形势也慢慢地发生着变化。

继周舍之后执掌国事的大臣是朱异，此人善理政事。然而，朱异油滑谄媚，阿谀奉上。他长久在官场混迹，懂得讨好主上而不事谏议。不仅如此，他生性贪婪。梁朝国事日渐颓靡，一时呈现出奢侈之风。

有一回，萧衍听说六弟临川王萧宏私藏军械，图谋不轨，就突然到萧宏的家中。萧宏以为平时贪赃枉法的事情被皇帝知道了，十分紧张。萧衍查了临川王的府库，没有发现武器军械，却搜到不少的金银财宝。

针对朝廷内渐起的奢靡风气和官员的贪婪堕落，大臣贺琛上奏说，近年户口减少，奢靡甚巨，以致天下无事而国家财政拮据。这个奏折语气十分委婉，批评的范围也只限于贪官污吏。萧衍听了却脸红起来，下诏为自己辩解说。萧衍晚年笃信佛教，生活简朴、不近女色。皇帝信佛，或许有助于杀伐的控制，但是萧衍的信佛却达到了祸国的地步。他几次舍身佛门，害得朝廷出钱把他赎回来，不但耽误政事，同时也给老百姓带来了沉重的负担。

不仅如此，后来又发生的“侯景之乱”，这对梁朝更是一个致命的打击。

侯景是羯族人，少年时就顽劣不羁，横行乡里，是当地著名的恶少。成年后身高不满七尺，但深受边镇剽悍好武风气影响，骁勇有膂力，因左足生有肉瘤所以行走不稳，但是擅长骑射，因此被选为怀朔镇兵。在尔朱荣的手下屡获战功，后又被提升为功曹史、外兵史等低级官职。

公元528年四月，尔朱荣发动河阴之变，攫取北魏军政大权。尔朱荣权势熏炙，各地豪强纷纷投奔，侯景当时也率私兵归顺了尔朱荣。为开辟前程，又向尔朱荣麾下名将慕容绍宗学习兵法。由于机警敏捷，侯景迅速提高了作战指挥能力，甚得尔朱荣器重。直到高欢消灭了尔朱氏集团，掌握了北魏的大权后，侯景见高欢势盛，又率部依附了高欢，成为高欢手下极受重用的大将。

公元534年，因君相矛盾激化，北魏孝武帝奔关中依附宇文泰，后来宇文泰另立元宝炬为帝（西魏文帝）。高欢立元善见为帝（东魏孝静帝），东西魏分立。宇文泰据关中与高氏抗衡，南有萧梁，天下三分之势乃成。侯景从此受到高欢重用，成为东魏重要将领。侯景的军队悍勇能战，惯于抢掠，而侯景本人也领军有方，特别注重利用厚利财色抚纳笼络士卒。侯景精于韬略，机诈权变，他自己也自视甚高，为人桀骜不驯。

公元541年秋八月，东魏任侯景为尚书仆射、河南道大行台，使领军专制河南。既以备梁、西魏，又使讨叛逆。从此侯景成为独当一面的封疆大吏。河南殷实富裕，人口百万，侯景在此经营多年，早与当地豪族建立了紧密的联系，发展成强大的地方势力，初步具备了割据的经济、政治诸条件。如今又获得在朝中仅次于高欢的显赫地位和权力，更是如虎添翼。侯景官高权重、实力雄厚，因此飞扬跋扈。他轻视高欢之子高澄，说："高欢在，我不敢怎么样。高欢要是死了，我绝不能与鲜卑小儿（高澄）共事。"他被高澄视为肘腋之患，所以也引起了高欢的疑忌和防范。高欢临死时对世子高澄说："侯景狡诈，狼子野心，我死之后必不能为你所用。朝中大臣只有慕容绍宗可与之匹敌，我一直不重用他，就是为了留给你去迁升他，让他去对付侯景。"

高欢死后，高澄立刻先发制人，以其父的名义给侯景写了封信，要求他到晋阳来。据说，侯景当初曾与高欢有过约定说："我领兵在外，须防诈谋。以后您给我写的书信，请加上一个暗号。"但是，高欢在临终时忘记了告诉儿子这件事，以至于侯景接到信后知道有诈，马上反叛。其实即使没有密约暗号这回事，侯景也不可能入京自投罗网。于是侯景开始据兵反叛，河南诸州响应。东魏在玉壁之战中，不但没有取胜，反而损失了7万多人马，元气大伤，高欢新死也使得朝野振动，侯景反叛又使东魏西、南两面受敌，形势极为严峻。

高澄也非等闲之辈，他一面对侯景许以厚赏诱降，一面重兵进剿，侯景仓促难敌，同时向西魏和南梁求援。西魏宇文泰和侯景打过多次交道，知晓他的祸害，遂不大理睬。宇文泰深谋远虑，既不愿放过此稍纵即逝的东进良机，又审慎冷静地注意防范诡诈的侯景在危机解除后反

悔。宇文泰知道侯景是个反复无常的小人，恐怕侯景是诈降，他决意相机行事，纳降后乘势进取河南。遣兵前往颍川解围，又派兵抓紧接收七州十二镇。东魏兵退，侯景喘息未定，宇文泰召其入朝，企图虚委重任，实去其权。侯景自然不中圈套，公然宣称："我以和高澄雁行为耻，又怎么能和大弟（宇文泰）并肩而行？"决计南下，图谋南梁。梁朝臣子对侯景也极不信任，但是梁武帝萧衍却利令智昏，决定接纳侯景借以扩张版图。此时的萧衍信任宠臣朱异，而朱异为了邀功受宠，也决定和侯景合作。

梁朝纳降侯景之后，没有让他入朝，封侯景为河南王、大将军、大行台。公元547年，贞阳侯萧渊明受命率10万大军屯寒山，与侯景犄角，大举北伐。11月，东魏慕容绍宗大败梁军，俘萧渊明，再回师进攻侯景。侯景命战士皆被短甲、执短刃，入阵砍人胫马足，大败慕容绍宗。慕容绍宗部下、后来的一代名将斛律光狼狈逃走，张恃显落马被擒。慕容绍宗不敢再和侯景正面作战，他使用坚壁清野的方法和侯景对峙，等到侯景的军队粮草尽绝再与之交战。这一招果然有效，侯景的4万军接连被打散，只剩下800胡骑跟随。800残军一路向南梁退却。当到达寿阳的时候，侯号用计夺取占领了寿阳。正常人听到这种消息，应该是勃然大怒，下令征讨，谁知萧衍却顺势任命侯景为南豫州牧，侯景心中对萧衍的蔑视也就可想而知了。

公元548年，梁与东魏间开始协商议。东魏乘胜收复失地，即利用萧渊明作为筹码，遣使述高澄愿与南梁和好之意，企图离间梁、侯，坐收渔利。侯景害怕南北和好后，自己会变成筹码，就上书对萧衍说："陛下和高氏联合，我将如何自处？"萧衍信誓旦旦，保证不会出卖他。侯景不太放心，又向萧衍求与南朝大族王、谢结婚，萧衍说："王、谢门第太高，不如退而求其次，向朱、张以下门第试试。"侯景恨恨地说："什么门第，总有一天，要把吴中儿女配给奴隶！"为摸清萧衍真实态度，侯景伪造东魏书信，说愿意以萧渊明交换侯景。萧衍中计，回信说："你早上送还萧渊明，我晚上送还侯景。"侯景勃然大怒，心腹谋士劝他："是坐以待毙还是起大事，该决断了！"因此下定决心要造反。

此时的梁朝君臣虽然觉得侯景这个人不太可靠，但不是采取监督防范的方法，反而是尽力安抚。侯景在寿阳索要什么，朝廷都如数赏给。他要一万匹锦替军人做袍子，朱异照数发给他，只是用青布代锦。侯景嫌朝廷发的武器不好，请求朝廷派军队铁匠到寿阳重铸，朝廷也同意了。侯景在寿阳大肆召集百姓当兵，扩充实力，这些事情朝廷还是有所耳闻的。合州刺史几次密报侯景要反，梁武帝和朱异都不相信。侯景邀请梁将共同造反，该将把这件事情直接向朝廷报告，并且把侯景的使者押解到了建康。侯景谋反已经证据确凿，但朱异却轻率地说："侯景只有几百名残兵败将，有何能为？！"

侯景在努力备战的同时，还暗结早就觊觎皇位的梁前太子、临贺王萧正德，密约事成后拥萧正德为帝。萧正德天真地应允了。经过充分的准备，梁武帝太清二年（公元548年）八月初十，侯景在寿阳正式起兵造反。梁武帝派出儿子邵陵王萧纶为大都督，率领四路军马前去讨伐。

侯景听说大批梁军前来征讨，与谋士商量，谋反士建议放弃寿阳，采取掏心战术，直取建康，侯景采纳了他的意见。九月二十五日，侯景以打猎为名，出寿阳城，十月初三，奇袭攻下谯州，二十日进兵历阳。而这一个月间，梁朝大军居然毫无动作。十月十三日，梁朝廷才派出3000兵巡江。历阳失守后，萧衍召见都官尚书、名将羊侃，询问策略。

羊侃建议派兵扼守采石，阻止侯景渡江，再派萧纶袭击寿阳，使侯景进退失据，部下的乌合之众自然瓦解。朱异却在无凭据的条件下一口咬定侯景不会渡江，萧衍也迷信天险长江，拒绝这一正确建议，放弃了主动攻击、消灭侯景的最佳战机。但萧衍也没有完全坐以待毙，他做出了一系列的防御措施，但是他派已经和侯景勾结在一起的萧正德为平北将军、都督京师诸军事，防守长江。萧正德则征集了几十艘大船，供侯景军渡江。侯景于十月二十二日率8000余人渡江，随后，侯景越过天险，直扑建康。长江上的梁朝水军接连被侯景击败，大军乘船直抵当涂，建康已经无险可守，京城顿时一片震动。

萧衍一时不知所措，把军权交给太子萧纲，命羊侃辅佐萧纲。此时整个建康的唯一依靠就是羊侃。但主要问题是，此时没人知道萧正德已经和侯景勾结起来，他仍然担负着防守建康正门宣阳门的任务。两天后，侯军抵建康，萧正德大开宣阳门，迎接侯景军入城，建康守将均不战而逃。侯景未遇激战就连下东府城、石头城，于十月进围台城，开始大举攻城。

台城军民在羊侃和萧纲的指挥下奋力抵抗。侯景使用了多种方法攻城都被他们破解，倒是侯景这边的士兵损伤十分惨重。侯景心中焦急，他害怕粮草吃尽而无法攻城，又怕朝廷援军赶到，于是干脆下令士兵放开抢劫，以振士气。顿时间，建康城内烧杀抢掠，哭声震天，惨状不忍细载。侯景同时驱赶百姓在台城东西两面运土筑山，此时，城里也筑起土山，太子、亲王以下的人都背土、夯土，山上筑楼。将士披上铠甲，登山作战。两边攻防了几天，天降大雨，叛军乘势进逼，羊侃立即命令把身边、任何可以燃烧的东西都点上火，投掷出去，形成一条火焰，把叛军阻住，同时在里面赶筑一道城墙，台城才得保住。侯景久攻不下，又损失了很多士兵，于是筑长墙以断台城内外联络，采取长期围困战术。后来，侯景捉住羊侃的儿子，押到城下逼羊侃投降。羊侃不为所动，说："尽管杀了他！"过几天侯景又把他押来，羊侃说："我以为你早死了，怎么还在！"于是取弓箭要射。侯景知道这样没用，反而没有杀他。不久，老将军羊侃去世，这对于危急存亡的建康无疑是灾难性的。建康的大乱持续了近两个月，朝廷各路地援军却迟迟没有赶到。

梁武帝太清二年（公元548年）十一月，侯景立萧正德为帝，自为丞相，再次进攻台城。十一月二十三日，萧纶率领的回援兵马才姗姗到来。两军交锋，萧纶先小胜后大败，数万人马只剩下1000多人，仓皇东撤。侯景乘机猛攻台城，幸亏城中有一个叫吴景的下级军官，精通对付攻城器具的方法，才顶住了攻势，杀伤了大量叛军。同一天侯景停止攻城，引玄武湖水灌城，城中积水极深，形势更加危急。这时各路勤王的军马仍在采取观望态度，萧衍的第七子、荆州刺史湘东王萧绎兵多将广，却在十二月十四日才派出儿子萧方率数万兵马前来救援。

三十日夜，勤王诸军先后赶到，共十余万人，在秦淮河驻扎。公元549年，两军在建康郊区的青塘激战。突然天降大雾，梁军迷路。侯景见状立刻挥军突击。随后萧纶收拾残兵，和萧方、王僧辩等人也来到建康城下，勤王军虽然人数众多，可是没有统一指挥，军心涣散，都不敢与侯景正面对抗，而且军纪极差，使得百姓大失所望。叛军围城日久，台城内粮食耗尽，军士煮弩弦、皮革制的盔甲、熏鼠捕雀而食。城中饥饿和疫病流行，死者横尸满路，后来仅剩二三千羸弱死守。这个时候，侯景又闻梁荆州精锐援军将到，非常恐慌。这时谋士献计：假称求和，以获援足粮，休整兵马，待对方懈怠，再一举击破，侯景采纳。

梁武帝太清三年（公元549年）二月，侯景与萧衍歃血为盟停战。萧衍接受侯景的戢兵条件，割江右四州之地（南豫、西豫、合州、光州）予侯景，遣诸路援军返师，台城守卫也尽收兵甲。侯景及时补充军粮，缮修器械，休整军队。十余日后，毁盟重新开战，猛攻台城。三月十二夜，台城失守。此时，自侯景自寿阳起兵仅7个月之久。十四日，他又用萧衍的名义发诏书命令援军解散。随后，侯景攻入建康，俘获萧衍。之后，侯景将萧衍软禁，不给他供应饮食。五月初二，萧衍饿死。

平定叛乱，国势颓危

梁武帝萧衍死后，也就是梁武帝太清三年（公元549年）五月二十六日，侯景立萧纲为帝（梁简文帝）。

侯景自为大都督、录尚书事、使持节、大丞相、王如故，掌握梁朝廷大权。他废萧正德为侍中、大司马。六月，杀死萧正德。他准备除梁诸藩后篡位，派叛军东进浙东州郡。同年，侯军攻陷会稽，尽有三吴。第二年，侯景自为相国、汉王；十月，别出心裁地自封大将军、都督六合诸军事。

侯景出身行伍，虽有野心但无政治才能，且生性暴戾嗜杀，不能收取民心，难于在南方站稳脚跟。他初至建康，军令尚严，后来久攻不下，人心渐散，粮草将尽，开始纵兵掠民。城破后，将病人与死尸堆在一起焚烧，惨不忍睹。侯景遣军攻浙东时，公开提倡鼓励诸将烧杀抢掠和屠城，以扬威名，故其将领专务焚掠，杀人如草。没东西可抢时，叛军就掳掠人口，贩卖到北方。南方人民仇恨叛军暴虐，都奋起反抗。

叛军在建康和浙东肆虐，长江中上游萧梁荆、郢、雍、湘、益诸方镇却火并正盛。尤以湘东王萧绎为甚，他联结西魏翦除兄弟子侄，为自立清道。公元551年，侯景留兵守建康，自己率军西向进攻萧绎等亲王军队。他轻视梁的荆州精锐，兵分5000守夏首，再分1万趋巴陵，另有一路进江陵。兵分势散，各路又未能有效协同。叛军前锋任约军罾萧绎击败，侯景率兵救援，四月，在西阳被长于水战的徐文盛打败。梁军的颓势开始扭转。侯景急遣轻骑300袭陷郢州，擒刺史萧方诸。徐文盛等军心大乱，奔归江陵。王僧辩受命拒侯景，在巴陵沉船靡旗，伪装将遁。侯景中计，昼夜猛攻巴陵，数旬不克。叛军损失惨重，粮草缺乏，疾疫蔓延，战斗力大损。六月，赤亭大战中，梁将胡僧佑和陆法和击败并生擒任约，断侯景一臂。侯景只得放弃经略江汉，退归建康。梁豫州刺史荀朗在途中邀击，击破侯景后军。梁军士气大振，转入战略反攻。侯景率领几千残兵回到建康，九月，侯景废简文帝萧纲，杀太子等宗室二十余人，立豫章王萧栋为帝，改元天正。十月，命王伟以祝寿为名，将萧纲灌醉，然后用土囊压死。十一月，通过传统的加九锡和禅让的方式，废萧栋自立为帝，改元太始，国号汉。

萧绎知道萧纲的死讯后，于公元552年，派梁江州刺史王僧辩、东扬州刺史陈霸先（后来的陈武帝）征讨侯景。三月上旬，梁军抵达姑孰时，遇到叛军将领侯子鉴，梁军战胜，后抵达建康城郊外，侯景率军堵塞秦淮河口迎战，陈霸先奋勇当先，渡过北岸，筑起营寨，梁军其他各部也陆续过河。19日，两军交战，侯景率万余步兵，800铁骑先后八次猛攻，都不能得逞。此时石头城中的守将开城投降。侯景又亲自率百余骑兵，弃长矛持短刀突击陈霸先军，仍然不能取胜，叛军士气尽失，大批溃散。侯景率部下数十人逃往吴郡。侯景收拾残兵，有船200艘，兵数千人。4月，他又在松江被击败，只剩一条船。他在沪渎下海，准备逃往北方。当初侯景在建康时，强娶萧衍之女溧阳公主为妻，又霸占羊侃之女为妾，却用羊侃之子羊鹍为官。羊鹍把仇恨埋在心底，表面上装得忠心耿耿，经常跟随在左右。他乘侯景睡着的时候，命令水手改变航向，转往京口。侯景睡醒后见状，大惊，这时羊鹍带着几个人冲了进来，将侯景杀死，取下首级。随后，羊鹍割开侯景的肚子，塞入盐，以防腐烂，然后将他的尸体送到建康。王僧辩将侯景的首级送给江陵的萧绎，其余部分在建康示众，片刻就被百姓撕得粉碎。

侯景之乱后，湘东王萧绎成了唯一的赢家。

萧绎的品行在萧衍诸子中是极差的。他从小盲一目，相貌丑陋。但是，他勤奋好学，在文学上颇有造诣。但是他由于先天的缺陷和后天的不自信，导致他极端虚伪残忍。他著有《孝德传》、《忠臣传》，表面上以忠孝自矜，行为却是不忠不孝之徒。侯景围攻建康，他的老父亲萧衍危在旦夕时，他却在上游拥兵自重，观望时机；侯景挟持萧衍下了撤军令，他害怕侯景，立刻勒转马头想回封地西陵，为此不惜杀了劝阻他退兵的下属。在建康陷落后，他忙于骨肉残杀，乘机逼死了亲生儿子萧方等，又杀了侄子萧誉。等到老父亲萧衍被侯景饿死时，他才发兵东进。将军王僧辩从江陵出发时，向湘东王请示，如何对待嗣君（即侯景所立的萧栋）。萧绎回答说："六门（指台城的六座城门），自极兵威！"他是在暗示王僧辩对皇室子弟加以杀戮。王僧辩回答说："讨贼之谋，是臣的责任；成济之事，请另外交给别人。"成济就是为魏晋更迭时手刃魏帝曹髦的人。于是萧绎就派了一个叫朱买臣的将军把萧栋三人解救出来，然后淹死。

平定侯景叛乱之后，萧绎目标直指武陵王萧纪。武陵王是萧衍的第八位皇子（萧绎是第七子），坐镇蜀中，兵精粮足，面对建康之乱却坐视不管。萧衍在建康被饿死之后，萧纪不思平叛，却抢先在成都宣布即位，改年号为天正。萧纪当上“皇帝”之后，借口要东下平定侯景之乱（其实此时侯景已经败亡），真实的意图是消灭西陵的兄长萧绎，争夺大位。萧绎自觉得萧纪兵势汹汹，而自己的主力不在西陵，于是敌国西魏从后路进攻蜀中，以解西陵之困。面对这个难得的机会，西魏宇文泰说：“取蜀制梁，在此一举。”宇文泰派兵由散关入蜀。蜀中北大门剑阁的守将也看出萧纪的不可救药，干脆举兵投降。西魏兵入蜀几乎没有遇到什么抵抗，一路打到成都城下。萧纪的军队走到半路，听到成都被围急，将士们都着急起来。萧纪下令继续东进。蜀兵虽然势大，作战却没有什么进展，反倒是成都方面不断传来急报。萧纪想撤兵回救成都，派人去和萧绎讲和，萧绎断然拒绝了讲和。成都在被围五十天之后告破，蜀中地区落入了西魏之手。梁朝国势极速衰落。

萧纪的蜀兵终于被萧绎的西陵兵打败，萧纪被俘。萧纪被解到江陵途中，和萧衍一样被活活饿死。公元552年，大功告成的萧绎在西陵正式称帝，史称梁元帝。萧绎称帝之后决定留都西陵。经过侯景之乱后的梁朝政权已经岌岌可危，随时都有可能被取而代之。

第四章
改换门庭，霸先建陈

在南朝的历史上，陈朝是唯一一个以君王的姓来命名的朝代。陈朝的创建者陈霸先出身寒门，却胸有大志。他不满足于一生只做小吏，于是便满怀报国之志，前往梁都建康施展自己的抱负。在军营中，陈霸先能谋善战，深受器重。后来，在“侯景之乱”中，他审时度势，篡梁建陈，实现了自己的抱负。然而，经过“侯景之乱”后，梁朝已经内忧外患，积贫积弱了。那么面对这样的严峻局势，陈霸先展现出了哪些雄才大略呢?

出身寒门，屡立战功

陈霸先，字兴国，小字法生，吴兴长城下若里（今浙江长兴县）人，汉太丘长陈实的后人，世代居住在颍川许县（今河南许昌东）。陈霸先的十世祖名叫陈达，西晋永嘉年间，陈达避乱，随西晋王室南迁到吴兴。陈达出任长城（长兴古县名）令，就在当地定居下来。虽然到陈霸先时，陈达在长兴的子孙经过十世繁衍，已成了人数众多的大家族，但南北朝门阀制度盛行，长兴的陈家仍属寒门。

陈霸先青少年时倜傥大度，志向弘远。而且陈霸先兴趣广泛，涉猎史籍，好读兵书，懂得遁甲之术，又会武艺。不过陈霸先出身寒门，在门阀制度严格的南朝，只能从小吏做起。

然而，这样的小吏不是陈霸先的理想，于是，陈霸先怀着满腔报国之志，来到梁都建康做了一个看守仓库的小吏。不久，担任了新喻侯萧映侯府的传令吏。陈霸先从库吏改任萧映侯府传教后，终于有机会接触到社会的上层人物了。萧映是梁武帝萧衍的侄子，历任吴兴太守、北徐州刺史、给事黄门侍郎、卫尉卿等职。

后来由于受到萧映器重，在梁大同六年（公元540年），萧映到广州任刺史，封陈霸先为中直兵参军，不久出任西江督护、高要太守。

梁大同十年（公元544年），土豪李贲发起叛乱，控制了整个北越，设置百官，自称越帝。梁武帝又命新州刺史卢子雄、高州刺史孙同火速出兵，并受坐镇广州的萧映和萧咨节制。当时南方正是春暖草长、瘴疠肆虐的季节，卢、孙二将请求待秋凉后发兵，但二萧不允，催命出征。卢、孙二将只好领着将士匆匆上路。才行到合浦，果然疫气发作，死者达六七成，趁机溜掉的也不少，一支征讨大军不战而溃。梁武帝接到萧咨密报，误以为卢、孙二将交通李贲，故意逗留不进，敕令在广州赐死。这事激起了卢子雄部下旧将的不平，于当年五月发动哗变，叛兵包围了广州城，准备捉住二萧，血祭卢、孙二将，然后赴京请罪。一天时间，广州城外云集叛兵数万，广州告急。

陈霸先在高要听到后，率领3000精兵日夜兼程，火速救援。到广州城外，看见叛军将广州重重包围，水泄不通，部属一时心生怯意，勒马不前，但陈霸先却不以为意。仔细思考斟酌之后，他决定采取游击战术骚扰敌军，以使敌人不能全意攻城。叛军见状，只好先尽全力把陈霸先的军队消灭掉，于是以排山倒海之势扑了过来。陈霸先不慌不忙，命令前排马军向阵左右两端靠拢，现出后面2000多弓弩手来。一声令下，箭如雨发，敌军倒下一大片。统帅也不能幸免，随后被几名亲兵冒死抢了回去。叛军见主帅落马，顿时大乱，再不敢往前冲，而是四处溃散奔逃。近万军马乱纷纷人踩马踏，死伤不计其数。很快，陈霸先打败了叛军，解了广州之围。捷报传到建康，梁武帝深以为异，叹息不已，授陈霸先为直阁将军（直阁将军与其属官负责皇宫中等处之护卫，保护君主安全，在禁卫武官中处于机要地位），封新安子，邑三百户，并派画师到岭南画陈霸先的像，送到建康亲自临观。

公元544年冬，萧映茬广州病亡。新年刚过，陈霸先护送萧映灵柩回建康，正遇上梁武帝诏命下达，任陈霸先为交州司马，领武平太守，随新任交州刺史杨瞟前往交州讨伐李贲。陈霸先将送丧的事交给了好友，并请他将自己的妻子儿女送回老家，自己带几名亲信又返回广州，聚集将士，筹措军资。

梁大同十一年（公元545年）十二月，陈霸先与杨瞟的征讨大军抵达交州。在恶劣的环境中，经过三年苦战，终于除掉了李贲，平定了地方叛乱，收复了交州、爱州、德州、利州、明州等数州。

整个交州平叛过程，杨瞟虽然是统帅，真正的核心人物却是陈霸先，他所统领的军队，实际上是交州平叛的中坚力量。但由于当时社会极讲究家世出身，功勋卓著的陈霸先仍未受到朝廷重用，交州平定后，依然被任命为西江督护、高要太守，连一个刺史都未升上，只添了一个督七郡诸军事的军职。

尽管这个时候的陈霸先依然没有受到重用，但是，由于陈霸先在多次的战争中都屡立战功，这些都为他的势力的壮大打下了基础。此时的陈霸先需要的只是一个更大的机会。

保卫建康，篡梁建陈

陈霸先回高要不久，正遇上“侯景之乱”。陈霸先得到台城被围的消息，立即准备赴援。但陈霸先当时的顶头上司是广州刺史元景仲，元景仲本是北魏降将，受侯景诱惑，准备举兵响应侯景。面对这样一位企图背叛国家的上司，陈霸先没有顺从，而是当机立断，举兵对抗，元景仲走投无路，自缢身亡。陈霸先就迎梁宗室曲江侯萧勃镇守广州，又奉萧勃之命平定了始兴等十郡叛乱，大军移镇始兴。陈霸先遣将进驻大庾岭，招聚始兴地方将士，准备继续推进。但萧勃心胸狭隘，置国家利益于不顾，软硬兼施，只希望陈霸先能帮他看守门户。面对萧勃的利诱威逼，陈霸先只好遣使往江陵，投到梁武帝第七子、湘东王萧绎名下，受萧绎节制。

梁大宝元年（公元550年）正月，陈霸先大军从始兴出发，抵达大庾岭，击败萧勃，乘胜进驻南康。陈霸先被萧绎授为明威将军、交州刺史。此后近一年半时间，陈霸先与响应侯景的高州刺史李迁仕在南康一带展开了拉锯战，终于擒斩李迁仕。

梁大宝二年（公元551年）六月，陈霸先发兵南康，沿赣江北下。八月，陈霸先准备与萧绎部下都督王僧辩会师。由于陈霸先足智多谋，倜傥大度，名声在王僧辩之上，故王僧辩心存畏忌。当时，王僧辩等西路各军正好缺粮，情势不妙，而陈霸先已贮有军粮50万石，在这紧要关头，陈霸先以大局为重，迅速馈送30万石给西军，这打消了王僧辩的顾忌，也在西路各军中赢得了威信。陈霸先发兵南康时，梁国战局发生了根本性转变，萧绎部下大将王僧辩、胡僧佑、陆法和等，在巴陵（今湖南岳阳）、郢州（今湖北武汉）一带击败侯景主力，侯景从攻势转为守势。十月，侯景残杀梁简文帝萧纲，十一月自立为皇帝。

梁大宝三年（公元552年）正月，陈霸先南路征讨大军从豫章（今江西南昌）出发，这时已有甲士3万人，强弩5000张，舟舰2000艘，水陆俱下，另有前军5000已抵达湓口（鄱阳湖入长江口）。二月，王僧辩等西

路大军又从寻阳起行，在白茅湾（今安徽怀宁以东）与陈霸先会师。王僧辩与陈霸先登坛设誓，缔结了盟约。征讨大军沿路攻克芜湖、姑孰，三月在建康与侯景展开了大决战，终于彻底摧毁了侯景暴乱势力，侯景被杀。经王僧辩、陈霸先等各路将士劝进，萧绎在江陵称帝，即历史上的梁元帝。陈霸先奉命镇守在京口（今江苏镇江），王僧辩镇守在建康。

梁元帝崇尚玄虚，暴戾凶狠，心胸狭隘，又刚愎自用。梁大宝五年（公元554年）九月，西魏发兵突袭江陵，江陵陷落之后，梁元帝萧绎被俘虏到了长安，后被杀死。朝臣与百姓中强壮者也被掠走，陈霸先的儿子陈昌、侄子陈顼本在梁元帝宫中值事，这次也被掳至长安。随后，西魏立了梁武帝之孙昭明太子萧统的第三子萧詧为帝，重新在江陵建国。这个西魏扶持下的傀儡小朝廷也被称作“后梁”，但是为了和五代朱温建立的后梁相区别，一般史家又把它称作“西梁”。西梁只控制西陵三峡附近的几个县，人口有限，还经常被西魏掳掠。等到后来，西魏提出在西陵驻军，以防止东边梁朝的威胁。萧詧在西魏的监督下，当了八年皇帝，谥号“宣帝”。他的儿子萧岿继位，又当了23年的皇帝。萧岿去世之后，谥号为明帝。如果把他算入梁朝正统，他是梁朝皇帝里在位时间仅次于萧衍的皇帝。

后来，江陵陷落，王僧辩与陈霸先书信往来不断，经反复商议，于次年二月迎接梁元帝第九子萧方智至建康，准备称帝。随后，陈霸先就与王僧辩共迎梁元帝第九子、时任江州刺史的萧方智为帝，是为梁敬帝。梁敬帝时年仅13岁，一切军国大事皆是陈、王操持。

在这之前，西魏趁着梁朝大乱获得西蜀的大片土地，北齐十分眼红。但是北齐和梁朝的分界有长江天堑，很难横渡，于是北齐文宣帝高洋就想到了萧渊明。萧渊明是萧衍的侄子，辈分颇高。他的名字出现在史书里一般记载为“萧明”或者“萧深明”，原因是《梁史》是唐朝时候编撰的，要避唐高祖李渊的名讳。高洋派兵挟持萧渊明，大军渡江，威胁建康及江表的安全。负责留守建康的梁将王僧辩十分紧张，他派出徐州刺史裴之横领兵拦击，裴之横战败被杀。王僧辩没有办法，只得派人和北齐方面联系议和，同时与陈霸先书信往来不断，商议此事。北齐的意思非常明确，就是要效仿西魏的模式，在江东立萧渊明为皇帝。陈霸先坚持不纳萧渊明，王僧辩既无力抵抗也没有其他办法，只得忍辱屈服。萧渊明转瞬之间变成了“皇帝”，定都建康，以梁元帝的第九子萧方智为太子，以王僧辩为大司马。王僧辩屈事北齐的行动引起江南百姓的愤怒。随后，陈霸先以拒抵北齐为名，留于京口，准备举兵突袭王僧辩。由于事关重大，陈霸先只与侯安都、周文育等四人密议。夜间出兵时，军人都以为陈大将军是要外出抵御北齐，根本不知是去建康突袭。侯安都自告奋勇，指挥舟舰、兵士向建康出发。解缆之际，陈霸先有些犹豫，驻马不前。侯安都大惧加大怒，骂陈霸先：“今日做贼，事势已成，生死须决！若失败，大家一起死！你在原地犹豫，能免于被杀吗！”陈霸先闻言，拍马上船。

侯安都一部人马到达建康石头城北面，弃船登岸。陈霸先方面，也率军士自建康南门进攻。王僧辩深夜还在办公，忽闻禀报说城外有兵来攻，慌忙四处寻找兵甲。仓促之间，侯安都等人自内杀出。情危之下，王僧辩与他儿子趋出亭阁，率左右亲兵数十人在听事厅前与陈霸先兵士苦战。不敌，逃登南门楼，向众人拜请求哀。陈霸先做事决绝，派人在门下纵火，烧得王僧辩父子不得不下楼投降。陈霸先先问罪，斥责王僧辩：“我有何罪，你想与齐军一起进攻我？”随后，陈霸先派兵把王僧辩父子押下去，用绳子双双勒死。杀了王僧辩，陈霸先下一步自然就要废掉萧渊明，重新迎立萧方智为帝。萧渊明没当几天皇帝就被赶下台去，陈霸先拥立的萧方智登基称帝，是为梁朝末帝——梁敬帝。陈霸先任大都督，总摄梁朝军国大事。

这年冬天，吴兴太守杜龛、义兴太守韦载、吴郡太守王僧智（王僧辩之弟）起兵抗命。这三郡声势相连，几乎包括了京口东南的整个江南地区。陈霸先亲自东征，兵伐义兴。他刚一走，谯、秦二州刺史徐嗣徽和南豫州刺史任约突然投降北齐，偷袭建康，占据了石头城，与留守台城的侯安都形成相持局面。

绍泰元年（公元555年）十一月，王僧辩的残余势力杜龛、王僧智等人纷纷起兵，并引北齐军入寇。齐军5000人占领姑孰，与石头城徐、任相互呼应。陈霸先命令徐度在冶城立栅，加强防卫。这时候谋士向陈霸先献策，认为当务之急应该在秦淮河南岸赶筑城垒，保障与东部联系的运输线，同时截断敌军的补给线，必然稳操胜券。陈霸先依计行事，命侯安都夜袭北岸屯粮之地，烧毁了一千多条船；命年攻击敌军运输线，俘获敌将；又命韦载在大航的侯景旧营筑城，使杜棱防守。齐军也在石头仓城们和秦淮河南岸分别立栅，与梁军对抗。徐、任仗着有北岸齐军为后盾，出兵猛扑冶城，陈霸先亲率精兵迎击，大破之。

十二月中旬，梁军连胜，侯安都在北岸深入徐嗣徽本营，使徐嗣徽大为震动；陈霸先大败齐军，烧毁齐军所立两栅；徐、任领齐军一万欲回石头城，为侯安都水军所败。于是陈霸先开始猛攻石头城，齐军胆寒，要求讲和，但是要求陈霸先侄子陈昙朗作为人质。建康朝臣急欲讲和，陈霸先无奈只得同意。但是他认为齐军不会守信，以为梁朝微弱，定会发兵重来。随后，双方议和。

两个月后，也就是第二年的二月，徐、任袭击采石，抓去了一个防守的将领。三月下旬，齐大都督萧轨与徐、任合兵10万，进军当涂南岸东梁山。陈霸先在梁山本已设防，使侯安都等在此驻军，这时候又增加兵力，亲自去视察，慰劳军队。然而齐军在梁山不过是虚张声势，相持到五月，齐军突然通知梁朝，只要交还萧渊明就退兵。陈霸先满口答应，但是没过两天萧渊明就病死了。得知这一消息后，萧轨大怒，次日兵发芜湖，走旱路向建康推进，把周文育、侯安都抛在后面。陈霸先立即召还梁山各军，在建康摆开防守阵势。

陈霸先像

二十九日，齐军进到台城以东的倪塘，台城外郊开始出现零零散散的骑兵。从这天起，空前激烈的建康保卫战打响了。当天，陈霸先趁齐军先锋立足未稳，领军出建康，在白城与徐嗣徽激战半日。周文育、侯安都勇不可当，亲率骑兵突击，生擒齐将。就在此时，大将沈泰奉陈霸先之命领3000精兵暗渡长江，偷袭齐军，缴获一百多条船和一万军粮，令急欲增援南岸的齐军援兵大为受挫。第二天，齐军主力终于赶到，进军至城东北的钟山；初四，进至城北的幕府山；初九，到了玄武湖西北。齐军主力既到，兵力对梁军保持了绝对优势，进展相当顺利。陈霸先看出敌军士气正高，决定暂避其锋芒，且战且退，逐处应战，以战术上的优势弥补战略上的劣势。

但是，陈霸先很快就发现在南、北、东三面都出现了敌军，建康被包围了。其时建康的对外联络已经被切断，粮运不至，救兵未来，户口离散，征求无所。同时，齐军却也陷入了困境。这个时候正值江南的梅雨季节，连日的大雨使城内外积水过膝。城内的守军还可以轮流到室内休息，城外的齐军无法烧火做饭，并且建康死守，陈霸先又不时偷袭，齐军无法休息，士兵日夜站在烂泥中，脚趾腐烂，精神更是疲惫不堪。面对这种情况，陈霸先决定奋力一搏，冒险反攻。十一日，天气转好，陈霸先开始动员士兵，鼓舞士气。然而士兵个个饥饿不堪，根本无法出战。就在陈霸先一筹莫展的时候，部将奇迹般的送来了3000斛米、1000只鸭。陈霸先自然是大喜过望，立即命令煮熟，发给每个人一包用荷叶裹的饭，中间夹着几块鸭肉。士兵们填饱了肚子，振作精神，准备拼死一搏。十二日的拂晓，梁军的骑兵主力静悄悄的出了建康北门。先锋大将仍旧是侯安都，他的任务是为陈霸先的大部队冲乱敌军的阵地。梁军在幕府山上摆开了阵势，而此时的齐军却一无所知。天光一放亮，侯安都立刻下令全军突击，向齐军本营发起进攻。借着幕府山的地势，士气高昂的梁军骑兵犹如猛虎下山一般直扑齐军阵地。惊慌失措的齐军仓促应战，不少士兵还没来得及拿起武器就已经身首异处。侯安都和萧摩诃更是一马当先，枪挑马踏，令齐军心惊胆战。

在这危急时刻，齐军很快从慌乱中回过神来，大批赶到的援军将侯安都部团团围住。侯安都坐骑被射中，落马倒地，十几个齐兵一拥而上。当此时，萧摩诃大喝一声，匹马杀到，吓得齐兵四下逃窜。侯安都趁机大枪一挥，挑落一个敌军骑兵，夺过马再战，威猛无比。这时候陈霸先亲率大部队赶到了，齐军又是一阵大乱。侯安都看到援军既到，便带着所部骑兵绕到齐军背后，再次发起猛攻。这时候齐军腹背受敌，又弄不清敌人究竟有多少兵马，士兵无心恋战，大败溃散，互相践踏而死的不计其数。

齐军大败，徐嗣徽和他的兄弟徐嗣宗也在乱军中被俘虏。士兵把二人押解回营，陈霸先下令斩首，梁军军威更壮双方交战，陈霸先手下大将侯安都、萧摩诃奋勇当先，大败齐军，生擒北齐大将四十六人。北齐军被杀、掉入江中淹死的不计其数，逃回江北的大概只有五分之一，梁军大获全胜。由此，梁廷进封陈霸先为长城公、司徒、扬州刺史。

北齐方面，见多数将领被杀，大怒之余，斩杀了做人质的陈霸先侄子陈昙朗。北齐当时正是狂暴皇帝高洋在位，几年之间曾经把强悍、野蛮的契丹、突厥都打得俯首称臣，却不想自己连连在江南平地里连连败绩。其实，北齐的失败，也是气候地理原因。十三日，梁军烧毁江边齐军遗留的战船，战事完全结束。十五日，建康宣布解严。至此，建康保卫战结束。在建康这场保卫战争中，陈霸先成为最后的胜利者。

公元557年九月，梁廷"进丞相（陈）霸先位太傅，加黄钺、殊礼，赞拜不名"。没过多久，"进丞相为相国，封陈公、备九锡，陈国置百司"。随后，"进陈公爵为王"。又过三天，"陈王"就让梁敬帝"禅位"于己。梁朝至此已正式灭亡，共四主，五十六年。史载，"是日，梁帝逊于别宫。高祖（陈霸先）谦让再三，群臣固请，乃许"。

内忧外患，积贫积弱

陈霸先在建陈之前，梁在经过几次大的变乱之后实际上已经四分五裂，此时的陈朝可以说是内忧外患，积贫积弱。

陈霸先即位之后，废梁敬帝为“江阴王”，不久就派人去杀他。此时的梁敬帝只有16岁，当时被兵士追着围床而逃，随后被杀。寒人出身的陈霸先，读书不多，但做事果决。

陈霸先称帝前，确实是“武功独运”、“殄歼凶逆”。当上皇帝之后，做的第一件事就是去钟山祭拜蒋帝庙，然后又自称找到遗失的佛牙舍利，设无遮大会，他身为皇帝，亲自膜拜。又过了数日，陈霸先竟然也学梁武帝，亲自到大庄岩寺“舍身”，随后也同样是被大臣们请回来。此时，王琳也开始筹划着起兵。陈霸先派去的侯安都、周文育两员大将刚开始还很顺利，大军至武昌，王琳留下守城的大将樊猛不及交手，就弃城而逃。侯、周两人在武昌城下会师。这个时候，他们得知陈霸先受禅称帝。侯安都闻此讯，不喜反忧，叹息道：“师出无名，肯定要打败仗了！”本来侯安都、周文育二人攻伐王琳，打的旗号就是指斥王琳不依从梁敬帝指示，拒绝皇帝的封爵。如今，陈霸先已经篡位替君，侯安都、周文育大军一下子就变成了以邪侵正。因为此时的王琳还是忠于梁朝的。

王琳，字子珩，会稽山阴人。此人并非王、谢高门的王氏子弟，他生于兵家，出身寒微。由于王琳姐妹数人皆在梁元帝萧绎当藩王时入侍受宠，王琳自少年时代就在萧绎幕府中行走。侯景之乱，王琳随王僧辩立有大功，是攻克建康的先头部队，但他纵放将士在建康大掠，王僧辩当时惧其造反，密奏要杀他。萧绎派人逮捕王琳。王琳自己入江陵监狱陈辩，其长史陆纳率大帮江湖好汉奔赴湘州（王琳被授为湘州刺史，当时未及赴任）。王琳在江陵被送入大狱，萧绎便派廷尉卿黄罗汉、太舟卿张载到王琳军内喻示众人解散军队。陆纳等人大哭，极言王琳冤枉，拒不受命。张载先前在剂州地区驭下严刻，以法杀人，深为萧绎所信，而王琳属下对这位昔日屡屡杀伐自己人的他恨之入骨，正好他自送上门，兵士们便把张载捆在木桩上，用小刀捅破肚腹，牵出一小段肠子，拴在马腿上，又拉着马围着木桩慢慢转，张载肠尽气绝。随后，陆纳等囚禁黄罗汉等人，兴兵抗拒萧绎。王僧辩率军去镇压，陆纳等人败走，退保长沙。由于当时陆纳等人并非真的造反，宗室武陵王萧纪又从蜀地顺流而下与萧绎争位，萧绎只得放出王琳，让他随王僧辩一起去长河招降陆纳。一见主帅平安，陆纳等人马上开城投降。当时的梁元帝萧绎本性多忌，他见王琳部伍甚盛，又得众心，就改授王琳为广州刺史，外放岭南。王琳忠心耿耿，感觉乱世中将有更大乱事发生，写信给萧绎亲信，希望自己能坐镇荆南。然而书上不报，王琳只得率部众万里南下。后来待到江陵被西魏围逼，萧绎急下诏召王琳回援，却也远水解不了近渴。

王琳昼夜兼行赶到长沙，得知西魏军已经攻克江陵。萧绎被俘后，受尽凌辱被处决，而王琳自己全家老小，也被西魏军押送长安。于是，王琳为元帝举哀，三军缟素，他自己坐镇长沙，传檄四方共拥梁室，派遣手下将领侯平去进攻萧察的后梁。不久，被外派将兵征伐的侯平阴图自立，不听王琳节制。王琳遣将征讨不克。师老兵疲之际，王琳只得先向北齐称臣。

陈霸先杀掉王僧辩时，推立梁敬帝，任命王琳为侍中、司空，征其入朝。王琳觉察到陈霸先不怀好意，拒不从命。他大修楼船，准备进攻建康。王琳水军大将张平宅所乘坐舰，每次战役之前，如果能败敌，这艘战舰就自动发声，声如野猪。而陈霸先部下的侯安都、周文育两将不和，部下交争。这两人进攻郢州，不能成功。他们听闻王琳大军已近，就弃郢州不攻，想擒贼先擒王，直朝王琳杀来。到达沌口，侯安都等人

逆风，不得行船，便据西岸，与东岸的王琳相持。数日后，双方合战。这两支大军，在平侯景攻建康时，他们都打着梁朝的旗帜，而且当时王琳军是攻城主力。现在，两军交锋，侯、周二军已经成为“陈军”，而王琳仍奉梁朝为“正朔”。一交手，陈军就大溃败，王琳指挥自若，他乘平肩舆，执钺指挥。此仗侯安都、周文育、徐敬成、周铁虎等陈朝大将几乎一个不漏，全被王琳活捉。此时，周铁虎“辞色不屈”，惹得王琳恼怒，推出斩首。这位周铁虎，原是与萧绎对抗的梁朝宗室萧誉部下。王僧辩平湘州，生擒周铁虎，本来要杀，周铁虎大叫：“侯景未灭，奈何杀壮士！”王僧辩奇之，宥其一命，收为部下。此后周铁虎屡有战功，并获封侯爵。陈霸先杀王僧辩，周铁虎率本部人马归降，成为陈朝大将。随后，还是被杀。杀掉周铁虎，王琳愈想愈气，在自己指挥的舰底设置一个大连枷，把侯安都、周文育等人一排锁起，命一亲信太监王子晋看管。

陈武帝武定二年（公元558年）春，王琳奉梁武帝年方七岁的孙子萧庄为帝，率十万大军在白水浦屯结，准备大举进伐陈霸先。

侯安都、周文育等人在大船舱底和太监王子晋慢慢混熟，许以高官厚赂，九月间，几个人一齐逃出，得返建康。陈霸先引见，宽宥他们的败军之罪，恢复官职。第二年八月，为帝三年的陈霸先重病不治，殂于建康。

下　篇
北朝开国权谋

第一章
苍狼北顾，拓跋建国

当南朝的诸国在经历着朝代的更换的时候，北方的一些部落也开始崛起，并且逐步壮大，这其中最神秘的就是拓跋氏。随着拓跋部落的不断强大，拓跋氏的继承人拓跋珪最终建立了北魏王朝。到了拓跋焘时期，北魏逐步成为了北方霸主。随后，孝文帝拓跋宏最终统一了北魏，并且采取了一系列汉化政策，这些极大地促进了南北的融合和文化交流，对后世有着非常重要的意义。

拓拔崛起，建立北魏

曹魏甘露三年（公元258年），大人拓跋力微徙居盛乐，确立了在部落中的大酋长地位。西晋元康五年（公元295年），拓跋力微的儿子拓跋禄官统部，分国人为中、东、西三部。以后数年至拓跋什翼犍。拓跋部的什翼犍，生而奇伟，宽仁大度，身长八尺，隆准龙颜，长发委地，相貌英伟。他经过三十多年苦心经营，兼并邻近诸部，击高车，破没歌部，攻伐刘卫辰部，节节胜利。

当初，代国世子拓跋寔娶东部大人贺野干的女儿为妻，他死时妻子怀有身孕。代国建国三十四年、东晋太和六年（公元371年）七月初七，拓跋寔妻子在参合陂（今内蒙古凉城东北）生下一个儿子，其夜复有光明。代王拓跋什翼犍大悦，群臣称庆，大赦，告于祖宗。给孙子起名叫涉珪。拓跋珪一出生体重就倍于常儿，很早就能说话，目有光曜，宽额大耳，大家都感到奇异。

眼见开国有望，自称代王，并与同属鲜卑族的前燕慕容氏广结姻亲，大具开国气象。可惜，什翼犍生不逢时，恰值比他更英武豪雄的前秦苻坚帝弑苻生自立。苻坚先是灭前燕慕容氏，而后就把目光投向什翼犍的代国。被什翼犍打败的刘卫辰往南跑到苻坚处求救，正给了苻坚攻伐代国的最佳借口。

东晋太元元年（公元376年），前秦大司马苻洛统军二十万劲旅进攻代国。十一月，代王拓跋什翼犍让白部、独孤部在南面抵御前秦苻坚的军队，都没有取胜。惶惧之下什翼犍忙拨10万兵马给刘库仁回击前秦军，苻家军队势不可当，石子岭一战，代国军队大败。关键时刻，什翼犍身患重病，他自己不能统兵打仗，就带着一帮人马逃到阴山之北。其时诸部离散，高车等部落全都反叛，四面侵逼，搅得拓跋部落惶惶不可终日。由于无法牧养牲畜，拓跋什翼犍又到了沙漠以南。过了月余，前秦兵因抢掠甚多，带着无数的战利品慢慢后撤。听说前秦的军队逐渐撤退，十二月，拓跋什翼犍回到云中。

当初，拓跋什翼犍分出国土的一半授与弟弟拓跋孤，拓跋孤死后，儿子拓跋斤失去了继承的职位，一直怀恨在心，就劝什翼犍的庶长子说："王爷宠爱慕容妃，她生的儿子个个都已长大，王爷想立他们为后，准备先把你这个长子杀掉。如果现在不动手，大祸马上就要降临。"拓跋什翼犍的长子拓跋实若及弟弟拓跋翰早年死亡，拓跋寔的儿子拓跋珪年龄尚幼，慕容妃的儿子全都年长，由谁来继位还未确定。拓跋寔信以为真，于是杀掉了弟弟们，将拓跋什翼犍也杀了。当晚，慕容妃儿子们的妻子以及部属跑去向前秦的军队报告，前秦兵开赴云中，代国的部属兵众溃逃，代国灭亡。

拓跋什翼犍征战一生，最终死于逆子之手。由此，国中大乱，部落逃溃，已经回撤的前秦大军回师云中，一举灭代。深受儒家父子君臣大伦影响的苻坚帝知道了拓跋寔弑父的事，恨得咬牙切齿，于是，派人把拓跋寔和拓跋斤押至长安，车裂了两人。

拓跋珪，又名涉珪、什翼圭等，鲜卑族。代王拓跋什翼犍（昭成帝）嫡孙，拓跋寔之子，母亲献明贺皇后，匈奴族贺兰部贺野干之女。北魏道武帝登国元年、东晋太元十一年（公元386年）正月初六，拓跋珪在牛川（今内蒙古锡拉木林河）与后燕的军队会合，拓跋珪在盛乐即代王位，改年号为登国。当时，汉人帮助魏国制定国家制度、天文历法。因此，魏朝的创立就带有鲜明的华夏色彩。同年四月，拓跋珪改称魏王。自此之后，拓跋珪连年征伐，先后击破刘显、库莫部、高车诸部，又记恨前仇，讨伐舅氏贺兰部。一直与代国（魏国）有世仇的刘卫辰此时也派军攻击贺兰部，贺兰讷向拓跋珪乞降。毕竟是骨肉相连的血亲，拓跋珪率部反击直力鞮的军队。接着，他率军征伐黜弗部。在戈壁上冒险行军，连追三天，在南床山大破柔然，斩杀不可胜计。面对拓跋珪，刘卫辰父子不仅不避其锋芒，反而再三侵掠，趁拓跋珪伐柔然之际，又派兵攻击魏国。

拓跋珪大败直力鞮于铁岐山，获牛羊20多万头，擒斩直力鞮。刘卫辰连老巢悦跋城也顾不得守，奔遁而走，路上被手下所杀，传首于魏国。拓跋珪忆起新仇旧恨，把俘获的刘卫辰家族5000多人不分老少，全部杀死，投入黄河中，一时间河水全部变成红色。刘卫辰全族尽灭，只有刘卫辰的第三子勃勃逃脱，就是后来建立大夏国的那位杀人如麻、的赫连勃勃。拓跋珪在攻灭刘卫辰部的战争中，共获良马30多万匹，牛羊400多万头，奠定了国家繁盛的物质基础，周围各部落纷纷降服。

前秦方面，苻坚消灭了北方最大的对手前燕，但他攻伐东晋，导致淝水大败。此后，北国狼烟四起，从前的部族相继叛乱。慕容垂乘苻坚败兵之际收复了前燕的失地，自己称帝，恢复了燕朝（史称后燕）。慕容垂立国后，先灭掉同是慕容氏的西燕。西燕国主慕容永在都城被围之际，一面向晋朝求援，一面向当时还是后燕附庸国的北魏乞求救助。拓跋珪知道唇亡齿寒的道理，犹豫之下还是派兵去救援西燕。北魏军队走到秀容，慕容永的西燕已经灭亡。

早些时候，拓跋珪为了巴结慕容垂，曾派弟弟拓跋觚向后燕进贡。慕容氏知道北魏多良马，就扣下拓跋觚当人质。拓跋珪坚决不向燕国献马，两国的关系也就陷入了断绝的地步。随后，拓跋珪不时派兵袭扰燕国边境，侵逼降附后燕的部落。这些事情放在一处，气得慕容垂派太子慕容宝、辽西王慕容农、赵王慕容麟率8万精兵自五原伐魏。此时的后燕，连战连胜，锐气无比，且人强马壮，铠坚矛利，拓跋珪初闻燕军伐魏也非常吃惊。

燕军统领、太子慕容宝少而轻浮，无志操。他的继母段氏就曾对慕容垂讲过："慕容宝资质虽雍容华贵，但柔而无断，太平时期能为仁明之主，乱世战时可不是济世救国的雄才。如要托之以国家大业，他不一定能承负得起啊。而且，赵王慕容麟奸诈任性，总有看不起太子的意思，恐怕以后要弄出事端。"段后一番忠言，慕容宝登基后马上派慕容麟逼迫这位母后自杀。段氏临死怒骂："你们兄弟连母后都逼死，怎能保国家。我不是惜死，只是想我们燕国临灭亡也不久啊。"

然而，慕容垂没能听得进贤后和大臣之言，仍派慕容宝率兵灭魏，也想让这位太子兵胜立威，日后更顺理成章地承继帝位。其间，燕国大臣湖谏劝："魏国与燕国世为婚姻通好。为了索要马匹我们不让拓跋珪的弟弟回国，本来就理亏在我。加之拓跋珪沉勇有谋，从小就历经艰难，志气果锐，现在他手下兵精马壮，不是容易战胜的对手。我们的太子年纪太轻，现在让他专任一方统帅，他肯定会轻视魏军，万一得不了胜，可能会严重损毁威望！"

北魏登国三年、东晋太元三年（公元388年），魏王拓跋珪暗中有

图谋后燕的野心，派遣九原公拓跋仪担任使者来到后燕都城中山。后燕国主慕容垂盘问他说："魏王为什么不自己来？拓跋仪说："我们的先王与燕国的祖先曾经一起为晋朝的帝室做事，世世代代情同兄弟。我今天奉使前来，在情理上没有失误。"慕容垂说："今天我的威望，已经传播影响到四面八方去了，怎么能够与过去相比呢！"拓跋仪说："后燕如果不遵守道德，不循奉礼仪，而只打算依靠军事威力使自己强大，那只是将帅们的事情，不是我这个作使臣的人所知道的。"拓跋仪回国后，对拓跋珪说："后燕国主慕容垂已经年老体衰，太子慕容宝又庸碌懦弱，范阳王慕容德对自己的才干气质非常自负，绝不是将来少主的臣下。慕容垂一旦死去，内部一定会发生争斗，到那个时候才可以图谋他们，但现在还不行。"拓跋珪对他的看法大为称赞。

北魏登国四年、东晋太元十四年（公元389年）二月初九，魏王拓跋珪攻击吐突邻部，将他们打得大败，又强行将这个部落全部迁走，才班师回朝。北魏登国六年、东晋太元十六年（公元391年），贺兰部落的贺染干准备谋杀亲哥哥贺讷，贺讷得知后派兵攻打。魏王拓跋珪将这个消息告诉后燕，请求担任向导并带兵去讨伐他们。二月，后燕国主慕容垂派遣赵王慕容麟带领部队去袭击贺讷，又派兵去袭击贺染干。随后，后燕在牛都（今内蒙古呼和浩特西南）将贺染干的部队打败。

六月初三，后燕赵王慕容麟在赤城（今内蒙古克托克）大破贺讷的部队，活捉了贺讷。后燕国主慕容垂命令慕容麟将贺讷送回他的部落，并把贺染干迁移到中山去。慕容麟回来后，告诉慕容垂说："我观察拓跋珪的一举一动，他终究要成为我们的祸患，不如强行让他前来都城，让他的弟弟代他处理魏国的大事。"慕容垂没有答应。七月，魏王拓跋珪派遣他的弟弟拓跋觚到后燕去进贡晋见。后燕国慕容垂年老体衰，他的子弟掌权，扣留拓跋觚，要求拓跋珐用好马来赎。魏王没有给他们良马，于是便和后燕断绝了交往。拓跋珪派使节长史张兖去向西燕请求和好。拓跋觚逃走，又被后燕太子慕容宝追上抓获，慕容垂对待他仍与过去一样。

北魏登国九年（公元394年），拓跋鲜卑内部才采取类似汉人屯田制的“分土定居”。随着道武帝四出征讨的节节胜利，大部慕容鲜卑、中原汉人、“高丽杂虏”等等各族人均被北魏迁至塞上，这些人被北魏政府给以耕牛，计口授田，为拓跋鲜卑军队提供兵源以及军粮。渐渐地，拓跋鲜卑从氏族形态转变为地域形态，日益仿效中原汉族政权形式，奴隶制形式慢慢转化，军事贵族也渐渐成为汉地郡县制的统治类型。恰恰是拓跋鲜卑制度的“汉化”和兼收并蓄的灵活化，田租户调日益成为拓跋北魏的主要统治形式，原来的鲜卑军事贵族，都逐渐成为类似中原汉族的“大地主”。由此，奠定了日后大魏的强大的经济、政治基础。

北魏登国十年、东晋太元二十年（公元395年）四月，魏王拓跋珪背叛后燕。五月，后燕国主慕容垂派遣太子慕容宝、赵王慕容麟统领80000人，从五原（今内蒙古五原）出发讨伐北魏，范阳王慕容德、陈留王慕容绍另外带领步、骑兵18000人作为后继部队。

北魏长史张衮听说后燕的大军即将到来，向魏王拓跋珪献计说：“后燕国被滑台（今河南滑县）、长子（今山西长子）两次战役的胜利冲昏了头脑，这次动员全国的人力物力来进攻我们，是有轻视我们的意思，我们应该表现我们的疲惫孱弱，以使他们更加骄纵，我们便可以攻克他们了。”拓跋珪听从了他的计策，命令将所有的部落的牲畜资产全部迁到黄河以西1000多里以外的地方去躲避。后燕军队来到五原，收降了北魏其他部落的居民30000多户，收割杂粮100多万斛，在那

里设置了黑城（今内蒙古额济纳旗达赖库布镇东南），然后将大军开进到黄河边，打造船只，准备渡河用具。拓跋珪派遣右司马许谦去向后秦请求援助。

八月，魏王拓跋珪在黄河南岸整顿自己的队伍。九月，将部队开到黄河边。十月，进军于岸边。慕容宝整军准备渡河决战，忽然暴风大起，数十艘军船漂往南岸。魏国俘获燕军甲士300多，但全部释放，让他们归回燕军阵垒。慕容宝出发时，慕容垂已经得了重病。到五原后，拓跋珪派人在路上截守，把燕国所有往来的使者尽皆抓获，他让军士押着这些人隔河对慕容宝大喊："你父亲已经死了，还不早点回去争位！"慕容宝等人非常忧恐，兵士们心中骇动。魏、燕两军相持几十天，赵王慕容麟手下将领慕容嵩认定老皇帝已死，暗中作乱，想杀了慕容宝拥护慕容麟为皇帝，自己抢个新皇功臣的功劳。事情败露，慕容嵩等被杀，慕容宝、慕容麟兄弟两人暗中也互相猜疑。

十一月，燕军烧船夜遁。当时，黄河尚未结冰，慕容宝认为魏军没有船不能追击，就不设断后掩护的军队，慢慢后撤。十二月，寒流忽至，一夜暴风，黄河结冰。拓跋珪亲自引兵从冰上过河，不带辎重，只选精兵两万骑急追燕军。燕军行至一个叫参合陂的地方，忽遇大风，黑气如堤，自后而前，飘忽于军营之上。此时，随军的和尚劝慕容宝："风气暴迅，可能魏军要追上我军，应该派兵防御。"慕容宝认为已经离魏军很远，没有答应。和局坚持要派兵御卫。慕容麟一旁大怒："以殿下神勇，兵士强盛，足以横行沙漠，魏军怎么敢追击我们！再妄言惑众，定斩不饶！"和尚又急又气，谏道："苻坚以百万之众，败于淮南，还不是因为恃众轻敌啊。"司徒慕容德劝慕容宝派兵护卫，不得已，慕容宝派3万军士殿后。燕军派出的巡逻兵也大不以为然，他们骑行十多里地，就各自跳下马鞍躺在地上睡觉。魏军晨夜兼行，4天后，于夜幕中到达参合陂西面。

当时，燕军在参合陂东面的蟠羊山水边扎营。拓跋珪连夜分派诸将，马束口，兵衔枚，偷偷逼临燕军。日出时，燕军起营将要东还，回头猛一望，忽然瞧见山上像鬼神一般静静站立的魏军，顿时大惊扰乱。拓跋珪纵兵击之，自山而下冲杀，燕兵赴水淹死的、被人马践踏而死的就有万余人。

北魏军迎前堵住刚刚游过河的燕军，四五万燕军一时愣住，都放下兵仗束手就擒。最终，燕军四散逃走，所剩不过几千人。太子慕容宝、赵王慕容麟等人因所骑的马好才得以单骑逃出。燕国陈留王慕容绍等数千将吏，不是被杀就是被俘。魏王拓跋珪挑选了有才的燕国兵将后，想对被俘的四五万魏军派发衣粮遣还。有人劝道："燕国强大，现倾国而来攻打我们，我们侥幸大胜，不如都把这些人活埋掉，那么燕国就空虚易取了。"拓跋珪听此言有理，就把近5万燕兵全部活埋。这也是中国历史上的一件大事。秦将白起在长平"坑赵卒四十万"，楚霸王项羽坑投降秦军二十万，唐朝名将薛仁贵活埋铁勒军十三万。古人一直认为"杀降不祥"，白起最后被秦王迫逼自刎，项羽自杀于垓下，道武帝拓跋珪被儿子杀死，唯独薛仁贵于七十之年善终。（"坑杀"，有人也解释为先杀后坑，即对手无兵器者进行集体屠杀。）逃窜回国的太子慕容宝深以参合陂兵败为耻，劝慕容垂让他再次统兵击魏。慕容德也劝慕容垂："魏国专败太子，陛下您应该亲自挂帅伐魏，以免后患。"怒极之下，慕容垂召集各处精兵，准备转年大举击魏。

公元396年，慕容垂以古稀之年，皇帝之尊，不得不亲自率兵攻打。慕容垂引兵密发，越过青岭，经天门，凿山通道，出其不意，直奔云中。驻守龙城的魏将拓跋虔认为燕军新败，毫不畏惧。不料，燕军从来未打过败仗的隆城兵勇锐争先，直攻平城。拓跋虔一战被杀，部下皆降。魏王拓跋珪当时想马上从都城逃跑，而且当时属下诸部落听说拓跋虔战死的消息，都怀有二心。

拓跋珪又急又怕，不知能往哪个地方逃窜。就在这个时候，燕军经过参合陂，见到积骨如山，残尸遍野，被活埋杀掉燕军的父子兄弟见此惨状，放声大哭，声震山谷。慕容垂悲从中来，积愤吐血，在距平城30里的地方旧疾复发。10天后，慕容垂死于军中。拓跋珪想引军蹑追，但他又怕慕容垂假死，于是退至阴山等候消息。慕容宝听说父皇驾崩，慌忙退军，至中山即位。登上皇帝之后，燕国国势不判而知。

北魏登国十一年、皇始元年、东晋太元二十一年（公元396年）七月，北魏的文武大臣一致劝说魏王拓跋珪自称尊号，开始制作天子才用的旌旗，出入时戒备森严，清除道路，禁止行人通行，改年号为皇始。

八月，拓跋珪亲率40万大军伐燕。魏军南出马邑，络绎两千余里，鼓行前进，民屋皆震。九月，魏王拓跋珪夺取了并州，第一次设置了朝廷办事机构，安排刺史、太守、尚书郎等以下的官吏，完全用读书人担当这些职务。士大夫到军营门口拜见，无论年龄大小，他都礼让到营中尽心抚慰，使他们每个人都能畅所欲言，只要稍稍有一些才能和可用之处，都加以任用。十九日，拓跋珪派遣辅国将军奚牧去攻取汾川。

第二年二月，拓跋珪败燕国冀州刺史，进至信都。公元397年二月下旬，拓跋珪扎营于巨鹿，晚间，忽然被慕容宝的军队偷营成功，大火烧及行宫。天亮后，魏国将士缓过神来，列队成行，以骑兵攻击慕容宝军队。燕军大败，万余人被斩首，又有十二三万将士逃入山中忽遇大风，冻饿而死。慕容宝一路败阵下来，中间子侄兄弟还相互攻杀，这位燕朝皇帝四处流浪，惶惶如丧家之犬。公元398年，他被自己的舅舅诱杀于龙城。至此，后燕在北中国已不是北魏的对手了。

北魏皇始三年、东晋隆安二年（公元398年）十二月初二，魏王拓跋珪正式登皇帝位。实行大赦，改年号为天兴。他命令朝廷内外所有官员、百姓都必须将头发系在一起，再戴上帽子。他将很遥远的祖先拓跋毛以下的27个人都追尊为皇帝；尊奉六世祖拓跋力微谥号为神元皇帝，庙号始祖；尊奉他的祖父拓跋什翼犍为昭成皇帝，庙号高祖。他将6州22郡的官员和豪族大户2000多家迁移到代都居住。将东至代郡（今河北蔚县），西至善无（今山西右玉），南至阴馆（今山西代县），北至参合陂地区，全部划入京畿范围之内。

不久，后燕分裂为辽东的北燕和山东的南燕两个小国，慕容氏至此一蹶不振。

北魏天兴二年、东晋隆安三年（公元399年）正月十三日，魏帝拓跋珪去北方巡视，分别命令准备袭击高车部落。二月初一，北魏北征的军队将高车的30多个部落打得大败，卫王拓跋仪另外带领3万将士深入沙漠1000多里，攻破了高车的7个余部，高车的各个部落非常震惊、恐慌。三月初八，拓跋珪将原尚书36曹以及一些京外官署整理划分为360曹，派设八部大夫主管。吏部尚书崔宏负责统领原来的36曹，像令、仆射那样管辖事务。又设置了五经博士，增加国子太学生的名额，共达3000人。

拓跋珪向博士李先询问说："天下什么东西最好，可以用来补益人？"李先回答他说："没有什么能比得上书籍。"拓跋珪说："书籍一共能有多少，怎么样才能将它们搜集到一起呢？"李先又回答说："自从文字产生，一直到现在，图书的数量每代都有发展增加，已经不可能准确统计了。如果陛下有这方面的爱好，何必忧虑不能搜集呢？"

拓跋珪听了他的话，命令各地郡县大规模索求、搜集书籍，全部送到平城（今山西大同）。

北魏天兴三年、东晋隆安四年（公元400年），当初，拓跋珪纳娶匈奴部落首领的女儿，在所有的后宫妃嫔中，她最受宠爱，生下了儿子拓跋嗣。攻克后燕都城中山（今河北定州）的时候，拓跋珪又娶了后燕前国主慕容宝最小的女儿。拓跋珪准备将她立为皇后，便遵照他们民族部落的传统，铸塑金人以卜问天意。三月初八，拓跋珪正式立慕容氏为皇后。

北魏天兴五年、东晋元兴元年（公元402年），当初，拓跋珐派遣北部大人贺狄干向后秦进献1000匹马，为自己求亲。后秦王姚兴听说拓跋珪已经册立慕容氏为皇后，于是便把贺狄干扣留，拒绝了拓跋珪通婚的请求。因此，后秦、北魏两个国家便产生了矛盾。于是，拓跋珐大规模地检阅自己的军队，并且命令并州的几个郡在平阳（今山西临汾）的乾壁城聚积粮草，用来防备后秦国的进攻。

北魏天兴六年、东晋元兴二年（公元403年）九月，拓跋珪到南平城（今山西大同），在湟（旧）水（桑干河的古称）以南的地方考察规划，打算新建都城。拓跋珪立其子拓跋嗣为齐王，加位相国；拓跋绍为清河王，加征南大将军；拓跋熙为阳平王；拓跋曜为河南王。北魏天赐三年、东晋义熙二年（公元406年）六月，拓跋珪规划设计平城，打算按照邺城、洛阳、长安的样子，扩建宫殿。因为济阳太守有很多精巧微妙的想法，便把他征召来，与他商议宫殿式样以及施工进度等。济阳大军侍奉拓跋珪的时间一长，态度稍稍有些怠慢，拓跋珪大怒，命他自杀。从此，他征发四面八方500里以内的男丁，修筑南宫，宫门高10多丈。另外又挖掘水沟池塘，扩大花园的面积，再按计划建立外城，方圆20里，分别设置市区街道，30天之后完成。

北魏天赐四年、东晋义熙三年（公元407年）二月，拓跋珪册立他的儿子拓跋脩为河间王，拓跋处文为长乐王，拓跋连为广平王，拓跋黎为京兆王。

经过八九年的不断征伐，北魏逐步成为北方强国。

弑弟登位，内和外缉

北魏天赐六年、东晋义熙五年（公元409年），当初，拓跋珪服食寒食散，时间一长，药性发作，他的性情便变得急躁烦闷，喜怒无常。到了这时，病情更加严重。他或者几天不吃饭，或者整夜不睡觉，追忆感怀自己一生来的成功与失败、所得与所失，不停地自言自语。他怀疑大臣们和左右的侍从护卫都是不可相信的，每当文武百官上前启奏国事，他都往往想起启奏者过去的错误和罪过，并将其杀掉。其余的人，如有面色稍变，或话语出现错差的，他都会以为是心中有鬼、居心不良才表现在外表上，所以往往将他们赐死。

这样一来，朝野人心骚动，各怀忧惧。拓跋珪年轻时，在贺兰部见到自己母亲贺兰太后的妹妹很漂亮，就对母亲说明心意，要娶小姨为妻（拓跋珪部起自沙漠，礼仪人伦不同于汉族）。当时贺兰太后坚决答拒绝："不行！我这个妹妹太过于漂亮了，必有不善不吉的兆头。而且她

已经嫁人了，不能夺抢别人的妻子。”于是拓跋珪秘密派人杀掉贺兰氏的丈夫，纳之为妃，生下清河王拓跋绍。拓跋绍自小就凶狠无赖，喜欢打劫行人，荒悖无常。拓跋珪很生气，曾经把他吊在井里，垂死之时才放他出来。齐王拓跋嗣多次教训责备他，拓跋绍从此与拓跋嗣的关系很不协调。

此时，朝廷中人人觉得朝不保夕，文武百官苟且偷安，根本不考虑互相之间监督勤政的事，所以国内强盗贼寇公然作案犯法，都城的大街小巷中间，行人稀少。拓跋珪也知道这种情况，说：“我这不过是故意放纵他们罢了，等到过了这个灾年，我再重新清理整治这些吧。”当初，北魏太尉穆崇与卫王拓跋仪，布下埋伏全副武装的兵士，阴谋刺杀拓跋珪，没有成功。拓跋珪惋惜穆崇、拓跋仪过去的赫赫战功，于是将此事压下，没有追查。到了拓跋珪有病之后，杀了许多大臣，拓跋仪担心自己难逃一死，逃亡外地，被追上抓获。八月，命令拓跋仪自杀。

拓跋珪准备册立齐王拓跋嗣为太子。按照北魏历史上的传统习惯，大凡立继承王位的人选的时候，要将他的母亲事先杀死。于是，拓跋珪便令拓跋嗣的母亲刘贵人自杀。拓跋珪召见拓跋嗣告诉他说：“汉武帝杀死钩弋夫人，用来防止母后将来干预朝政及外戚家族作乱。你应当继承国家大业，所以我效法古人的作为，是为了国家的长久之计啊！”拓跋嗣生性孝顺，悲哀涕泣，不能自已。拓跋珪为此大为恼火。拓跋嗣回到住处，整天整夜地哭号悲泣，拓跋珪听说之后又召他进宫去。左右的侍从告诉拓跋嗣说：“皇上非常气愤，你如果进去的话，结果恐怕不好预测，不如暂时回避一下，等皇上的怒气平定之后再进宫。”拓跋嗣于是逃到外面藏了起来。

十月十三日，拓跋珪责骂贺夫人，并将她囚禁起来，要杀掉她，正好赶上天黑了，才没有决定。贺兰妃派人向儿子拓跋绍求救。当时这位小王爷才16岁，凶猛性格酷似其父，夜里与宦官宫人密谋，跳过宫墙，入天安殿。周围侍者惊呼“有贼”，拓跋珪四处摸索半天也找不到弓刀，被冲进来的逆子拓跋绍一刀杀死，时年39岁，在位共24年。

拓跋珪自16岁复国，积极扩张疆土，高柳城（今山西大同阳高南25里白登村）败拓跋窟咄、弥泽湖（今山西朔州马邑南）大破刘显、千里袭柔然、渡河灭匈奴、北攻高车（今蒙古乌兰巴托一带）、饮马北海、虎步中原、大破后燕，战功赫赫。北魏永兴二年、东晋义熙六年（公元410年）九月初五，朝廷将拓跋珪安葬在盛乐的金陵（今内蒙古和林格尔城南），谥号宣武，庙号太祖。泰常五年（公元420年），改谥号道武。时人与后人评价：（北齐）魏收《魏书》：“太祖（拓跋珪）显晦安危之中，屈伸潜跃之际，驱率遗黎，奋其灵武，克剪方难，遂启中原，朝拱人神，显登皇极。”又：“北魏名臣（汉人）张衮：‘主上（拓跋珪）天姿杰迈，逸志凌霄，必能囊括六合，统一四海。夫遭风云之会，不建腾跃之功者，非人豪也。’”又：“帝（拓跋珪）有高天下之志，兴复洪业，光扬祖宗者，必此主也。”

十四日，宫门到中午也没有打开。拓跋绍谎称奉诏书，把文武百官集合在端门之前，面向北方而立。拓跋绍从门缝中对百官们说：“我有叔父，也有哥哥，你们打算听从谁的？”大家全都大惊失色。很长时间后，南平公长孙嵩等说：“拥护大王。”众人才知道拓跋珪已死，但是又不明白死的原因，所以没人敢出声，只有阴平公拓跋烈放声大哭，转身离去。

于是，从朝廷到民间议论纷纷，都各有打算。拓跋绍听说人心不定，便拿出大量的绸缎布匹，分别赏赐给王公以下的官员，希望以此收买人心，只有崔宏不接受。这个时候，齐王拓跋嗣听说都城发生事变，于是从外地赶回，白天藏在山里，晚上住宿在王洛儿家。王洛儿的邻居李道暗中给拓跋嗣供应食物。百姓有很多人都知道了这件事，高兴得奔走相告。拓跋绍听说之后，逮捕了李道，并把他杀了。拓跋绍收买人到处打听拓跋嗣的下落，打算杀了他。叔孙俊与皇家宗族比较疏远的一个亲属拓跋磨浑说他俩知道拓跋嗣藏身的地方。拓跋绍便派手下的两个亲信和他们一起前往。叔孙俊与拓跋磨浑出城以后，便抓住那两个人前去拜见拓跋嗣，并将两人杀了。王洛儿为拓跋嗣多次往来平城，与各位重要的大臣取得联系，夜里又禀告安远将军安同等人。文武官员们听说了拓跋嗣的消息后，纷纷起来响应他，争先恐后地出城迎接。拓跋嗣来到城西，皇宫卫士抓住了拓跋绍，押送给他。拓跋嗣杀掉拓跋绍和他的母亲贺夫人，并诛杀拓跋绍手下武士以及作内应的宦官，共十几人。

同年十月十七日，拓跋嗣即帝位。是为明元帝。拓跋嗣登国七年（公元392年）生于云中宫，自小明睿宽毅，非礼不动。天兴六年（公元403年），封齐王，拜相国。拓跋嗣被立为太子之前，其母刘贵人即按北魏后宫旧例，被道武帝拓跋珪赐死。拓跋嗣知道后悲伤不已，因而被道武帝怒斥出宫。

拓跋嗣即位之后，下令实行大赦，改年号为永兴。追尊刘贵人为宣穆皇后，原来被罢官回家、不参预朝廷政务的公卿们，全部召集回来任用。下诏命长孙嵩与北新侯安同、山阳侯奚斤、白马侯崔宏、元城侯拓跋屈等八人坐在皇城止车门的右首，一起仲裁国家的朝政，当时的人称他们为“八公”。拓跋嗣任命王洛儿为散骑常侍，任命叔孙俊为卫将军，任命拓跋磨浑为尚书，并把他们全部封为郡公或者县公。拓跋嗣向老臣们询问，先帝最信任和赏识的是谁，王洛儿说是李先。拓跋嗣便将李先召来问道："你因为什么才能什么功劳被先帝知遇？"李先回答说："臣下既无才能又无功劳，只是因为忠诚正直才为先帝厚爱罢了。"拓跋嗣便下诏任命李先为安东将军，常让他住在宫内，以备随时向他征询意见。

北魏永兴二年、东晋义熙六年（公元410年）正月，拓跋嗣因为郡县之中的土豪劣绅大多数都是百姓的祸患，便用措辞缓和的诏书征召他们全部来京。这些豪民留恋故土，不愿迁往都城，而郡县的官吏又逼迫他们前来。于是，有一些无赖的年轻人便逃出家乡聚在一起。因此，到处强盗、贼寇蜂起。拓跋嗣召见八公议论这件事说："我打算为民除害，但地方官吏却不能对他们平安抚慰，反倒迫使他们纷纷起来叛乱。现在，犯法的人既然已经很多，又不能将他们全杀掉，因此，我想下令大赦，以此使他们安心，怎么样？"元城侯拓跋屈说："百姓逃亡出去做了强盗，不治他们罪反而赦免，这是在上的人反过来求在下的人了，不如杀了他们为首作恶的，把那些党羽赦免。"崔宏说："圣上统御人民，目的就是要让他们安定，不是要和他们比赛谁胜谁负。因此大赦虽然不是最好的办法，却可以通达权变。拓跋屈打算先杀后赦，关键在于两个步骤缺一不可，哪里比得上大赦一次就将他们平定了呢？大赦之后，如果有人不从，再杀也不晚！"拓跋嗣接受他的意见。

二月初，派兵10000人讨伐不听从大赦命令、仍然叛乱的人，所到之处，全部平定。五月，北魏长孙嵩征讨柔然，到了大漠以北才回来，柔然军在牛川追上长孙嵩部队并将他们包围。二十一日，拓跋嗣向北进军攻击柔然。

北魏永兴四年、东晋义熙八年（公元412年）七月初一，拓跋嗣巡

视东方，设置了四厢大将、十二小将等官。任命山阳侯奚斤、元城侯拓跋屈担任左、右丞相。北魏永兴五年、东晋义熙九年（公元413年）四月二十一天，拓跋嗣向西巡视，下令，袭击周边部落。十一月，拓跋嗣派遣使节到后秦去求亲。后秦王姚兴答应了。

北魏神瑞元年、东晋义熙十年（公元414年）正月初一，北魏实行大赦，改年号为神瑞。北魏博士祭酒崔浩给拓跋嗣讲解《易经》和《尚书·洪范》，拓跋嗣于是向崔浩询问天文、术数等知识。崔浩占卜的结果大多数都应验了，从此，他得到了拓跋嗣的宠信，凡是国家的和军事上的秘密计划，他都参预意见。

北魏神瑞二年、东晋义熙十一年（公元415年）十月初二，后秦王姚兴派人护送他的女儿西平公主出嫁到北魏。拓跋嗣以皇后的礼节迎娶了她。但是铸金人没有成功，所以，按照北魏国的传统，她便不能做皇后。拓跋嗣于是封她为夫人，但对她的宠爱和照顾极为优厚。

北魏泰常元年、东晋义熙十二年（公元416年）四月初五，北魏实行大赦，改年号为泰常。当初，拓跋嗣派遣公孙表前去讨伐胡人首级白亚栗斯，说："一定事先通知秦国的洛阳守将，让他们在黄河南岸严密设防，然后进攻他。"公孙表还没有到达，胡人便废黜了白亚栗斯，重新拥立刘虎为率善王。公孙表以为胡人内部勾心斗角、毫不团结，结果一定会失败溃散，于是并不通告后秦的守将，便发动了进攻，被刘虎打得大败，士卒中死伤的人很多。

拓跋嗣与各位大臣商议说："胡人背叛我们，已超过了一年，征讨他们也没有获胜，他们的人数又很多，制造的祸患也一天比一天深。现在又正值盛秋，不可以再次发动军队前去讨伐，以免妨碍百姓收获庄稼，怎么办好呢？"白马侯崔宏说："胡人虽然数量很多，却没有特别称职的大将统辖他们，终究不能成为太大的祸患。公孙表等的几支军队，不能说力量不够，但是他们的军纪法令却不能严格统一，对战机的把握和对事情的处理都有失妥当，因此才导致了失败。我看只要选好一员平时便很有威望的大将带领几百名骑兵，前去统御公孙表的军队，便没有不打胜仗的。相州刺史叔孙建，以前在并州任职，胡人、汉人对他都很害怕敬服，其他将领都赶不上他，可以派他去。”拓跋嗣依从了他的建议，任命叔孙建为中领军，监督公孙表等人去讨伐刘虎。九月，把敌军打得大败，杀死了10000多人，刘虎战死，俘虏了那里的百姓10万多人。

北魏泰常二年、东晋义熙十三年（公元417年）五月二十四日，东晋齐郡太守王懿投降了北魏，他上书北魏朝廷说："刘裕现在在洛阳，应该迅速发兵切断他的归路，可以不战而胜。”拓跋嗣表示赞许。当时，崔浩在前面为拓跋嗣讲解经典，拓跋嗣问崔浩说："刘裕讨伐姚泓，果真能攻克吗？”崔浩回答说："定能攻克！”拓跋嗣问："为什么？”崔浩说："当年姚兴喜欢追求虚名而不做实事，他的儿子姚泓生性懦弱，身体多病，兄弟之间争权夺势，不能团结一心。如今刘裕乘人之危，他的将士勇猛善战，训练有素，有什么理由不能取胜！”拓跋嗣又问："刘裕的才华与慕容垂相比如何？”崔浩说：”刘裕胜过慕容垂。慕容垂凭借父兄的资荫，复兴故有的基业，国人都投靠他，就像夜间的昆虫飞向火光一样，对此稍加凭借，就能轻而易举地建功立业。而刘裕则出身微贱贫寒，没有一尺土地可以凭借，却消灭了桓玄，兴复了晋朝宗室的统治。在北方生擒慕容超，在南方砍下卢循的首级，所过之处，没有敌手，他如果不是才智过人，怎么会这样呢？”拓跋嗣说："刘裕既然已经进入函谷关，一时不能前进，也不能后退，而我们以精锐骑兵

直捣他的老巢彭城、寿春，刘裕将会怎么样？”崔浩回答说：“如今我们西面有夏国赫连勃勃，北有柔然，他们都在时刻准备乘机来攻。陛下既然不能亲自指挥军队，我军虽然有精兵，却没发现有良将，长孙嵩的长处是善于治理国家，短处是不善于用兵，根本不是刘裕的对手。我军大举兴兵远征，看不到实际利益，不如暂且按兵不动，静观事态的发展。刘裕攻克秦国后回国，一定会篡取皇帝宝座。关中地区汉族、戎族杂居一处，民风强悍。刘裕打算用教化荆州、扬州百姓的方法统治函谷关和秦国这一带的百姓，这样做是难以奏效的。希望陛下停止出兵征讨，让百姓休养生息，观察局势的变化，秦国的地盘终究会为我国所有。”拓跋嗣笑着说：“你分析得很周详。”拓跋嗣又问：“赫连勃勃怎么样？”崔浩说：“赫连勃勃当年国破家亡，孤身一人，寄食在姚家门下，接受姚氏的官禄。不但不想报答姚氏的恩情，反而乘人之危，占据一方地盘，与四邻结下了仇怨。像他这样的崛起自我树立的小人，虽然能强大暴虐一时，终究要被别人吞并。”拓跋嗣非常高兴，君臣两人一直谈论到深夜。然而，拓跋嗣还是命令长孙嵩、叔孙建各自挑选精兵备战，如果刘裕再向西部深入，他们则从成皋渡黄河南下，进攻彭城、沛郡。如果刘裕推进很慢，则继续在岸上紧紧跟随。

北魏泰常三年、东晋义熙十四年（公元418年）正月初一，拓跋嗣抵达平城。北魏泰常五年、刘宋永初元年（公元420年）五月初二，北魏变更宣武帝拓跋珪的谥号，改称道武帝。

北魏泰常七年、刘宋永初三年（公元422年）四月初二，拓跋嗣封皇子拓跋焘为太平王，拜授相国，加授大将军；封皇子拓跋丕为乐平王、拓跋弥为安定王、拓跋范为乐安王、拓跋健为永昌王、拓跋崇为建宁王、拓跋俊为新兴王。

此时，拓跋嗣的身体状况日益恶化，他自己深感忧虑。于是派宦官秘密询问白马公崔浩的意见。崔浩说："皇子拓跋焘，年将12岁，聪明睿智，性情温和，以长子立为太子，是礼制的最高原则。"拓跋嗣又征询南平公长孙嵩的意见。长孙嵩回答说："立长为储君，名正言顺，选贤为太子，则人心信服。拓跋焘既是长子又很贤能，这是上天的旨意。"于是，下诏立太平王拓跋焘为皇太子，并让他坐在正殿，处理朝中大事。拓跋嗣又任命长孙嵩及山阳公奚斤、北新公安同等为左辅官，座位设在东厢，面向西方；命白马公崔浩，太尉穆观等为右辅官，座位设在西厢，面向东方，共同辅弼太子。百官则居于左右辅官之下，听候差遣。拓跋嗣则避居西宫，不时悄悄出来，观察太子和辅臣如何裁断政事。他听后非常高兴，对左右侍臣们说："长孙嵩是德高望重的老臣，曾经事奉过4代皇帝，功在国家；奚斤足智多谋，能言善辩，远近闻名；安同通晓世情，了解民间疾苦，处事明达干练；穆观深通政务，能领悟我的旨意；崔浩博闻强记，精于观察天象和民情。用这样6个人来辅佐太子，我跟你们只要巡视四方边境，对叛逆加以讨伐，对臣服者加以安抚，就足以称霸天下了。

在此之前，拓跋嗣听到东晋的太尉刘裕克复长安的消息，大为恐惧，立即派遣使臣请和。从此以后，两国使臣每年互访，来往不断。

北魏泰常七年、刘宋永初三年（公元422年）年秋，南朝宋武帝刘裕病死，拓跋嗣就准备攻伐宋国。崔浩表示异议，认为魏、宋两国几年来一直礼尚往来，没有正面冲突，现在趁丧征伐，不仅理亏，而且不一定成功。拓跋嗣不理会，说："刘裕当年就是因姚兴刚死而灭其国家，现在趁刘裕死亡我攻伐宋国，也是理所当然。"崔浩说："姚兴死后，其诸子相争，刘裕才有机会灭秦。现在，刘裕虽死，其国内军心民心未变，必死力拒战。”

拓跋嗣拒不接受崔浩的意见，授司空奚斤以符节，命他加授晋兵大将军、代理扬州刺史等官职，率领宋兵将军、交州刺史周几，吴兵将军、广州刺史公孙表等，一起向刘宋进攻。他先派奚斤等将率2万人渡黄河，自己随后亲率5万多精骑随后而行。既然战事开始，崔浩建议先略地，后攻城。拓跋嗣又不听，不停派大军猛攻宋国各个坚城，久未能破。拓跋嗣闻之大怒，严厉斥责了奚斤。二十三日，拓跋嗣亲自率领各部落联军5万余人南下，出天关，越过恒岭，声援奚斤。十一月十一天，奚斤终于攻克滑台。

威武雄豪，北方霸主

明元帝拓跋嗣身体本来就不好，御驾亲征之间，一路颠簸，病情更转沉重。北魏泰常八年、刘宋景平元年（公元423年）十一月初六，魏帝拓跋嗣去世，终年32岁，在位15年。十二月初八，北魏在金陵安葬了拓跋嗣，谥号明元帝，庙号太宗。明元帝礼爱儒生，好学谦虚，采集经史，隆基固本，内和外缉，可以称得上是北魏开国以来较为仁厚的守成之主，也是北魏初期一个重要的过渡性的帝王。

拓跋嗣去世之后，拓跋焘继位，是为北魏太武帝。拓跋焘出生时，体貌瑰异，当时的道武帝拓跋珪称奇大悦之，叹道：“成吾业者，必此子也！”

太武帝始光元年（公元424年）八月，北方的敌国柔然听说魏国明元帝死，急遣6万铁骑突入云中（今内蒙古和林格尔西北），杀掠吏民，攻陷代国旧都盛乐。此时的柔然也逐渐形成了一个东起外兴安岭、西至阿尔泰山、北括贝加尔湖、南到大漠的强大农奴制游牧帝国。在相当长的时间内，柔然一直是北魏在北方最主要的敌人。拓跋焘勃然大怒，亲率一支轻骑兵去救，三天两夜直奔盛乐。柔然仗着兵多势众，把拓跋焘团团围住，两军短兵相接。拓跋焘沉着应战，射杀了柔然大将纥升盖的侄子。此时，柔然的兵士围住魏兵打了许久也没有什么成果，柔然首领纥升盖可汗不愿恋战，于是便撤兵走了。当年十二月，拓跋焘派长孙翰等领兵攻柔然，自己坐镇平城指挥。此一战掳获大量人畜，柔然败走漠北。太武帝始光二年（公元425年）十一月，拓跋焘亲自率军，分五道征伐柔然，越过大漠直击柔然腹地，最终打得纥升盖部落离散，大败而逃，好长时间，他都不敢兴兵窥边。

打败柔然之后，拓跋焘又率领大军西攻赫连。太武帝始光二年、宋文帝元嘉二年（公元425年）九月，夏国国主赫连勃勃暴死，这位赫连勃勃，就是曾帮助前秦苻坚灭掉什翼犍代国的匈奴酋长刘卫辰唯一幸存的儿子。所以，赫连勃勃本来应该叫“刘勃勃”。

刘勃勃身材魁伟，高八尺五寸，姿容秀丽。到后秦后，后秦的皇帝姚兴一见就很喜欢他，让高平公没弈于收留他。没弈于被刘勃勃的相貌所打动，把自己的女儿嫁给他做妻室。姚兴下诏委任勃勃为安北将军，配以鲜卑族两万余户，帮助没弈于镇守朔方。过了几年，贪暴无情的刘勃勃就杀掉没弈于，并领其众，自称大夏王，自立为国。至此，刘勃勃改姓为“赫连”。刘裕攻灭后秦后，赫连勃勃乘刘裕回朝时大破晋军，大败刘义真，积数万人头为京观，号为“骷髅台”。同年，他称帝。

赫连勃勃视民众如草芥，在大夏国制造兵器的匠人命运悲惨。制弓的匠人献弓，如果射甲不透，立杀；如果射甲透入，马上把制作铠甲的匠人杀头。循环往复，反正难逃一死。赫连勃勃常常喜欢坐在城上，置弓刀于侧，随便看谁不顺眼就杀掉谁。在长安时，赫连勃勃征隐士韦祖思入朝为官。韦祖思知道勃勃残暴成性，见面时赶忙诚惶诚恐地下拜，孰料，这一礼貌的举动也惹得赫连勃勃大怒，说：“吾以国士征汝，奈何以非类处吾！汝昔不拜姚兴，何独拜我？我今未死，汝就不以我为帝王，吾死之后，汝辈弄笔，当置吾何地。”随即，韦祖思也被杀死。

赫连勃勃晚年更加荒淫残暴。敢有进谏者，一律先割舌头然后处斩。于是，“夷夏嚣然，人无生赖。”虽如此，赫连勃勃有着赫赫武功，史臣记载：“然其器识高爽，风骨魁奇，姚兴睹之而醉心，宋祖（刘裕）闻之而色动。岂阴山之韫异气，不然何以致斯乎？”赫连勃勃原来的太子是赫连璝，胡人喜幼子，他后来想立小儿子赫连伦。赫连璝恼怒，兴兵攻杀弟弟赫连伦。赫连勃勃第三子赫连昌闻讯，立刻提兵杀掉赫连璝。赫连勃勃一高兴，就立赫连昌为太子。赫连勃勃死后，赫连昌即帝位。听闻赫连勃勃死讯，拓跋焘就召集众臣，商议攻伐夏国的事情。

魏国宗室勋贵们大多力主先伐柔然，然后再伐夏国。独崔浩表不同意见，认为：“柔然鸟集兽遁，举大众追之不能及，轻兵袭之不足以灭敌。赫连氏土不过千里，政刑残虐，人神共愤，宜先伐之。”拓跋焘从计。北魏始光三年（公元426年），他先派奚斤率4万多大兵突袭蒲阪，然后，又自率大军继后，直扑夏国。到达君子津，天寒冰结，拓跋焘自率两万轻骑渡河直袭统万。夏主赫连昌出城迎战即败，退入城内。魏军在周围杀掠一番，获牛马十余万，扬长而去。同年夏天，拓跋焘再次自率轻骑3万再扑统万城。到了城下，魏人知道攻城最难，就把老弱残兵绕城示弱，把精兵埋伏于深谷之间。夏兵中计，马上鼓噪出城追击。当时，正好有风雨从统万城方向顺风朝魏军而来。拓跋焘的亲信太监赵倪劝道："现在天不助人，风雨方向正和我军相逆，冲杀看不清，将士又饥渴，不如陛下您率兵躲躲，来日再战。"崔浩在一旁叱道："我军千里制胜，正是掩袭不意，怎能改变主意？"拓跋焘深以为然，挥兵迎前。混战中，拓跋焘身中流箭，战马受伤倒地。随后换马再战，并且亲手刺杀骑兵十余人，击杀夏国大将一名。魏军乘胜追夏主到城北，赫连昌来不及入城，奔逃上邦。拓跋焘只率少数几个从人直追入城，沿路砍杀。夏兵发觉，紧闭四门。忽然发现北魏士兵没有来得及跟上，后无援兵，拓跋焘等几人慌忙用妇人裙子当作绳索，顺到城墙下，才逃出城外。跳落城外的拓跋焘马上指挥大军攻城。一会儿功夫，魏军乘乱突入，统万城陷落。魏国军人尽俘夏国王公后妃，获马30万匹，牛羊数千万头，珍宝无数。

天亮后，拓跋焘进城，看着穷极文采、雕梁画栋的台榭，再摸摸坚硬得可以磨砺刀斧的统万城墙，他叹说："蕞尔小国，使用民力至此地步，怎么能不亡国？"赫连昌退保平凉，大势已去，不久即被魏军生擒，送往魏国。拓跋焘见赫连昌体貌不凡，惺惺相惜，竟把妹妹始平公主嫁给他，封其为会稽公，常带他一起涉山越谷打猎游玩。赫连昌虽是被擒败亡之主，素有勇名，力大善射，魏国群臣皆劝拓跋焘提防他。拓跋焘不以为意，说："天命有在，亦何所惧？"赫连昌被俘后，赫连勃勃的第五子赫连定自立为帝。他率残军不断袭扰魏军，并一度俘获北魏名将奚斤等人。后来，赫连定袭击西秦国主乞伏暮末。乞伏暮末当时被

北凉沮渠氏打得厉害，已经向北魏投降。他和手下军队接受北魏封爵，向魏人指定的平凉方向集合，后遇见了赫连定。赫连定军大败乞伏暮末，并且临阵杀掉了北凉国主。拓跋焘闻讯，立刻亲率大军去攻伐。赫连定向河西方向逃窜，在黄河边却被鲜卑另一个旁支吐谷浑偷袭，大军战败，赫连定也被活捉。赫连定被送至拓跋焘处后，当即被拓跋焘斩杀。又过了几年，已获封为北魏秦王的赫连昌想趁机出逃，被魏国守将杀死。拓跋焘大怒，把他先前被俘的几个弟弟全部杀死。至此，赫连一族被诛杀殆尽。

太武帝拓跋焘灭亡夏国之后，决定彻底肃清柔然的残余势力。经过连年战争，朝廷内已有疲惫之意，大臣和后宫们都劝太武帝停止北征。他们的理由是："柔然的土地是荒外无用之物，并且对大魏无法构成威胁，何必劳师远征。"唯独崔浩一人力主拓跋焘北击柔然："柔然乃我大魏北边叛隶，今诛其恶首，收其善民，复旧役，非无用也。漠北高凉之地，水草丰美，夏则北迁。田牧之地，非不可耕而食也。高车之族，号为名骑，非不可臣而畜也。如以南人（汉人）追之，则患其轻疾难及。但于我国兵（魏军）则不然。柔然军能远遁，我大魏兵也可远逐，与之进退，非难制也。而且，柔然数年入境侵边，民吏震恐。如果今夏不乘虚掩进，破灭其国，后必为患复来！"拓跋焘大意已决。

朝臣知道帝意已决，都不敢再辩。下朝后，好多人纷纷指责崔浩："当今吴贼（宋国）南寇，却舍之北伐。北面柔然逃遁远踪，后有吴人攻至，至危至险。"崔浩胸有成竹，朗声言道："根本不用顾虑宋国。今年不摧灭柔然，则无以御南贼（宋国）。先前击柔然，宋国也欲击我大魏，往还之间，不见其来。为什么呢？正是他们旧伤未愈阿！当年刘裕得关中，留其爱子，精兵数万，良将劲卒，犹不能固守，举军尽没。

嚎哭之声，至今未已。现在，我大魏强盛，又灭夏国，宋人怎敢以驹犊饲虎口？柔然方面，自恃绝远，认为我大魏力不能至，没有任何警戒之心。因此，他们夏天散众放牧，秋天马肥而聚，背寒向温，南来寇袭边境。如果出其不意，攻其不备，大军猝至，定令其惊骇星散，望尘奔走，可趁其虚敞，一举而灭。正可谓是暂劳永逸，长久之利！”众人无言以对。魏国大将、重臣，皆随拓跋焘伐柔然。

道士寇谦之和崔浩关系密切，将随皇帝征讨，心怀疑虑，就问：“此次军行，真能打胜吗？”崔浩说：“必克无疑！但恐诸将猥琐，前后顾虑，不能乘胜深入，可能未必会得全胜。”

当年四月，北魏军再度轻师远征深入漠北，大破柔然，柔然首领纥升盖下落不明，魏军获降人30多万，牛马牲畜无数。回军途中，魏军得知：柔然主惊惧生病，身边只有数百从人，躺在车上窜入山中逃亡。其属下残余兵民无人统驭，乱哄哄散行，方圆60里，兵民相杂。当时，魏军追兵，其实距这些残兵败民才180里路程。正是由于魏帝下令停止不追，柔然余众才得以逃出生天。不久，来往凉州一带跑买卖的胡人又带来消息证实了上述传言，说魏军“若复前行二日，则尽灭之（柔然余众）矣”。拓跋焘知此，非常后悔。大军还至平城，南方的宋国也根本没有一兵一卒出击，完全同崔浩所料相符。此后，拓跋焘对崔浩言听计从，并敕令各位尚书大臣：“凡军国大计，卿等不能决，皆先咨询崔浩，然后施行。”此战之后，原来西域受柔然控制的龟兹、疏勒、乌孙、鄯善、焉耆等国都派使者与魏往来，中国与西域地区的交流恢复。青海地区的吐谷浑早在夏国灭亡之后也遣使归附。后来，拓跋焘在公元443年和449年两次亲征柔然，打得柔然节节远遁，基本不敢主动侵扰魏境。同时，拓跋焘继续巩固道武帝时代设置镇戍，修筑长城，绵延3000

多里，设置六镇，迁柔然、高车降附民众于其中，形成了一整套严备的边戎制度。他派出吏员，积极戍守。当然，最后北魏灭亡，也是因为六镇起义。

太武帝延和元年（公元432年），北魏攻北燕，破县无数。第二年，燕国国主冯弘火烧宫殿，逃往高丽。北燕灭亡。

北燕当时的国主姓冯，不是鲜卑族，而是汉人。后燕慕容垂死后，他的儿子慕容宝就一直被北魏当时的道武帝拓跋珪追着打，逃至龙城。后来，后燕宗室自相残杀，慕容宝的舅父兰汗心怀野心，假装救援，迎慕容宝入龙城。慕容宝不疑，入城后即被兰汗谋杀。这位兰汗先后杀掉慕容宝的太子慕容策及宗室、王公大臣100多人，自己做起了皇帝。慕容宝有个庶长子慕容盛，闻听父亲被害，竟然敢只身返回龙城为父吊丧。慕容盛为了活命，假装谦恭，暗中一直准备复仇。他先是联系兰汗的一名外孙、自己的堂侄慕容奇做内应，又拉拢宫中卫士，暗中积聚力量。同时，他不断挑拨兰汗与两个兄弟兰堤、兰难的关系，使几个人反目成仇。兰汗兄弟相攻，慕容盛自然一马当先，把兰堤、兰难打得逃出龙城。兰汗大喜，庆功宴上饮酒大醉。慕容盛乘机下手，斩杀了兰汗父子。接着，他派兵四出追捕，击斩外逃的兰汗二弟，终于为父报仇。慕容盛的堂侄慕容奇本来被派出外结丁零诸族进讨兰汗。听说兰汗已死，慕容奇又想自立，在外拒兵。最终，他也被慕容盛杀掉。

慕容盛称帝后，大败常常袭扰的高丽和库莫奚。但是，这位新帝治下过严，严刑峻法，惹得已故丁太后的侄子等人密结宗亲，率禁卫兵趁夜谋反。政变虽失败，慕容盛却伤重身死，年仅29岁。算算他的在位年数，只有3年。死前，他召叔父慕容熙入朝，托以后事。慕容熙是慕容垂最小的儿子，辈分虽高，却比刚刚死去的侄子皇帝慕容盛还小12岁，时年17岁。当朝的丁太后一直与慕容熙通奸，便下令废掉慕容盛的太子慕容定，立慕容熙为帝。慕容熙一即位，马上杀掉慕容盛的弟弟慕容元，清除了当时不愿意立自己为帝的朝中大臣。转年，慕容熙娶苻氏二女为妃。丁太后与侄子丁信密谋，想废慕容熙另立他人。慕容熙得知消息，杀掉丁信等人，逼丁太后自杀。苻氏二妃是前秦宗室之女，美貌绝伦。慕容熙对二美女非常宠爱，役使数万人，建造花园宫殿，劳民伤财，耗损国力。慕容熙为爱妃不仅建造方圆数里的坟陵，更为荒唐的是为使巨大的灵车出城，他下令拆毁城门。待他哭天抢地地护送灵车出城，禁卫军统领冯跋等人便关闭大门，拥立慕容宝的义子慕容云为主。慕容熙带兵反攻龙城，不克，在逃跑途中被俘，押回城后，被慕容云杀掉，时年23岁。至此，后燕才最终完全亡掉，时为东晋安帝义熙三年（公元407年）。慕容云称帝，也称燕国，但历史上称之为“北燕”，已经不是后燕了。

慕容云原姓高，是高丽人。慕容宝当太子时，喜他武艺高强，收为义子。慕容云当皇帝后，复姓高氏，自称“大燕天王”。他天天大开府库，赏赐众位文臣武将，收买人心，想拿金银财宝买“支持”。冯跋兄弟拥立高云，高云却对冯氏兄弟疑惧提防，便养了一帮壮士在身边，与自己天天“同卧起”，吃饭、穿衣皆与自己同等对待，天天赐以金宝“以慰其心”。这帮贴身侍卫的头目趁议事之机竟把高云当场刺死于御座上。至此，高云在位3年，死时大概36岁。后来，冯跋为众人所推，即位，仍不改国号，因此，从他开始，这北燕便姓冯了。冯跋是汉族人，在位22年，是十六国中比较少见的仁德君主。他轻徭薄赋，崇尚儒学，劝民农桑、息兵止武，使北燕境内人民享受了少有的乱世粗安。公元430年秋，冯跋病危，以太子冯翼监摄国事。冯跋宠妃宋氏，有儿名叫冯受

居，她很想立己子为王，便矫诏禁止太子入内侍病。太监胡福与冯跋之弟冯弘要好，忙把宋氏要谋篡的消息向冯弘汇报。冯弘立刻率兵冲入皇宫，幽囚宋氏母子。眼见乱兵突入寝宫，弥留之际的冯跋惊吓而死。冯弘自立为天王，废杀太子冯翼。随后，冯弘把冯跋多年来与嫔妃所生的儿子悉数杀死。

冯弘即位后，众叛亲离，其长子冯崇等数个儿子竟然也都惧祸，奔亡北魏。太武帝拓跋焘正是在这样的情况下，不停地发兵，北燕十多个大郡均为北魏攻陷吞并。最后，北魏4万大军兵临城下，冯弘只得送子为质，献上美女多人，北魏这才撤兵，临走掳走数千北燕士女。后来，冯弘窜至高丽，被高丽王安置在北丰。后来，冯弘全家老小以及近侍，统统被杀掉。然后，高丽人随便挖个大坑，把这些冯氏宗族都埋掉，其时为宋文帝元嘉十四年（公元437年）四月。至此，北燕灭亡。

太武帝太延五年（公元439年），太武帝率军攻北凉，围困北凉都城姑臧。北凉国主沮渠牧犍出城投降，北凉灭亡。

北凉国主沮渠蒙逊是匈奴人，本是后凉吕光的手下大将。后来，他背叛吕光，拥后凉大臣段业为凉王，史称北凉。沮渠蒙逊为人阴狠毒辣，为了杀死段业，不惜牺牲兄长沮渠男成，诱使段业杀掉沮渠男成，然后借报仇的名义率部众杀掉段业，自立为北凉之主（公元401年）。其后，这位沮渠蒙逊见后秦灭后凉，大惧之下向后秦称臣，不久，他又反悔，结交南凉，一起进攻后秦。而后，蒙逊接着与南凉交战，但被其打得大败，只得送质子求和。其后，沮渠蒙逊重新归附后秦，但只被封为西海侯。之后，他带兵占据了姑臧，并迁都于此。

当时的夏主赫连勃勃听闻蒙逊厉害，派使与之修好，互结婚姻。眼见结亲有利，沮渠蒙逊又与西秦和好，建立姻亲关系。公元420年，穷兵黩武的蒙逊竟也攻入酒泉，灭掉了西凉李氏，尽有凉州之地。最强盛的时候，西域诸小国，均向沮渠蒙逊称臣纳贡。沮渠蒙逊派太子沮渠政德攻打柔然，大败而归，政德也被杀。不久，眼看北魏越来越强，蒙逊就向北魏称臣。拓跋焘封他为凉王，并可以“建天子旌旗”。沮渠蒙逊病死后，其子沮渠牧犍袭位。沮渠牧犍向南朝宋国和北朝魏国均遣使报丧，同时，送其妹兴平公主于魏国，被拓跋焘纳为右昭仪，魏国也加封他为“河西王”。南朝宋文帝当然也厚报其使，加封他为“河西王”。沮渠牧犍自小左右多儒生，深知臣藩之礼，同时孝敬南北两朝。继位之初，他谦恭下士，留心朝政。后骄奢淫逸，导致了北凉最终的灭亡。

当时，北魏太武帝为巩固邦交，便把妹妹武威公主嫁给沮渠牧犍。惧于强势，牧犍只得把发妻、从前西凉国主之女安置于酒泉，以拓跋氏为正妻。牧犍把武威公主娶回来，只礼敬着，却与他的寡嫂李氏奸通。后来，李氏派人往武威公主的吃食中下毒。北魏皇帝派御用“专车”载御医疾驰而至，才挽回性命。大怒之下，拓跋焘要沮渠牧犍交出李氏，牧犍舍不得，送李氏于酒泉匿藏。拓跋焘由此，顿起灭北凉之心。

廷议之时，大臣多反对伐北凉。因为北凉距北魏太远，都听说那里“土地卤薄，略无水草”。司徒崔浩心里明白，他力赞伐凉。他引《汉书·地理志》上面的记载，说：“凉州之畜为天下饶，如无水草，牲畜何以生长。汉人绝不会在无水草的地方修建城郭，可以想见，凉州周遭必非荒凉之所。”尚书李顺曾出使北凉十几次，但李顺前后受沮渠父子金银无数，便反驳崔浩：“耳闻不如目见，凉州周遭荒凉无比，千真万确。”拓跋焘大为犹豫。北魏振威将军伊香发待群臣散后，向皇帝进言：“凉州如无水草，沮渠氏何以建国？众议纷纭，应该听崔浩之言。”拓跋焘一听，深觉有理，遂决议征伐。

太延五年（公元439年）六月，拓跋焘亲率大军出发，列沮渠牧犍十二大罪，分兵两道，大举伐凉。大军之中，已故南凉主的儿子自告奋勇当向导，随后大军出发。八月，北魏大军直抵姑臧。沮渠牧犍在向柔然求救的同时，派兵抵抗，结果大败而归。不久，其侄沮渠祖城逾城降魏。沮渠牧犍只得开城出降，北凉灭亡。

拓跋焘进入姑臧后，亲眼见北凉库府珍宝无数，士民丰殷，心中大喜。庆功宴上，这位雄才帝王叹说："崔公一向智略不凡，他有胜利预见，我不足为奇；伊香发弓马出身，计与崔公相同，真可称奇。"回平城后，拓跋焘忆起李顺先前说凉州荒凉没有水草的谎言，又因李顺定官品不公，把李顺赐死。由于沮渠牧犍是自己的妹夫，拓跋焘饶其一命。带回平城后，令其在武威公主府居住，软禁起来。过了几年，有人告发牧犍与北凉旧臣谋反，拓跋焘便下诏将其赐死。

随着北凉的灭亡，北方各胡汉割据政权全被消灭，一个强大的魏国东起辽东渤海，西至西域流沙，疆域空前广大，北方各族皆纳入北魏统治。至此，长达一百多年的大混战时代——十六国时期终于落下帷幕。

这里所说的十六国指的是前凉、后凉、南凉、西凉、北凉、前赵、后赵、前秦、后秦、西秦、前燕、后燕、南燕、北燕、夏、成汉。割据政权数量繁多，旋起旋灭，看起来异常复杂，实际上有规律可循。以淝水之战为界，前半段先是西晋被前赵灭亡，接着是后赵兴起；后赵被灭之后，北方的前燕趁势南下，氐族前秦兴起，并一举统一北方。淝水之战后，北方重新分裂，相继兴起后秦、西秦、后燕、南燕、北燕、大夏诸国，加上西北的五凉，南方的成汉，一共十六个国家。当然，"十六国"只是个概数，当时还有代国、吐谷浑、冉魏等政权并未计入这十六国。

中原夸父，统一北魏

北魏太武帝拓跋焘晚年暴虐，后来，中常侍宗爱担心太武帝会追究自己诬蔑太子的事情，于是，在一天夜里趁拓跋焘熟睡之际，用绳子将其勒死。

太武帝盛年暴死，先前太子拓跋晃已死，按理应该扶立拓跋晃之子拓跋濬。拓跋濬时年才13。尚书左仆射兰延、侍中和定以及侍中薛提三人并子知太武帝侍被弑，考虑到主少国疑，就先秘不发丧，准备拥立太武帝的第三子东平王拓跋翰，并暗中派人把他唤至宫内密室之中。薛提中间又变卦，觉得皇孙拓跋濬乃世嫡，按理应立。如果立秦王，恐怕消息传出后会引发动乱。这几个朝臣无断，商量来商量去，消息慢慢被宗爱侦知。宗爱和秦王拓跋翰关系一般，与南安王拓跋余私交甚好。太监假借皇后诏令，召兰延三个人入内宫。兰延、和定、薛提三人从未正眼看宗爱，没想到有什么阴谋，皆应召而来。三个人一入宫门，几十个全副武装的太监都在大门后候着，随即三人被斩于殿堂。在密室等了两三天的东平王拓跋翰后来也被这些太监所杀。

拓跋余得立为帝后，封宗爱为大司马、大将军、太师、都督中外诸军事，并封冯翊王。太监当上王爷，殿上皇帝又非皇孙拓跋濬，北魏朝

廷大臣从私下议论纷纷。不久，拓跋余又觉宗爱权力过大，便想慢慢削夺他的权力。此时的宗爱派小太监又将拓跋余活活勒死。此次弑逆，终于走漏风声。禁卫军官急忙向殿中尚书源贺报告情况，源贺找到南部尚书陆丽，几个人定计，逮捕宗爱，“具五刑而杀之”，迎皇孙拓跋濬为帝，是为文成帝。

文成帝太安二年（公元456年），立冯氏为皇后，即后来的冯太后。接着，文成帝立自己年仅3岁的拓跋弘为皇太子。魏朝“子贵母死”，依据制度，当夜就赐太子生母李贵人自尽。

魏太祖道武帝拓跋珪末年，决定立儿子拓跋嗣为帝，就先杀其生母，然后把拓跋嗣召至座前训话：“昔汉武帝将立其子而杀其母，不令妇人参与国政，使外家为乱。汝当继统，故吾远同汉武，为长久之计。”其实，拓跋部开化较晚，在早期的代国时代，也仅仅是脱离母系氏族社会没有多久的父系宗长制时期，兄终弟及和母权为尊的遗俗，在北魏一直保有。受汉族影响，拓跋氏逐渐以“父子家天下”的制度使帝国长治久安。道武帝为了防患于未然，就使“子贵母死”成为魏朝的定制。手段虽然残忍，但他的出发点还是以王朝的万世基业为主要考虑内容。拓跋嗣继位后，虽然感念生母，但立子杀母作为魏朝的“祖宗家法”并未废止，一代一代传承下来，除了肃宗孝明帝亲母胡太后外，储君生母无一例外，全被赐死。

北魏入主中原之后，经过数代君王经营，成为与南朝名正言顺相对峙的王朝。南、北军事实力相当，但是经济和文化水平差距颇大。自西晋末年动乱以来，黄河两岸的经济就一直停滞不前。这种状况在北魏统治时期有所好转，尤其孝文帝的改革更是推动了北方的发展。

说到孝文帝改革，不能不提到他的祖母——文明太后冯氏。冯太后出身很不平凡。她的祖父冯宏，乃北燕最后一位皇帝。北燕国家被魏太武帝拓跋焘灭亡，冯宏跑到高丽后被高丽国王杀掉。她的父亲冯朗归附魏国后，曾被封为西域郡公，当过秦州和雍州刺史，后因牵连案件被杀。冯太后小时，就被送入宫中。她姑姑当时是太武帝的左昭仪，亲自抚育冯氏。14岁时，文成帝拓跋濬即位，冯氏凭相貌和才华被选为贵人，后来被立为皇后。文成帝26岁就驾崩。根据魏国旧制，皇帝驾崩，三天后就要把他生前的御服器物一并烧焚。仪式期间，朝廷百官和宫中嫔妃哭临。冯后年轻丧夫，痛不欲生，悲叫着跳入火堆，左右急忙救治，好长时间才苏醒过来。

随后，魏献文帝拓跋弘继位，时年12岁，尊冯后为冯太后。拓跋弘的生母李氏，资质美丽。当年初进宫，文成帝临幸，怀上了后来的献文帝。献文帝出生后，李氏被拜为贵人。太武帝太安二年（公元456年），其子被立为皇太子。太武帝的乳母，当时被封为保太后的常氏令她按魏朝规矩受死。临死时李氏给自己兄弟写信，嘱托后事。死前，一讲到兄弟二字李氏就嚎哭不已。献文帝后来追谥生母为元皇后。

冯后自己没生太子，反而平安逃过死劫，又坦然安坐太后之位。当时，车骑大将军乙浑趁乱专权，矫诏杀害尚书杨保年、平阳公贾爱仁等于禁中，还把自投罗网前来奔丧的平原王陆丽杀掉，自称丞相，位居诸王之上，事无大小，都由乙浑一个人说了算。主少国疑之际，奸臣擅权之时，冯太后显现出其过人的机智和胆识，经过短时间周旋后，她杀掉乙浑，临朝听政。

北魏献文帝拓跋弘刚毅有断，又喜好研习黄、老之学以及佛经，是那种天资特别聪明的人。他少年岁即位，几年后皇子拓跋宏（父子名字同音，在汉族帝王中很少见）出生，冯太后归政给他，使他更能自行其

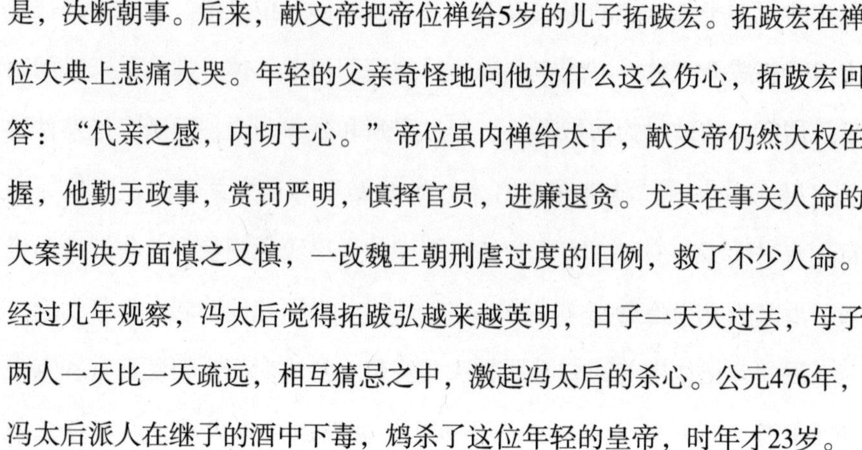

是，决断朝事。后来，献文帝把帝位禅给5岁的儿子拓跋宏。拓跋宏在禅位大典上悲痛大哭。年轻的父亲奇怪地问他为什么这么伤心，拓跋宏回答：“代亲之感，内切于心。”帝位虽内禅给太子，献文帝仍然大权在握，他勤于政事，赏罚严明，慎择官员，进廉退贪。尤其在事关人命的大案判决方面慎之又慎，一改魏王朝刑虐过度的旧例，救了不少人命。经过几年观察，冯太后觉得拓跋弘越来越英明，日子一天天过去，母子两人一天比一天疏远，相互猜忌之中，激起冯太后的杀心。公元476年，冯太后派人在继子的酒中下毒，鸩杀了这位年轻的皇帝，时年才23岁。

冯太后以太皇太后的身份重新主持国家大政。

孝文帝拓跋宏此时仅仅12岁，但他天性至孝，对祖母能够承颜顺志，躬亲服侍，事无大小，都听祖母冯太后的决断。冯太后政事缠身之余，非常宠幸王睿。冯太后密赐其珍玩无数，又明加褒赏，赐以田园、牛马、奴婢、杂畜，为了掩人耳目，以示公平，赏赐王睿时又对与他同等官职的人们一道封赏，所费又以万计。后来，王睿得了重病，冯太后和孝文帝亲临探病，侍官御医，相望于路，后死去。王睿虽身在《魏书》的恩幸传”，但遍观其一生作为，并无大的过恶，又在和尚法秀谋逆案中进谏忠言，得免死者千余人。临死，他又亲自上书，提出施政五要略：一慎刑罚，二任贤能，三亲忠信，四远谗佞，五行黜陟。其义多善言良谏，很是尽了淳诚的臣子之义。冯太后与孝文帝亲自临丧，哀恸不已。其后王睿女儿出嫁，魏朝以公主之仪嫁之，当时的人看见那么大的排场都以为是太后、天子出嫁自家女儿。

不仅如此，还有一人李冲，也备受冯太后宠幸。李冲，字思顺，陇西人，其父李宝曾获封敦煌公。李冲自少就沉雅有大量，清简皎然，又善交游，不妄杂戏，当时的声誉很好。他官至内秘书令后，上书首创三长制以防止平民的隐冒问题，文明太后览阅他的表章后很是赞赏，把他引见给公卿大臣一同朝会。两人相见后，文明太后顿起爱念，召至宫内。很快，李冲就升任中书令，赐爵顺阳侯，接着晋爵陇西公，同宠爱王睿一样，冯太后从此“密致珍宝御物，以充其第，外人莫得而知焉。”李冲家一向很清贫，“于是始为富室”。李冲是个器量不凡、学而广博的年轻人，他能在贵宠至极时谦逊自抑，广散家财，虚己接物，照顾寒士，所以，他当时的声誉，并未受到污损，反而得到很多的赞誉。这个人胸怀广大，不避前嫌，对仇人之子也深加呵护，对远亲的孤儿也照顾有加。魏朝按照旧制，皇帝对王公重臣都直呼其名，孝文帝尊重李冲，惟独见他不呼姓名，而叫他“李中书”。冯太后死后，李冲议定礼仪律令，润饰辞旨，竭忠奉上，当时的旧臣宗亲也都很敬服他的明断缜密，他与孝文帝君臣之间的关系也是亲密莫二。

孝文帝真正掌权后，几次南伐，包括迁都洛阳，他都善言劝谏，多方考虑，为魏王朝可以说是殚精竭虑。魏朝北都平城的明堂、太庙、圆丘以及洛阳新都的殿阁堂寝，都出自李冲的构思。史载，李冲“勤志强力，孜孜无怠，旦理文簿，兼营匠制，几案盈积，剞劂在手，终不劳厌也”。李冲病死时，孝文帝亲自为他举哀，放声大哭，悲不自胜。

冯太后虽性情暴躁，对孙子孝文帝也算是慈明仁爱，自拓跋宏一出生就自己亲自抚育，虽然中间有段时间看到少年孝文帝日益聪明英达，怕自己死后青年皇帝会对自己母家不利而要加害，但最终在李冲等人劝谏下仍然善始善终，成就了孝文帝日后迁都改制的千秋万岁名。

当然，作为统治者，冯太后“多智略，情猜忍，能行大事，生杀刑罚，决之俄顷”。一直到冯太后死前，孝文帝都不知道自己的生母是何

人，可见冯太后的威酷到达何种程度。太和十四年（公元490年），49岁的冯太后崩于太和殿。孝文帝五天五夜浆水不入口，哀痛至极，上谥曰："文明太皇太后"，史称文明冯太后。

自孝文帝即位后，冯太后以太皇太后之尊临朝听政，虽为妇人，但她天性聪达，临朝时英明立断，省决万机，国家大事全部她一个人说了算。天性孝谨的孝文帝，什么事都不敢违背祖母意愿，事无巨细都一一禀明冯太后。因为孝文帝年轻，冯太后自己作《劝诫歌》三百多篇，又做《皇诰》，以教授孝文帝如何修养德操，作好皇帝。她还尊重儒学，在长安为孔子立文宣王庙。平时，冯太后自己生性俭素，不好奢华的装饰，御膳十分简单，穿着打扮非常随意。当然，由于冯太后一家好佛，魏国因敬佛而花费的钱财巨亿，黄金使用数量巨大，金玉珍宝成斗成斗地装嵌于佛堂佛像上，形制恢宏。

后来，在拓跋宏亲政短短的九年期间，多次到冯太后的永固陵拜谒，思念祖母抚养慈恩。

迁都洛阳，深度汉化

太和十七年（公元493年），孝文帝打算以伐齐为名，行南迁之实，命太常卿占了一卦。因卦象的意义，引起了不同的看法。群臣都不敢说话，只有孝文帝的叔叔任城王拓跋澄站出来反对南征。孝文帝假意十分生气，板着脸说：“社稷是我的社稷，任城王这样讲，难道是想破坏我的大局！”任城王并不退缩，说：“社稷虽为陛下所有，臣是社稷之臣，看到了危险，怎么能不讲！”退朝之后，孝文帝传召任城王，和他说：“方才发怒冒犯叔父，实出无奈。伐齐只是个借口。国家身在边地平城，这不是长久之计，朕只是想借南征之名，移居中原。叔父以为如何？”任城王恍然大悟，高兴地说：“陛下有此宏图远略，必能远超周汉两朝。”两人遂作商议。

在孝文帝之前，十六国的君主中也不乏汉化程度很深者。他们本人都有很高的汉文化素养，但都没有能够解开本民族的情结，打破民族间界线。不得不实行民族之间、文化之间的双重标准。相比之下，孝文帝的高明之处是不言而喻的。正因为如此，洛阳的物质文化和精神文化都达到了空前的高度，《洛阳伽蓝记》中传神的描述和今天还能看到的龙门石窟的辉煌艺术，就足以证明这一点。同时，由于他的改革，一个有近千年历史的鲜卑族、鲜卑语言、鲜卑文化以至拓跋氏家族很快消亡了。尽管中国还有元氏和其他鲜卑姓氏的后裔，但都已不是纯粹的鲜卑血统。他带领着一个民族，全面彻底地融入中原汉族文明，受益的是他们的子孙后代。

在迁都已成定局之后，孝文帝开始采取一系列更彻底的汉化措施，他下令禁止士民穿“胡服”（鲜卑等北方诸族的服装），大多数鲜卑人都不乐意，很多人没有执行命令，仍是一身胡服，拒不换装。

五月二十六日，孝文帝正式宣布了他的另一项汉化措施：“停止说鲜卑话，一律讲正音（中原汉语）。三十岁以上的人或许一时难改，三十岁以下的朝廷现职官员不许再讲鲜卑话，如有故意不改的，就要降职或撤职。”六月初二，孝文帝正式下诏，禁止在朝廷使用鲜卑语，违者一律免职。当年七月，北魏公开宣布伐齐，孝文帝率大军从平城出发，渡河到洛阳。孝文帝先到旧时的太学参观《石经》。过了几天，他命先头部队继续进军。次日，孝文帝全身戎装，上马出发。群臣在马前下拜恳求皇帝止步。孝文帝假意道："庙算已定，大军即将前进，诸公还要阻拦吗？"尚书李冲说："南征大事，天下人都不愿意，陛下却执意要这么做，臣等无话可说，只是不辞万死，请陛下止步！"孝文帝大怒道："我正要经营四方，统一天下，而卿等儒生，疑虑丛生，使军国大计，屡受阻挠，如再敢多言，斧钺之诛，决不轻饶！"说完，一拎马缰，准备马上出发。宗室大臣们见状，都哭哭啼啼上前劝谏，孝文帝这才宣布："如果不伐南朝，当迁都于此，王公以为如何？"人群中孝文帝的心腹大臣等人趁机高呼："如果陛下放弃南征，迁都洛阳，这是臣等之愿，苍生之幸，再好也没有了。"

孝文帝迁都，最根本的考虑是文化、政治意义层面的。只有迁都于传统汉地，才能真正彻底汉化，填平鲜卑和汉人之间的心理鸿沟，从根本上消除种族之间的矛盾。最终，孝文帝在实际意义上取得了成功，尤其他稍后施行的门阀政策，不仅维护了鲜卑高门，也同时大大提高了汉族高门的地位，使二者处于平等地位，完全消除了西晋末、东晋十六国时期胡人国家成立后那种不可调和、不可避免的民族矛盾。太和十八年（公元494年）春，孝文帝回到旧都平城，在任城王拓跋澄等人的协助下，逐渐说服了不愿迁都的鲜卑旧臣。年末，由于得知齐明帝弑少帝自立，以维持正统自封的北魏孝文帝准备亲自统兵伐齐。出发前，他下诏严禁国内士民穿着胡服，鲜卑族臣民对此诏都很反感。

太和十九年（公元495年），孝文帝亲自率兵渡淮河，率30万铁骑，屯兵寿阳。此次出兵仓猝，加上天气湿热，士卒疲劳，北魏军队基本没有什么战果而言，久攻数城不下。而且，洛阳处于草创之际，本来就消耗了不少人力、物力，加上军中后勤供应短缺，又有不少鲜卑贵族反对，孝文帝不得不撤军。

孝文帝太和十九年（公元495年）七月，拓跋宏亲下诏令："今欲断诸北语，一统正音。其年三十以上，习性已久，可以允许延缓；三十以下，久在朝廷之人，禁止讲鲜卑语。如果触犯，当作降黜。"不久，他下诏切令："不得语北俗之语（鲜卑语）于朝廷，违者免所居官。"很快，北魏依据《汉志》，改革度量衡。年底，孝文帝废除了北魏长久以来以货易货的交换方式，下令铸造太和五铢钱，并诏令公私使用。建成金墉宫后，孝文帝在洛阳立国子监、太学等。

北魏太和二十年（公元496年）正月，孝文帝走出了汉化过程中最彻底的一步，将本家族由拓跋氏改为元氏，所有功臣旧族，包括鲜卑族和其他北方民族，统统改姓。鲜卑等族与汉族在姓氏上的差别至此消除。再就是大规模的与汉族通婚。尽管此前鲜卑族与汉族已开始通婚，如孝文帝的嫡祖母冯太后就是北魏第一位被立为皇后的汉族妇女，但如此大规模的通婚，无疑使鲜卑族从皇族元氏开始不再有纯粹的血统了。

为了使汉化改革更加彻底，孝文帝又"以范阳卢敏、清河崔宗伯、荥阳郑羲、太原王琼四姓，衣冠所推，成纳其女以充后宫"，并下诏断定诸州士族门阀，对官品进行广泛的升降，还品定鲜卑族的穆、陆、贺、刘、楼、于、嵇、尉八姓为贵姓，成为与汉族四大姓相仿的鲜卑大姓。

在这个过程中，成阳王元禧娶隶户女为妻，孝文帝"下诏切责"，并命令他的六个弟弟重新纳娶正室夫人，而先前所纳的正室，反而成为妾。至此，六王分别娶汉族大姓的女儿为正妻。

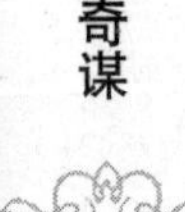

其间，孝文帝与大臣廷议间，有人诏议薛氏为河东茂族，孝文帝表示不同意，“薛氏，蜀姓，岂可入郡姓！”当时担任宫廷执勤任务的羽林监薛宗起正在殿门，听孝文帝如此说，便气呼呼地从殿门处直入中堂，入禀说：“臣之先人，汉末仕蜀。二世之后，复归河东，至今已有六世，非蜀人也！现在我侍奉陛下于北地，难道以后我们薛家就是虏姓了吗？”言毕，年少气盛的将军把手中的铁戟摔在当庭，不顾而出。孝文帝忙派人召薛宗起回殿，说：“爱卿说薛家不是蜀姓就罢了，奈何又说朕为胡虏呢？”于是他宣布薛姓为河东郡姓，还鼓励说：“爱卿名‘宗起’，实为‘起宗’啊。”可见，孝文帝非常大度。太武帝时，崔浩想“大整流品，明辨姓族”，得罪了不少鲜卑权贵，并最终导致他数族被诛。如今，鲜卑帝王自上而下进行汉化，竟然能一举成功。

当然，孝文帝的“门阀主义”并没有得到广泛支持，汉族重臣李冲等人都坚决反对，他们纷纷以“贤才主义”为宗旨，站在士人立场上抵制门阀主义矫枉过正的形式化。凡事皆有利有弊，孝文帝大兴门阀，胡汉高门倒是一泯界限，北朝的“寒人”阶层除有武功外，再无寸进之阶。因此，武人阶层乐于见天下“有事”。原先的六镇鲜卑将士，逐渐丧失了“国人”崇高的地位，见摒于“清流”之外，他们最终揭竿而起，给北魏皇权造成了致命的重击。孝文帝迁都、改姓等等举措，一直以来并没有遇到根本性的抵制和反抗，但他的太子元恂却“以身作则”，首先有惊人之举。太子元恂“体素肥大，苦河南地热，常思北归”。孝文帝赏赐他堂皇汉制朝服，太子元恂只在上朝时穿穿装样子，一回东宫就又换上“胡服”。

太和二十年（公元496年）九月的一个晚上，孝文帝外出，太子元恂与左右密谋，召牧马轻骑，率众想逃离洛阳，夜奔平城。临行，他竟杀死了属官。察见宫内乱起，同为宗室的禁军首领元俨立刻守住皇宫及洛阳各个城门。尚书陆琇得知消息，连夜疾驰，奔告孝文帝。孝文帝大骇失色，又不敢声张，仍旧继续按既定行程，到达目的地后，他才还宫。

回洛阳后，孝文帝立刻把元恂逮至御前，亲手用大棒教训他。随后，孝文帝马上于清徽堂召见群臣，议废太子。太子太傅穆亮、少保李冲都是太子名义上的师傅，都当廷免冠稽首表示有罪，陈说自己有训导无方的责任。

孝文帝并未迁怒于人，他表示："古人有言，大义灭亲。今元恂违反背尊，欲跨据恒朔谋逆。天下未有无君之国，此小儿今日不灭，乃是国家大祸。"于是，他下诏废元恂为庶人，拘于洛阳，以兵守之，服食所供，粗免饥寒而已。一年后，孝文帝巡视代地，中尉李彪上奏说太子又想与左右谋逆。已经对元恂大感寒心的孝文帝不问真伪，派兄弟元禧携诏书毒酒，于河阳监所赐死元恂。杀掉太子后，葬以粗棺常服。除此以外，鲜卑勋贵穆泰、陆睿等人也不喜南伐迁都汉化之举，想拥立宗室阳平王元颐，最终都为孝文帝镇压，但都并未在北魏造成太大的动荡。

北魏孝文帝的汉化，还有不少细微之处，诸如改定官制，一洗昔日杂乱无章的鲜卑旧制，系统地统一了内外文武官员的职号；改定律令，废除残忍的环首、腰斩等酷刑，除去了从前北魏族株连坐甚众的酷法，显示出孝文帝的仁德大度。

孝文帝在迁都之后做的事情极多，改革也相当彻底。概括起来，包括以下几个方面：推行均田制和租调制，使农民分得了一定数量的土地，相对减轻了农民的租调负担，改善了农民的生产、生活条件，促进

了生产力的发展。整顿吏治，执行俸禄制度，整肃官僚机构。实行汉制与移风易俗，改革官制、禁胡服、断北语、改复姓、定族姓，等等。孝文帝改革是北魏统治者几代汉化的加速阶段，鲜卑族大力学习汉族文化精华，促进了自身的发展、巩固了封建统治。孝文帝的改革极大地推动了民族融合，化解了民族仇恨，为将来的大一统奠定了基础。因此，孝文帝迁都洛阳是明智之举，不仅可以避开北方柔然的危险，又可以借机南扩，运气好的话，还可以统一南北，成为正统帝王。

太和二十一年（公元497年）夏，孝文帝改革顺利进行，便又想彰显武功。他发兵20万，直向南朝杀来。但天下事无完满，孝文帝南伐不仅没有多大成功，在宛城还被南朝南阳太守差点暗杀掉。太和二十二年（公元498年）秋末，南朝齐明帝崩殂，笃信儒教的孝文帝下诏称“礼不伐丧”，引兵而还。回军途中，孝文帝因为年长日久的四处征伐劳累，忽患重疾，便赴邺城养病。太和二十三年（公元499年）春，孝文帝还洛阳。他不顾自己病躯未愈，一入城，就召任城王元澄入见，问：“朕离京以来，风俗有改变吗？”元澄谨答：“圣化日新。”孝文帝说：“朕入城的时候，见车上妇人戴帽，穿小袄，依旧北鲜卑的装束，如此，又怎能谓‘日新’？”元澄回言：“穿鲜卑旧服的人少，不穿的很多。”孝文帝语重心长地道：“任城王，此话怎讲！如果放任自流，满城妇人肯定都会穿回鲜卑旧服！”元澄及留守诸官，闻言皆伏地叩首，免冠谢罪。四月，感觉自己身体有所恢复，孝文帝重新开始御驾亲征，想完成他统一中华的梦想。行至梁城，他病势加重。不久，孝文帝疾笃，只能北还。公元499年阴历丙午，元宏崩，谥孝文皇帝，庙号高祖。其子元恪即位，是为世宗宣武帝。

孝文帝一生，“……听览政事，莫不从善如流。哀思百姓，恒思所以济益。尚书奏案，多自寻省。百官大小，无不留心，务于周洽。每言：凡为人君，患于不均，不能推诚御物。苟能均诚，胡越之人也亲为兄弟……及躬总大政，一天万机，十许年间，曾不暇给……钦明稽古，协御天人……加以雄才大略，爱奇好士，视下如伤，役己利物……”史官美言，绝非虚誉！

第二章 东魏西魏，各霸一方

北魏经历了繁荣时期之后，也逐步走向衰落。随着皇权的颓弱，朝中逐有权臣操政，而高欢便是这其中的一位。由于高欢的肆意专权，导致君臣猜忌，最终使得君臣决裂。后来，孝武帝元修逃往长安宇文泰部。这样，北魏就逐步分裂成对峙的东西魏，随后，东西魏之间的博弈就成了高欢和宇文泰之间的战争。那么，双雄对决，孰胜孰负呢？

高欢专权，君臣猜忌

六镇起义的时候，各路军阀被尔朱荣一一镇压，很多人被尔朱荣收为降将。高欢就是被俘后得到尔朱荣信任的，并被提拔为尔朱荣的卫长。

高欢，鲜卑名为贺六浑，今河北景县人。六世祖高隐曾为晋朝的太守。后来的三位先祖又仕慕容氏燕国。他曾祖父高湖在慕容宝亡国时降附魏朝。他祖父高谧官至魏朝待御史，后被流放到怀朔镇。到他父亲高树生时早已家世沦落，高欢的少年时代就是在极其艰苦的环境中成长的。由于自小生长于边镇，周围都是鲜卑士卒，高欢是个完全鲜卑化的汉人，终日舞枪弄棒。后来，他和鲜卑族的女子成亲，才从女方的嫁妆中得到马匹，有马才有在边镇队伍中当队主的资格。当时镇将段长觉得高欢相貌不凡，资质卓异，对他说："你有康济时世的才能，希望你日后能照顾我的儿孙。"

六镇起义爆发后，高欢先后投靠杜洛周和葛荣。后来被尔朱荣俘虏，并受到重用。在葛荣与尔朱荣的邺城之战时，高欢趁机于阵前招降了葛荣军中7个王和1万多人的军队。当时，尔朱荣威震天下。在邺城大战葛荣失败后，阵中的年轻将领宇文泰走投无路，只好投降了尔朱荣。

尔朱荣对宇文泰欣赏而又猜忌，将他带回根据地晋阳，后来拨归贺拔岳帐下效命。尔朱荣帐下收编的人才，都是野心勃勃，只是尔朱荣在世，没人敢妄动。尔朱荣在其鼎盛时期有一次忽然问左右：“哪天我死了，谁能够做军中统帅呢？”周边人都回答：“尔朱兆（尔朱荣侄儿）。”尔朱荣不以为然。他说：“尔朱兆虽然勇猛善斗，但能统领的人马不过是三千左右。能代我统军的，只有贺六浑（高欢）。”对高欢产生疑戒心后，他一方面指醒尔朱兆要暗加提防，一方面把高欢远调为晋州刺史。不久，尔朱荣为魏庄帝诛杀，尔朱家族纷纷乘机反叛朝廷，身为一方之将的高欢审时度势，又打上了尔朱氏领下降兵的主意。六镇造反的降兵大多是鲜卑人，他们被迁置于河北后，不断受到尔朱氏契胡兵士的凌暴，屡屡造反，被杀过半，仍造反不已。

尔朱兆对此感到头痛，向高欢咨询意见。高欢回答：“六镇降兵反叛不休，又不能全部杀掉，大王您应选心腹之人去统领他们。再有反叛，就归罪其将领，不能每次都杀掉大批的兵士。”尔朱兆觉得建议很好，就问谁能去当统领。一席饮酒的将领在旁建议让高欢去统领六镇降兵。高欢佯装大怒，骂说：“太原王（尔朱荣）活着的时候，说怎么样就怎么样，现在太原王死了，天下事都听尔朱兆王爷的，王爷没发话哪能轮到你说三道四！”尔朱兆很感动，觉得高欢忠心耿耿，就趁酒劲宣布高欢为六镇降兵的统军。高欢心中大喜过望，但恐怕尔朱兆酒醒后后悔，高欢出大营后马上宣令：“我受命统管镇兵，都到汾东受我号令。”立刻驰奔阳曲川，建立统军大营。六镇降兵一向厌恶尔朱氏和他手下的契胡兵士，很快就奔赴高欢处集合完毕。不久，高欢上书尔朱兆，表说山西霜旱灾多，兵士没有粮食，请求移师山东，解决军粮问题。高欢想远离尔朱兆，摆脱他的威胁和控制。尔

朱兆长史慕容绍宗见书立即劝道："现在四方乱起，人怀异望。高公雄才盖世，又握兵于外，正如借蛟龙以云雨，再也不能控制他了。"尔朱兆有勇而无谋，认为自己和高欢是拜过把子的兄弟，不会背叛自己，遂下令高欢移军山东。

随后，高欢率军自晋阳出发，中途遇见尔朱荣的妻子带着大车小车的财物从洛阳返山西，又有好马300匹，就派兵把马匹全都抢为己有。尔朱兆听后大怒，于是自己亲率军队追赶。追至襄垣，恰值漳水暴涨，高欢隔河拜谢："我借马是为了用来抵御山东盗贼。如果您相信谗言，我就过河受死，只怕您把我杀了，我属下这些人马上就叛亡而去。"尔朱兆无谋，策马渡水，与高欢在营帐间坐定，抽出佩刀给高欢，伸出脖子让高欢砍。高欢大哭，诉说尔朱家族对自己的恩惠和自己的忠心。于是两个人欢饮极醉，又杀白马盟誓。夜间，高欢属下要埋伏壮士要杀掉尔朱兆，高欢马上阻止："现在杀了尔朱兆，他的党羽一定奔归聚结报仇，尔朱兆凶悍无谋，还是放了他好。"第二天早晨，尔朱兆归营，又下令让高欢渡水过到他的大营。高欢也想壮着英雄胆过去，被部将劝止。尔朱兆隔河破口大骂，无奈河水奔涌大军又过不去，只得驰还晋阳。高欢回营，到了军中统管兵士家属的念贤那里假意寒暄。念贤是尔朱兆安插在高欢营中的心腹，用以监视高欢。高欢坐下后就夸念贤腰中宝刀漂亮，取来观看。念贤不知是计，递刀与高欢。高欢随手一刀，杀死念贤。

高欢到山东后，严肃军纪，秋毫无犯。高欢为了让属下无路可退，和他一道起兵，他想出一计——他派手下人伪造尔朱兆的军令，下令高欢所率六镇降兵全部要回山西，作为契胡军人的部曲去攻打稽胡。本来六镇降兵就一直饱受尔朱氏契胡兵的欺凌，现在要被征发去当契胡人的奴兵，一时间群情激愤。高欢假装军命严急，从军中选万余兵士，马上催促出发。部将孙滕和尉景也假装为士兵请命，宽缓五日。士兵又忧又惧，高欢接着又假意再宽缓五日行期。待到六镇军士的惊恐酝酿得差不多时，高欢作为统帅，与这支万余人的先遣军举行告别式，他自己也泪落如雨，即将踏上去山西之路的士兵一片嚎哭之声，悲从中来，惊天动地。高欢叹息一声，说："我和你们都是镇户出身，现在西去打仗，肯定得死！我们该怎么办呢？"士兵在下马上齐呼："只有造反！""造反是不得已的事情，谁能带头呢？"将士齐呼，共推高欢。高欢踌躇再三，他对六镇降兵说："你们这些人乡里乡亲很难统驭。如果你们推我为领军，就不能再像从前一样，不能随意欺负汉人，不能违犯军令。""生死由您做主！"万余军同声呐喊。于是高欢杀牛宰羊，犒赏士兵，在信都起兵。

为了名正言顺，高欢与属下推出魏朝宗室、渤海太守元朗为帝。公元532年，高欢初次与尔朱氏交锋，以少胜多，在广河大败尔朱兆，俘获5000多人。尔朱兆、尔朱世隆等人在尔朱荣死后兴兵，杀入洛阳后缢死魏庄帝，立节闵帝，宰制天下。但为了对付高欢，他们又联合起来。尔朱天光从长安出发，尔朱兆从晋阳举兵，尔朱度律发自洛阳，尔朱仲远从东郡赶赴，四路大军共20万人在邺城汇集，准备和高欢决战，想一举攻灭高欢和他手下六镇降附兵士。面对这样的形势，高欢派封隆之留守邺城，亲自率兵马屯兵紫陌。其时，高欢战马不满2000，兵不过3万，而敌兵有20万之众。众寡不敌情势之下，高欢用牛驴连系在一起堵塞自家军队的退路，在韩陵一带摆成圆阵，兵无退路，都有必死之心。高欢自领中军前突，大将高昂将左军，高欢堂弟高岳将右军。高欢中军迎战不利，被逼后退。尔朱兆军直扑而来。高岳率五百骑兵突前迎敌兵，高欢另外一个将领斛律敦将领收拾败退四散的兵士重整旗鼓从尔朱兆后面又扑上去，大将高敖曹自率1000多骑兵横击而入阵中，尔朱兆军大败。败逃之际，尔朱兆对慕容绍宗捶胸大叫："不用公言，以至于此。"

大都督斛斯椿等人抢先一步回到洛阳，尽杀留守的尔朱氏党羽。尔朱世隆、尔朱度律、尔朱天光相继被俘斩。为尔朱氏所立的节闵帝派人慰劳高欢。高欢此刻觉得从前所立为帝的安定王枝属疏远，就派属下魏兰根前去观察节闵帝为人如何，准备重新迎立他。魏兰根认为节闵帝神采高明，恐怕日后难以挟制。高乾兄弟及其他手下也劝高欢说节闵帝是尔朱氏所立，其名不正，劝高欢废掉他。高欢就把节闵帝幽禁在寺庙中。最后选中平阳王元修成为皇帝，即北魏孝武帝。孝武帝元修纳高欢女儿为皇后，高欢成为国丈。

第二年，尔朱兆在秀容兵败，被逼自缢。尔朱氏灭亡。尔朱兆大将慕容绍宗携尔朱兆妻子及余众归降，高欢以其忠义，待其甚厚。北魏侍中斛斯椿见高欢势力强大，心里无法安宁，他与南阳王元宝炬、武卫将军元毗、王思政一道秘密劝说皇上元修除掉丞相高欢。舍人元士弼又告诉元修，说高欢对皇帝颁下的诏书不恭不敬，元修因此不大愉快。斛斯椿劝说元修设置了负责皇宫守卫的内都督部曲，又在皇帝居住的朱华阁里增添了值勤侍卫的人数，在这些侍卫下面，还有定额以外的侍卫几百人。元修几次外出巡游，斛斯椿亲自部署，在卫士以外另外排列队伍。因此，有关朝政、军机方面的大事，元修只与斛斯椿商议决定。由于关中大行台贺拔岳手中掌握重兵，元修就与他秘密联系，又派遣侍中贺拔胜担任统管三荆等7州军事的都督，想倚仗贺拔胜兄弟的力量与高欢抗衡，高欢心里更加不高兴。

魏朝司空高乾本是高欢的死党，孝武帝想收买高乾以为已用，借一次在华林园宴饮的机会忽然要与高乾拜盟结为兄弟。由于事出忽然，高乾表示自己“以身许国，不敢有二心”。而后见到孝武帝增加武卫，知道事变即将发生，暗中劝高欢准备自立为帝。高欢当时觉得时机还不成熟，装出非常害怕的样子拒绝了高乾的提议。高乾进退两难，于是密启高欢要求外派，被任命为徐州刺史。孝武帝获悉高乾要外任为官，怕他泄漏自己密图高欢的事，就先发制人，诏告高欢说高乾与自己立过盟誓，反复两端。高欢得知后很生气，就把高乾劝自己称帝的事通知给魏帝。高乾被双方所卖，终究落得被赐死的下场。孝武帝又派人去杀高乾的弟弟高敖。高敖劫夺诛杀自己的敕令，带领十几个人奔晋阳投奔高欢。高欢与他抱头痛哭，大叫：“天子枉杀高司空。”高乾另一个弟弟高仲密也投奔高欢。借皇帝之刀杀人之兄，而又能获得被杀者二弟的尊信，高欢手腕之高，由此可见一斑。

君臣决裂，东魏建立

北魏永熙二年、梁朝中大通五年（公元533年）六月初六，北魏任命广陵王元欣为大司马，赵郡王元谌为太师。二十四日，又任命前司徒贺拔允为太尉。起初，贺拔岳派遣行台郎冯景到晋阳，丞相高欢听说贺拔岳的使者来了，非常高兴，然后与冯景歃血为盟，约定与贺拔岳结为兄弟。冯景回去后，对贺拔岳说：“高欢奸诈有余，真诚不足，不可

信任。”府司马宇文泰自告奋勇，请求出使晋阳，以便观察高欢的为人到底如何。高欢见了宇文泰，对他的相貌感到惊奇，说：“这个年轻人的仪表看起来不同寻常。”因此要留下宇文泰，宇文泰坚决要求回去复命。高欢让宇文泰走了之后又觉得后悔，急忙派人骑驿马追赶，一直追到潼关还没有追上，只好返回。

宇文泰回到长安后，对贺拔岳说：“高欢之所以还没有篡夺帝位，正是因为忌惮你们兄弟，而侯莫陈悦等人，并不是他所猜忌的对象。您只要悄悄地进行准备，算计高欢是不难的。”贺拔岳听了非常高兴，又派遣宇文泰到洛阳向元修请示有关事宜，秘密陈述有关情况。元修也很欢喜，加封宇文泰为武卫将军，叫他回去向贺拔岳汇报。八月，元修任命贺拔岳为都督雍、华等20州诸军事及雍州刺史，又割破自己心口前的皮肉，取出一些鲜血，派遣使者送给贺拔岳。贺拔岳于是带领兵马向西挺进，以牧马的名义驻扎在平凉。秦、南秦、河、渭4州的刺史一同汇集在平凉，接受贺拔岳的指挥调度。贺拔岳因为夏州地处边境，地形重要，想要寻找一位出色的刺史来镇守，大家都推举宇文泰，贺拔岳说：“宇文左丞是我的左右手，怎么可以离开我！”他反复考虑了好几天，最终还是上书元修，请求任用宇文泰为夏州刺史。

北魏永熙三年、梁朝中大通六年（公元534年），贺拔岳讨伐曹泥时，被侯莫陈悦的女婿元洪景所杀。元修听到贺拔岳的死讯，派遣武卫将军元毗去慰问贺拔岳的军队，将他们召回洛阳，并且宣召侯莫陈悦。元毗到了平凉，部队里面已经拥戴宇文泰作为首领。侯莫陈悦已经归附了高欢，因此不愿意接受元修的宣召。元修就任命宇文泰为大都督，就统率贺拔岳的部队。丞相高欢听说宇文泰平定了秦、陇地区，就派遣使者结交宇文泰。宇文泰没有接受，而是封好高欢的书信，派担任都督的济北人张轨去献给皇帝元修。斛斯椿问张轨："高欢的叛逆之心路人皆知，众望所归，唯有西边的宇文泰了，不知道宇文泰的才能与贺拔岳相比如何？"张轨回答说："宇文公论文足以管理国家，论武能够平定叛乱。"斛斯椿说："果真像你说的那样，宇文泰真是可以依靠的对象。"随后，元修任用宇文泰为侍中、骠骑大将军、开府仪同三司、关西大都督，可以按皇帝的旨意自行封官。宇文泰就任命寇洛为泾州刺史，李弼为秦州刺史，前略阳太守张献为南岐州刺史。南岐州刺史卢待伯不接受由张献替代他职务的决定，宇文泰派轻装骑兵偷袭捉住了他。元修想要讨伐高欢所住的晋阳，初十，颁下诏书命令戒严，说"要亲自带兵讨伐梁"。他征调河南各州的兵马，在洛阳举行大规模的检阅仪式。

六月初六，元修秘密写给丞相高欢一封诏书，假称："宇文泰、贺拔胜颇有叛变篡位的意图，所以我假装说要讨伐南方，暗中进行准备，您也应该一同做出增援的样子。读后请将诏书烧掉。"高欢也召集并州的官佐属吏共同商议，然后又一次递上奏章，仍然说："我受到一群奸臣的挑拨离间，陛下因此一时对我产生了怀疑。我要是胆敢辜负陛下，就让上天将灾难降临到我的身上。陛下如果相信我的赤胆忠心，免动干戈，我就希望您能考虑把一两位奸臣从您的身边赶出去。"中军将军王思政对元修说："高欢的心思昭然若揭，谁都知道。洛阳不是英雄用武的地方，宇文泰的心是向着皇室的，现在朝廷迁到他那儿去，将来再光复旧的都城，还怕不成功吗？"元修觉得他的话很正确，便派遣河东人散骑侍郎柳庆到高平会见宇文泰，一同讨论时事。宇文泰请求去迎接元修的车驾，柳庆完成使命后回到京城报告了情况。元修又悄悄地对柳庆说："我想到荆州去，你看怎么样？"柳庆回答说："关中的地形占据优势，宇文泰的才能胆略可以依靠。荆州所处不是要害之地，南面又接近强敌梁国，依我愚见，没有可以去的理由。"元修又征求内都督宇文显和的意见，宇文显和也劝元修去西边。这时，元修从各州、郡广泛征招兵马，河东人东郡太守裴侠率领他的部属到达洛阳，王思政问他："如今大权在握的官员自作主张，皇室颓微，应该怎么办？"裴侠回答说："宇文泰被三军推崇，占据着以两万人就足以抵挡百万人的这块险固的地方。这正像人们所说的那样，自己手持着戈矛，哪肯将把柄授给别人？所以，虽然想去投靠他，但是恐怕无异于避开了沸水又走进了火坑。"王思政又问："那么怎样做才好呢？"裴侠说："算计高欢则有近忧，到西部去则有远虑，比较之下，还是暂且先去关西地区，然后再慢慢想一个合适的办法吧。"王思政认为裴侠言之有理，于是将他推荐给元修，元修授予他左中郎将的职位。

当初，丞相高欢因为洛阳久经兵火战乱，想要将国都迁到邺城，元修说："孝文帝定都河、洛地区，开创了我们魏国流传万代的基业，高王您既然是国家的功臣，就应该遵照太和年间订立的旧制办事。"高欢这才放弃了这一念头。到了这时，他又一次谋划迁都的事，派遣了3000名骑兵镇守建兴，又增加河东以及济州的兵马，掌握了各州摊派购买的粮食，将它们全部运进邺城。元修宣布让在原籍广宁担任太守的任祥兼任尚书左仆射加开府仪同三司，任祥弃官逃走，渡过黄河，占据了郡城等待高欢前来。元修就颁下诏书规定文武百官中凡是来自北方的可以随意离开或者留下，另一份诏书中又数说了高欢的罪恶，征召贺拔胜赶赴京城。元修让宇文泰兼任尚书仆射，出任关西大行台，还答应将妹妹许配给他做妻子。他对宇文泰的帐内都督、秦郡人杨荐说："你回去告诉行台，让他派骑兵来迎接我！”又任命杨荐为直阁将军。宇文泰任命以前的秦州刺史骆超为大都督，率领1000名轻装骑兵前往洛阳，又派遣杨荐等一道到关外迎候元修。

丞相高欢召来他的弟弟定州刺史高琛，让他镇守晋阳，命令长史崔暹辅佐他。高欢带领部队向南方进发，并告诉他的部属们："因为尔朱氏自作主张不服从命令，所以我在海内伸张正义，拥戴皇上，真诚之心，贯通幽明。谁知由此而横遭斛斯椿的谗言谄害，我一片忠心，却被他们视为叛逆。现在我们向南方进军，不过是要杀掉斛斯椿而已。"他任命高敖曹为先锋官。宇文泰也在各州、郡传布声讨文书，列举高欢的罪恶，并且亲自带领大军前往高平。

七月初九，元修亲自带领十万兵马屯驻在河桥地区，以斛斯椿为先锋，陈兵在邙山的北面。斛斯椿请求率领2000名精锐骑兵渡过黄河，乘敌军疲劳困乏的时候发动突然袭击。元修开始同意他的计划，但黄门侍郎杨宽劝告元修说："高欢以臣子的身份讨伐君王，还有什么做不出的！现在把兵马借给别人，怕会发生其他的变故。斛斯椿渡河之后，万一有功的话，那就成了灭除了一个高欢，又出一个高欢。"元修于是颁下诏书，命令斛斯椿停止行动。斛斯椿叹息道："现在皇上相信他身边的人的离间陷害，不采用我的计谋，岂不是天意呀！"宇文泰听了这话之后，对身边的部下说："高欢几天之中行军八九百里路，这是兵家所忌讳的事情，应当乘这个机会袭击他。而皇上以万乘之重，不能渡过河去与高欢决一死战，倒是靠着渡口一味防守，而且长河足有万里，防御起来困难，如果有一个地方让高欢的军队渡过，我们就危险了。"他立刻任命大都督赵贵为别道行台，从蒲坂渡河，向并州进军，又派大都督李贤率领1000名精锐骑兵赶往洛阳。

高欢到达黄河北岸10余里的地方，再一次派遣使者当面向元修申明他的诚意，元修不作答复。二十六日，高欢指挥部队渡过了黄河。

元修向各位大臣询问计策，有人说投奔南方梁朝，有的人说到南方依靠贺拔胜，有的人说去西部的关中地区，有的人说坚守洛口死战一场，计划定不下来。元斌之与斛斯椿争权夺利，他丢下斛斯椿回来，欺骗元修说："高欢的兵马已经到了！"二十七日，元修派遣使者召回斛斯椿，然后就率领南阳王元宝炬、清河王元宜、广阳王元湛带着5000名骑兵在瀍水的西部宿营，寄居在南阳王舍下的出家人惠臻背着玉玺持刀跟随着。大家都知道元修将要出发到西部去，这一天夜间，逃亡的人超过一半。清河王元亶、广阳王元谌也逃了回去。武卫将军、云中人独孤信单人匹马追赶元修。元修感叹地说："将军你辞别父母，舍弃妻子而来，世道大乱的时候能够识别出忠臣，将军实为忠臣啊！"二十八日，元修奔往西部的长安，李贤在崤县境内与元修相遇。二十九日，高欢进入洛阳，住在永宁寺，派遣领军娄昭等人追赶元修，请他东还。高敖曹率领着精锐的骑兵追赶元修一直到达陕城以西，终于没有赶上。元修鞭打着马长时间地奔驰，粮浆乏绝。两三天里面，跟随元修的官员只能喝山涧的水充饥。到湖城，当地王思村中的农民献给元修麦饭与壶浆，元修感到很高兴，免除了全村10年的徭役。到了稠桑（今河南灵宝函谷关镇），潼关大都督毛鸿宾迎接元修，送上了酒与食物，跟随的官员才开始解除了饥渴。

随后，宇文泰派赵贵、梁御率领2000名戴盔披甲的骑兵前去恭迎元修，元修沿着黄河向西行进。宇文泰备好了仪仗与卫队迎接元修，在东阳驿进行了参拜。宇文泰摘去帽子流着眼泪说道："我没能遏制住贼寇的侵犯迫害，致使皇上颠簸迁徙，这都是我的罪过。"元修说："你的忠心与气节，远近闻名。朕因为缺乏足够的德行，而身居尊位，结果招致贼寇肆意横行。今天与你相见，实在是太惭愧了。我现在就把国家的重担托付给你。”将士们都高呼万岁。元修于是进入长安，将雍州的官署作为宫殿，大赦天下，任命宇文泰为大将军、雍州刺史兼尚书令，国家军政大事的安排都取决于他。宇文泰与冯翊长公主成婚，被封为驸马都尉。

高欢从离开晋阳到这个时候，一共递交了40份奏折，元修都不作答复。高欢就往东返回，他派遣行台侯景等人带领兵马开往荆州，荆州的百姓捉住了元颖来策应侯景。贺拔胜也赶到了，侯景进行迎击。贺拔胜的兵马被打败，只好带领几百名骑兵来投奔南梁。十月，丞相高欢到达洛阳，又派遣僧人道荣将一份奏折交给元修，里面说：“陛下如果在远方恩赐给我们一份诏书，答应返回京城洛阳，我将率领、约束文武百官，清扫干净您居住的宫殿，恭候您的归来。如果您不定下一个返回的日子，那么七庙就不能没有主人，天下邦国必须有所归附。届时，我宁可辜负陛下，也不辜负国家。”元修对此也不作答复。高欢就召集文武百官和元老，商议立谁做皇帝合适。此时清河王元宣已经在自己进出时按皇帝的规格严加戒备，断绝行人。高欢对他感到厌恶，就借口说：“孝昌年间以来，宗庙的辈分次序开始混乱，永安年间元修只将孝文帝尊为他的伯父，永熙年间元修又将孝明帝的牌位移到了宗庙内的夹室之中。近来的皇帝基业丧失，在位的时间短，原因都在于继承帝位的人辈分不对。”于是拥立清河王元亶的嫡长子元善见为新的皇帝。元善见在洛阳城的东北部登上了皇位，是为孝静帝，本年元善见仅11岁，由权臣高欢辅政。下令大赦天下，改年号为天平。东魏王朝正式建立。东魏，是从北朝的北魏中分裂出来的割据政权，都城邺。拥有今河南汝南、江苏徐州以北、河南洛阳以东的原北魏统治的东部地区。

元善见为北魏孝文帝元宏曾孙，清河王元怿孙，清河王元亶世子。东魏第一位皇帝也是最后一位皇帝，公元534～550年在位。共使用了4个年号：天平、元象、兴和、武定。

东魏丞相高欢认为洛阳西面接近西魏、南面接近梁朝，就提议将国都迁往邺城。他的文书颁下刚刚3天，迁都就开始进行了。东魏皇帝元善见从洛阳出发，40万户人家狼狈地踏上了路途。朝廷征收了文武百官的马匹，尚书丞、郎以上不是陪同跟随元善见的，都被命令骑驴。高欢留在后面布置安排，等到事情结束以后，回到了晋阳。朝廷将司州改名为洛州，任命尚书令元弼为洛州刺史，镇守洛阳。又任命行台尚书司马子如为尚书左仆射，与右仆射高隆之、侍中高岳、孙腾一道留在邺城，共同主持朝中的政务。元善见颁下诏书表示考虑到移民因受搬迁的影响，家产不能马上建立，特地拿出130万石粮食赈济他们。

十一月七日，东魏皇帝元善见到达了邺城，居住在相州的官府里面，将相州刺史改称为司州牧，魏郡太守改称为魏尹。当时，邺城出现了一首童谣："可怜青雀子，飞来邺城里。羽翮垂欲成，化作鹦鹉子。"青雀，暗指元善见；鹦鹉，暗指高欢。

东魏天平二年、梁朝大同元年（公元535年）二月，东魏指派尚书右仆射高隆之征调10万民工拆除洛阳的宫殿，将拆下的材料运到邺城。八月，东魏征调7万多名民工在邺城建造新的皇宫，在邺城的南面又修筑起一座周长25里的新城。东魏天平三年、梁朝大同二年（公元536年）正月，东魏皇帝元善见赐给丞相高欢九锡，高欢坚决推让，于是作罢。

宇文崛起，经营西魏

宇文泰小字黑獭，他的先世是东胡族宇文部的酋长。破六韩拔陵领导的边镇起义爆发后，武川镇中下级军官贺拔岳父子，宇文泰之父宇文肱等袭杀起义军大将卫可孤。其时，北魏王朝向柔然借兵镇压起义军，柔然骑兵在攻下六镇后，大肆掠夺破坏，致使六镇饥荒严重，北魏政府只得移饥民于河北就食。宇文泰和其父、兄也被徙到河北博陵。孝昌二年（公元526年）正月，怀朔镇镇兵鲜于修礼率领北镇流民于定州起义，宇文一家参加了起义队伍。但在前往途中，被政府军击败，宇文肱及其长子、次子阵亡，宇文泰与其兄洛生幸免于难，入鲜于修礼军中。及修礼死，又入葛荣军中，被任为将。葛荣失败后，宇文泰被收编在贺拔岳部下。

后来，高欢秉掌大权，孝武帝对这种政由旁出的局面很不满意，于是秘密与贺拔岳相结，想依凭岳在关中的实力来牵制高欢。起初，贺拔岳遣行台郎冯景诣晋阳见高欢，高欢与冯景歃血为誓，约与贺拔岳结为兄。冯景回去后，告诉贺拔岳，高欢奸诈有余，不可轻信。当时为府司马的宇文泰自告奋勇去出使晋阳，以观察高欢为人。宇文泰到了高欢那里，与高欢口答应对，敏捷雄辩。高欢心里暗惊，想把宇文泰收为己用，宇文泰却固辞而返。高欢当时哪里会想到，自己简直就是放虎归山，放走了这位此后再未谋面却是敌对一生的对手。

宇文泰回到长安后，对贺拔岳分析了当时形势："高欢绝不是那种甘于为臣下的人，他之所以还没有篡夺皇位，是惮于你们兄弟二人。至于侯莫陈悦其人，不过是个庸人，只是碰上了好机会，才得以居高位，其既无忧国之心，也就不为高欢所猜忌，只要早作准备，取之不难。今如引军向陇，扼其要害，示之以威，服之以德，即可收其兵马，充实我军。西辑氐、羌，北抚沙塞，还军长安，匡辅魏室，这正是当年齐桓、晋文之举也。"贺拔岳听了非常佩服，于是派宇文泰到洛阳见孝武帝，秘密向皇帝陈述了这个打算，孝武帝听后大喜，加封宇文泰为武卫将军。

北魏永熙二年（公元533年）八月，孝武帝授贺拔岳都督雍、华等20州诸军事、雍州刺史。贺拔岳以牧马为名，引兵西屯平凉。秦、南秦、河、渭四州刺史也来到平凉，受贺拔岳的节度。当年，贺拔岳以夏州边塞要地，欲派得力之人为刺史，在众人的极力推举下，以宇文泰为使持节、武卫将军、夏州刺史。宇文泰到州后，抚慰流民，结好少数民族，很快控制了夏州局势。

北魏永熙三年（公元534年）春正月，贺拔岳准备讨伐曹泥，遣都督赵贵到夏州与宇文泰商议此事。宇文泰认为：曹泥虽然依附高欢，但灵州不过孤城一座，未足为忧，值得担心的是侯莫陈悦，贪而无信，必然为患，应尽早谋取之。贺拔岳没有听从宇文泰的意见，坚持己见，与侯莫陈悦共同出兵伐曹泥。然而陈悦早已受高欢密旨，出兵途中，借口商议军事，诱使贺拔岳入营，把贺拔岳给杀了。贺拔岳死后，军中无人统帅，人心离散，在大都督赵贵的建议下，众人共推宇文泰为统帅，派杜朔周星夜奔夏州告之。宇文泰闻讯，当即率帐下轻骑驰赴平凉。宇文泰行至安定，正巧遇上高欢派来招抚贺拔岳部众的侯景。宇文泰言辞俱厉的数说侯景，侯景听了之后不敢再前往平凉，中途就回去了。孝武帝元修听说贺拔岳被害，遣武卫将军元毗为使前往宣旨抚慰，并调贺拔岳所领部众归还洛阳，及元毗到平凉，宇文泰已被众将推为统帅。

宇文泰统领了贺拔岳的军队后，一面命诸军戒严，准备进讨侯莫陈悦，一面上表孝武帝，并与元毗及诸将盟誓，相约共扶王室。孝武帝于是下诏以宇文泰为大都督，统领贺拔岳所部的人马。宇文泰得到孝武帝的诏令后，立即准备进攻侯莫陈悦。原州刺史史归，原来是贺拔岳的亲信，贺拔岳死后，史归竟然投奔了侯莫陈悦。侯莫陈悦又派兵2000助史归镇守原州。因此，宇文泰首先派轻骑1000奔袭原州，不费吹灰之力就大获成功。

三月，宇文泰调发诸军，在原州会合，准备攻打侯莫陈悦。四月，宇文泰率军来到木狭关，正逢大雨雪，平地积雪二尺。宇文泰素来知道侯莫陈悦胆小而且多疑，于是命令军队加速前进，出其不意的直扑侯莫陈悦的大本营水洛城。侯莫陈悦听到宇文泰大军到来的消息，留了1万人守水洛城，自己却领着大军退守略阳去了。宇文泰大军来到水洛，守军当即就出降了。宇文泰马上又率领轻骑数百直奔略阳而去。侯莫陈悦听说后，不敢恋战，又退守到上邦去了。当时南秦州刺史李弼亦在侯莫陈悦军中，见侯莫陈悦败势已定，于是暗中派使者去见宇文泰，请求作为内应。当天晚上，侯莫陈悦弃城逃跑，军中不战自乱，士卒纷纷来降，宇文泰纵兵奋击，大破侯莫陈悦军。侯莫陈悦仅与子弟及麾下数十骑遁走灵州，宇文泰急令镇守原州的宇文导在前面堵击，又以都督贺拔颖领一军尾追，至牵屯山追及，侯莫陈悦自知无法幸免，便自杀了。随后，宇文泰又遣都督刘亮攻取了盘踞豳州的侯莫陈悦一党的。然后又以

重兵威逼，迫使氐王杨绍先称藩，送妻、子过来当人质。遣李虎、李弼等讨伐曹泥，第二年，曹泥投降，灵州就此平定了。宇文泰将大军置于咸阳，以加强控制。宇文泰平定秦、陇后，实力增强，孝武帝封宇文泰为侍中、骠骑大将军、开府仪同三司，关西大都督，略阳县公，承制封拜，成为仅次于高欢的有力人物。

同年七月，魏孝武帝亲率10万军队屯于河桥，以斛斯椿为前驱列阵于邙山之北，攻打高欢。斛斯椿向皇帝请2000兵马趁夜渡黄河趁高欢立脚未稳进行偷袭。孝武帝开始时觉得此计很好，黄门侍郎杨宽劝说："现在这紧急关头把兵权给别人，恐生他变。万一斛斯椿渡河偷袭成功，定是后患无穷。"孝武帝闻言马上下令斛斯椿停止发兵。斛斯椿叹息道："皇上不用我的计谋，真是天意不兴魏室啊。"两军未交锋，孝武帝一方已有贾显智、田怙等人暗中约降，高欢很快就率军渡河。魏孝武帝慌忙召集众臣商议对策，有的讲要奔依梁国，有的讲南依贺拨胜，有的讲西就宇文泰，有的讲守洛口死战，众口纷纷，不能定夺。朝臣元斌之与斛斯椿争权，从军中跑至孝武帝处，欺骗皇帝说高欢军队已经逼近。孝武帝又惊又急，一面派人召斛斯椿还军，一面带着几个本家王爷率5000兵马准备出逃。大家暗中知道皇帝要西逃，夜里就跑了大半。

孝武帝一路饥渴困顿，缺粮少食，最后在长安东阳驿遇见帅兵迎驾的宇文泰。到了长安他才发现，真是刚脱狼窝，又入虎口。宇文泰看出孝武帝有不满情绪，就毒死了孝武帝，重新立帝，是为西魏。从此，西魏政权都尽揽宇文泰之手。

在当时，西魏实力最弱。当时东西魏面积差不多，但人口和土地状况差别很远，东魏地广国富，土地是久耕肥沃之地，人口逾2000

万，兵强马壮，高欢能调动的军队不下20万；西魏地瘠国贫，人口不满千万，宇文泰直接掌握的军队不过3万余人。西魏同时还受到西北胡族的骚扰，形势十分动荡。西魏立国之初，关中即遭遇大饥荒，东魏趁机来攻。虽然经过拼死抵抗打退高欢，但宇文泰深深感到，如此立国恐怕不能长久。

大统元年（公元535年）三月，宇文泰命令各衙署斟酌古今以来的治国经验，且可以用于现实者，制定颁行了二十四条新制。其中值得一提的是府兵制度。宇文泰将军队分为八部，各部设柱国大将军，共为八柱国，宇文泰是全军统帅。八柱国中固然有元氏皇族担任统帅，实际上只是挂个名，每个统帅身边都有两名监军直接听宇文泰指挥。这些柱国下面各自开府分兵，层层统率，军队形成严密的组织。随着鲜卑族反汉化的来潮，许多鲜卑人认为汉族的军伍并不适应鲜卑人。宇文泰深谙其道，就顺势采用鲜卑族原有的部落组织关系，竭力将士兵和军官之间的关系改为氏族关系。随着鲜卑化的加深，宇文泰下令将孝文改制时将复姓改为单姓的将领则重新改为复姓，已采用汉姓或本来就是汉姓的，则赐以鲜卑姓。借用氏族部落的血缘纽带来组织府兵，提高府兵的战斗力。

不过，宇文泰还是将注意力放在内政上。大统七年（公元541年）九月，又颁六条诏书，“先治心，敦教化，尽地利，擢贤良，恤狱讼，均赋役”，后来又陆续颁布一些诏书，涉及广泛，但大抵是劝农桑、敦教化的政策鼓励。宇文泰奉行以德治教化为主，法治为辅的统治原则，要求各级官吏用儒家学说修身，躬行仁义；在用人上，宇文泰奉行唯贤是举，不限资荫，大批汉族士人进入西魏，西魏的吏治也较为清明。宇文泰除了专心对付高欢的入侵和内政的修整外，也趁机扩大版图。

大统十六年（公元550年）江南发生“侯景之乱”，梁朝无暇西顾，宇文泰趁机派兵攻陷梁安陆,、取得汉水以东的大片土地，以此为基地，一举收取益州地区，版图大大拓宽。经过这几年的攻伐，西魏所有土地东面还要加上荆襄。西魏的版图超过北齐，初步具备了统一北方，进而统一中国的实力。

诏讨高欢，两相博弈

孝武帝逃到宇文泰这里，谁知道却是才出虎穴，又入狼口。据说孝武帝有堂妹三人，都没有出嫁，名义上封为公主，在宫中实际上充当孝武帝的嫔妃。其中一个平原公主元明月最受他宠爱。为消乱伦之事，宇文泰怂恿西魏元姓诸王把平原公主从孝武帝身边抢出来杀掉。孝武帝恨恨不平，悲愤可知，他不时在宫内弯弓搭箭，或以刀砍击桌案，宣泄不平，言语之间也掩饰不住对宇文泰的恨意。宇文泰在皇帝身边耳目甚多，闻此就派人把毒药放进孝武帝酒里，毒死了孝武帝，时年25岁。随后，宇文泰立平原公主的亲哥哥元宝炬为帝。至此，北魏的两大权臣高欢与宇文泰正式割据东西，分别控制着个傀儡皇帝。两人具有一统北方的雄心，随后便展开一场旷日持久的大战。

在这一系列的战争中，东、西两魏一共进行了潼关之战、沙苑之战、河桥之战、邙山之战、玉壁之战等五次大战，互有胜负。

西魏大统二年、梁朝大同二年（公元536年），西魏的关中地区发生了大饥荒，出现了人吃人的现象。西魏大统三年（公元537年），高欢率20万大军渡过黄河，一路逼向西魏都城长安。宇文泰只有万人之兵，一边率军前行，一边征集州兵迎战。为阻止东魏军逼近长安，宇文泰决定把战场拉在远离长安的地区，率轻骑渡过渭河，来到沙苑。

在东魏方面，同年二月，东魏丞相、渤海王高欢的嫡长子高澄，年仅15岁，就已经成为大行台、并州刺史。他要求到国都邺城辅助处理朝中的政务，丞相高欢没有答应，丞相主簿等人搴替高澄请求，高欢这才同意。二十六日，元善见任命高澄为尚书令兼领军、京畿大都督。魏朝上下虽然都曾经耳闻他的才能与识见，但还是将他看成孩子。没想到高澄上任之后，执法严厉，办起事来雷厉风行，朝廷内外的人们都为此感到震惊，同时肃然起敬。高澄引荐并州别驾崔暹为左丞、吏部郎，非常亲近信任他。

公元537年正月，东魏丞相高欢将部队驻扎在蒲坂，建造了3座浮桥，准备渡黄河。西魏丞相宇文泰将部队驻扎在广阳，他对手下的各位将领说："贼兵从3个方向牵制我们，又建造了浮桥来表明他们一定要渡河，其实他们的用意不过是想在这里牵制我军，使窦泰得以西进。高欢自从起兵以来，窦泰经常充当他的先锋，手下有许多精锐的士兵，他们打了几次胜仗以后已变得骄傲起来。现在要是进行袭击的话，一定能够打败他们，而打垮了窦泰，高欢就会不战而撤逃。"十四日，西魏丞相宇文泰先不提自己的计谋，而是找到担任直事郎中的侄子宇文深，宇文深回答说："窦泰是高欢手下骁勇的将领，如今我们的大军要是攻打蒲坂，高欢坚守不出，窦泰前来救援，就会出现里外受敌人威胁的局面，这是一条危险的道路。不如选出一支轻装的精锐部队悄悄地从小关出去，窦泰性格急躁，必定要来同我们进行决战，而高欢老成持重不会立即救援。这样的话，我们迅速出击窦泰，就一定能够捉住他。捉住了窦泰，高欢的进攻自然就被阻止，我们再调过头来袭击他们，就一定可以取得胜利。"丞相宇文泰听后说："这也是我的想法。"十五日，宇文泰拜见了西魏皇帝元宝炬后悄悄地带领部队从东面出去了，十七日早上到达了小关。窦泰突然听说敌军到了，连忙从风陵渡过了黄河，宇文泰冲出马牧泽，攻击窦泰，打得他一败涂地，最后窦泰自杀了。宇文泰叫人将他的头颅送到了西魏都城长安。

公元537年五月，西魏任命广陵王元欣为太宰，贺拔胜为太师。六月，西魏任命扶风王元孚为太保，梁景睿为太傅，广平王元赞为太尉，开府仪同三司、武川王元盟为司空。此时，南方梁朝与北方已经沟通和好，在交往中，务必要让对方夸己方的人贤能。每当梁朝的使者来到邺城，城内为之轰动。后来，独孤信要求回到北方，梁武帝萧衍允许了。独孤信与杨忠回到长安，向西魏皇帝元宝炬呈上请罪的文书。元宝炬认为独孤信有平定三荆地区的功劳，晋升他为骠骑大将军，加侍中、开府仪同三司，其余的官爵跟过去一样。丞相宇文泰喜爱杨忠的勇猛，将他留在自己的身边。

西魏的宇文深劝说丞相宇文泰夺取恒农。八月十四日，宇文泰统率李弼等12位将领讨伐东魏，任命北雍州刺史丁谨担任先锋，攻打并占领了盘豆。此时，东魏丞相高欢因为黄河上的冰太薄，无法赶去救援，只好拆除浮桥撤退。西魏丞相宇文泰也率领部队返回长安。东魏丞相高欢统领20万兵马从壶口赶往蒲津，又叫高敖曹率领30000人马从河南出发。此时关中地区发生饥荒，西魏丞相宇文泰所率领的将士还不到10000人，在恒农吃住了50多天，听说高欢将要渡过黄河，就带领部队进入关中，于是高敖曹开始包围恒农。

高欢的右长史薛墩对高欢说："西魏敌人连年饥荒，所以这次冒死来到，陕州，想要取得仓库中的粮食。现在高敖曹已经包围了陕城，粮食无法再运出去，所以我们只要在各条道路上布置兵力，而不要和他们在旷野作战，待到麦子熟了的时候，百姓就会饿死，这一下我们还愁元宝炬、宇文泰不投降吗？希望丞相您不要下令渡黄河。"侯景则对高欢说："我们眼下这一次出兵，规模非常大，万一不能取得胜利，就很难控制住局面了。不如分成两支部队，相继前进，如果前面的部队得胜，后面的就全力支持；如果前面的部队失败，后面的就顶替它上去。"高欢没有听从他们的劝告，从蒲津渡过了黄河。

十月初一，西魏军抢先来到沙苑设伏，在沙苑以东十里芦苇丛生地区设伏，另外派军在渭水两岸伏兵。第二日，东魏军果然进入伏击区，见前来迎敌的西魏军少，未等列阵便争相进攻。宇文泰乘东魏军轻敌不为之时，当即下令出击，伏兵顿起，高欢的大军被截为前后两段不能呼应。东魏军队惊慌失措，又实在不知敌军多少，纷纷投降，此仗共降敌7万人，缴获铠仗18万件，主将高欢骑骆驼逃往黄河西岸，他的军队被宇文泰的铁骑猛击，共损失了8万多人。宇文泰命令将士每人在战场上植柳树一株，以示庆贺，他自己升为柱国大将军。经过这一仗，西魏在气势上再也不会输给东魏了。

公元538年正月，东魏的砀郡捕获一头巨象，将它送往国都邺城。初七，元善见下令大赦天下，并将年号改为元象。同年，东魏大都督善无人贺拔仁攻打西魏南汾州，南汾州刺史韦子粲向贺拔仁投降。西魏丞相宇文泰听到这一消息后，屠杀了韦子粲的全部家族。东魏大行台侯景等人在虎牢整顿部队，准备收复黄河以南的各州。看到势头不对，西魏的梁迥、韦孝宽、赵继宗都放弃他们所守的城跑回西部地区。兼管洛州事务的卢勇带领100名骑兵来到大隗山，遇上了西魏的部队。卢勇抓获了西魏的仪同三司程华，杀死了仪同三司王征蛮，然后返回。广州的守将骆超打开城门向东魏投降。东魏丞相高欢下令让卢勇再兼管广州事务。从此，南汾、颍、豫、广这4个州重新划人东魏的版图。

公元539年五月七日，东魏皇帝元善见策立丞相高欢的女儿为皇后；二十三日，大赦天下。九月十四日，东魏征调了京畿内10万人修筑邺城，40天完工。十月，由于新的宫殿建成，元善见下令大赦天下，并改年号兴和。

公元541年，北魏从孝昌年间国内发生动乱以后，农民、商人失业，六镇的百姓相继向内地迁移，到齐、晋之地寻求生路，高欢因此成就了霸业。北魏分裂成东魏、西魏之后，连年发生战争，在黄河以南的各个州郡，全都变为一片荒芜，许多老百姓都饿死了。高欢命令各州的河岸以及有渡口和桥梁的地方，都设置库储存粮食，然后通过水道转运，供应部队，准备应付饥荒，又在幽、瀛、沧、青4个州的海边煮盐。由于采取了这些措施，军事和行政方面的开支，大致能够周转开了。到现时，东部地区的庄稼连年好收成，崤山以东的百姓能够稍稍地休养生息了。东魏尚书令高澄与东魏皇帝元善见的妹妹冯翊长公主结婚，生了一个儿子叫高孝琬，朝中的显贵们纷纷向他祝贺。高澄回答说："这孩子是皇上外甥，应该先向皇上祝贺。3天之后，元善见来到高澄的家中，赠送给他10000匹织锦、彩缎、绵布与绢帛。

公元542年，东魏丞相高欢带兵攻打西魏，从汾州、绛州进入西魏的土地，营垒连结起来长达40里。西魏丞相宇文泰命令王思政守卫玉壁，以便切断东魏高欢的道路。十月初六，高欢指挥部队包围了玉壁，一共持续了9天，遇上天降大雪，士兵们饥寒交迫，于是东魏的部队解除包围撤退。西魏派皇太子元钦镇守蒲坂，丞相宇文泰带领部队赶往蒲坂，到达皂荚的时候，听说高欢已经撤退，就下令追赶，结果没有赶上。

公元543年正月初一，东魏大赦天下，改年号武定。二月高仲密占领虎牢反叛，投降了西魏。西魏任命高仲密为侍中、司徒。公元544年，这一年，东魏让散骑常侍魏收兼任中书侍郎，编修国史。

公元545年，从晋朝以来，天下文章竞相以词藻繁复相夸，西魏丞相宇文泰想革除这一不良风气。六月初十，西魏皇帝元宝炬到太庙祭祖。宇文泰命令大行台度支尚书、领著作苏绰写了一篇《大诰》，宣读给文武大臣们听，劝诫大臣们勤于政事。西魏还下命令："从今以后，文章都要按照这种方式来写。"

公元546年，西魏与柔然国头兵可汗密谋联合起兵讨伐东魏，东魏丞相高欢为此事很担心，便派行台郎中杜弼出使柔然国，替他的长子高澄求婚。头兵可汗对使者说："高丞相如果为自己娶亲就可以。"高欢犹豫不决。娄妃对他说："这是国家大事，希望您不要犹豫。"长子高澄与尉景也劝他。高欢于是派遣镇南将军慕容俨前往柔然国去定亲，称柔然王的女儿为蠕蠕公主。八月，高欢亲自在下馆迎接蠕蠕公主。公主来到了东魏，娄妃将自己居住的正室让给蠕蠕公主住。高欢向娄妃跪拜感谢她，娄妃说："公主会发现我们的关系，希望你和我断绝来往，不要再来看我。"头兵可汗派他的弟弟秃突佳前来护送蠕蠕公主，并且作为对东魏的回访。他又告诫公主说："等到看见外孙之后你再回来。"公主性格刚毅，终身不肯说汉语。高欢有一次病了，不能前往她的住处，秃突佳很有怨气，高欢便立即抱病登车去公主那里。

十月，东魏丞相高欢的军队日夜不停地进攻玉壁，西魏的韦孝宽随机应变地抵抗东魏的进攻。高欢未攻下玉壁城，又气又急，因此得了疾病。他听到西魏人传言他已被韦孝宽射杀，勉强站起来召见权贵们。他让斛律金作了一首《敕勒歌》，歌词曰："敕勒川，阴山下。天似穹庐，笼盖四野。天苍苍，野茫茫，风吹草低见牛羊。"高欢自己也跟着乐曲和唱，悲哀之感油然而生，不禁痛哭流涕。

高欢性格深沉谨细，一天到晚总是一副很庄严的样子，谁都猜不到他内心在想些什么。在掌握机会和权变方面，他能千变万化，如有神助。在治理、驾驭军队方面，又能做到法令严格。他听取和决断事情，能做到明察秋毫，谁也不敢冒犯、欺骗他。在选拔人才、提升任用官员时，只注重其才能，如果能担当此任，哪怕是仆人也不管；那些徒有虚名而无实际能力的，都不被任用。高欢平时节俭朴素，所用的刀、剑、马鞍以及缰绳都没用金银玉器装饰。他年轻时很能饮酒，自从担当大任之后，饮酒便不超过3杯。他了解下属，喜欢人才，对有功勋者和老部下都极力保护、成全。每次俘获到敌国的那些为本国尽忠尽节的大臣，大多不处罚他们。由于这样，文武百官都乐意被他任用。

第三章
波谲云诡，大浪淘沙

东西魏建立之后，高欢与宇文泰之间的战争始终没有停止。高欢死后，高澄执政，而高洋最终篡位建立北齐，国势开始衰微。此时，西魏宇文泰也登上皇位，建立北周。在宇文泰的治理下，北周日益强盛，并且最后消灭了北齐，成为最后的赢家。然而，这其中的形势波云谲诡，一切都还在继续。

高澄执政，高洋篡位

公元547年正月初八，东魏渤海献武王高欢去世。长子高澄封锁了高欢去世的消息，只有行台左丞陈元康知道。高欢死后，长子高澄继承父亲之位。高澄自幼聪明过人，深得高欢喜爱，很小就被立为世子。高欢死后，高澄被孝静帝元善见任命为使持节、大丞相都督中外诸军事、录尚书事、大行台、承袭其父渤海王位。

东魏皇帝元善见容貌俊美，臂力过人，并且射箭百发百中。他还喜好文学，行止从容沉稳，性情高雅。当时的人都认为他有北魏孝文帝（元宏）的风范，因此大将军高澄特别防范他。

在此之前，献武王高欢侍奉元善见时执礼甚恭，事无大小都一定汇报给元善见。每次侍宴，他都俯下身子向皇帝祝寿。元善见举办法会，乘坐銮驾去进香时，他手持香炉，徒步跟在后面，屏住气息，弯腰鞠躬，看皇上的眼色行事，所以他的部下在侍奉元善见时也没有人敢不恭敬。高澄执掌国家大权后，让中书黄门郎崔季舒暗中窥探皇帝元善见的举动，元善见所做的大大小小的事都让崔季舒知道。元善见曾在邺城的东边打猎，骑马逐兽如飞，监卫都督跟在元善见的马后高声呼喊：“皇上不要让马跑起来，大将军要怪罪的！”高澄曾经陪着元善见饮酒，他举起手中大酒杯向元善见劝酒说："臣高澄劝陛下喝一杯。"元善见不胜愤怒，对高澄说："自古以来没有不灭亡的国家，朕还要这一生干什么？"高澄恼羞成怒，奋衣而出。

第二天，高澄让崔季舒进宫去慰问皇上元善见，元善见也表示歉意，并且赏赐给他100匹绢。后来，元善见忍受不了这种侮辱，便借吟咏谢灵运的诗来抒发自己的情怀。"韩亡子房奋，秦帝仲连耻，本自江海人，忠义动君子。"常侍、侍讲颍川人荀济了解元善见的心思，便和祠部郎中元瑾、长秋卿刘思逸、华山王元大器、淮南王元宣洪，济北王元徽等人一起密谋杀掉高澄。元善见降旨假意问荀济："您打算在什么时间开讲？"于是便借口要在皇宫里修一座土山，挖了一条通向城北的地道。地道挖到了千秋门时，守门的兵卒发觉地下有响动，便将这一情况告诉了高澄。高澄带着兵士入宫，见到了皇上元善见，没有叩拜便坐下来，问："陛下为什么要谋划反叛？我们父子有保存国家的功绩，有什么对不起陛下的地方呢？这一定是您身边侍卫人员和嫔妃们所搞的鬼。"说完便要杀掉胡夫人以及李嫔。元善见板起面孔说："自古以来只听说过臣子反叛君王，没听说过君王反叛臣子。你自己要造反，又何必还要责怪我呢！我杀掉你江山社稷就会安定，不杀则国家就会很快灭亡。我对自己都没时间去爱惜，何况对这些嫔妃呢！如果你一定要反叛弑君的话，是早动手还是晚动手就在于你自己了！"高澄听完这些话，便离开坐床向元善见叩头，痛哭流涕地向元善见道歉、请罪。于是，一起痛饮，直到深夜，高澄才离开皇宫。隔了3天，高澄便将皇上元善见囚禁在含章堂里。二十八日，高澄将荀济等人在街市上用大锅煮死。

公元549年三月，又加封高澄为相国、齐王，"赞拜不名，入朝不

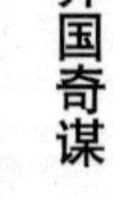

趋，剑履上殿”，权势至高无上。此时的高澄并不满足，他一直认为皇帝的宝座应该是他高家人，而不应该由元氏坐。他的父亲只不过是为了顾大局，才让元善见坐上去的，因此根本不把孝静帝放在眼里。

公元549年四月十九日，东魏晋升大将军、渤海王高澄为相国，并加封他为齐王，给予他特殊的礼遇。后来，高澄来到邺城朝拜皇帝元善见，坚决推辞，但是元善见没有同意。高澄召集手下的将领及其他辅佐官员秘密商议此事，大家都劝高澄应该接受朝廷的任命，唯独散骑常侍陈元康认为不可以这么做，高澄从此开始嫌恶他。

当时，东魏齐王高澄抓获了徐州刺史兰钦的儿子兰京，让他充当服侍自己用餐的奴仆，兰钦请求用钱财赎兰京出去，但是高澄不答应。兰京自己多次提出请求，高澄就用木杖打他，对他说：“你要是再求诉的话，就杀掉你！”公元549年七月，高澄再次来到邺城，邀请死党崔季舒、陈元康等人在北城东柏堂住所，密谋篡夺皇位的勾当。因高澄淫乐成性，不仅偷偷和他父亲的宠妃郑氏暗中往来，而且就连弟妹，高洋妃李氏也是百般调戏，人伦纲常全然不顾。再说东柏堂环境优雅、僻静，正好约会他新宠幸的琅琊公主。为不受外人打搅，好让琅琊公主往来无顾忌，高澄把自己的侍卫打发的远远的。那天高澄与心腹密议受禅之事，侍卫更是不能沾边。兰京抓住这个机会，伺机下手。兰京捧着盘子进来。高澄见是兰京，气都不打一处来，大声吼道：“我不愿让你送吃的，怎么来胡闹？”兰京也不搭话，上前呈上饭盒盘，迅速抽出藏在盘底的尖刀，迎面向高澄刺去，并厉声说：“我要杀你！”话还没说完，从门外跑来阿改等四五个人，手提尖刀，来助兰京。高澄见寡不敌众，慌忙钻入床下，陈元康上前独身阻挡，结果多处被刺，倒在地上。兰京一伙一拥而上，抬起木床，杀死高澄。兰京虽然旋即被闻讯赶来的高洋斩杀，但高澄却早已身亡，年仅29岁。

之后，高洋慢慢地走出来说："奴才造反，大将军受了伤，但是伤势不严重。"朝廷内外都对高洋的镇定自若感到惊异。高洋封锁了高澄的死讯，秘不发丧。到了夜里，陈元康便死了。高洋将陈元康收殓在自己的府第里，假装说派他出使到外地了，还授予他中书令的职务。

九月初十，高洋劝说东魏皇帝元善见以立了太子的名义大赦天下。高澄的死讯渐渐透露出来，元善见悄悄地对身边的人说："现在大将军死了，似乎是天意，权威应当重新归于皇室了！"十一日，高洋来到昭阳殿拜见元善见，身后跟着8000名披甲戴盔的士兵，登上宫殿台阶的就有200多人，他们都捋着袖子按住刀剑，就像面对厉害的敌人一样。高洋叫主持朝仪的官员向元善见转报："我有一些家事，必须直接到晋阳。"说完，他拜了两拜离开皇宫。元善见大惊失色，他目送着高洋远去的身影说道："此人看来还是不能容纳我的。"晋阳原来的文官武将们一向轻视高洋，等到高洋抵达晋阳，他们看到高洋大会文武官员，神采英伟不凡，言语敏锐周到，都觉得非常吃惊。

公元550年五月初八，司空潘乐、侍中张亮、黄门郎赵彦深等要求入宫奏事，东魏皇帝元善见在昭阳殿召见他们。张亮说："金木水火土五行互相递代地运行，帝命有始有终，这是天意。齐王高洋天资圣明，道德崇高，天下归心，万众钦仰，希望陛下效法尧、舜，将帝位禅让给齐王。"元善见神色凝重地说："这件事推让很久了，我谨遵众意，理当逊位让贤。"又说："如果是这样，必须写成正式诏书。"中书郎裴让之说："诏书已经准备好了。"便让侍中杨愔将让位的诏书进呈元善见。元善见签署之后，说："退位之后，让我住到哪去？"杨愔回答说："北城另外有一套楼馆房舍。"于是元善见走下御座，步行走向东廊，口里吟咏着范晔所作的《后汉书》中对汉献帝的一段赞辞："献帝生不逢辰，身既播迁，国又遭难，到我为止，汉祚400年终结了。"掌管禅位事宜的人要元善见马上出发到为他准备的别馆去，元善见说："古人有顾念遗簪敝履的遗风，我想效法，和六宫的妃嫔们告别一下，可以吗？"高隆之说："今天天下还是陛下的，何况六宫呢？"元善见步行进宫，与妃嫔及其下属告别，整个皇宫都痛哭失声。就这样元善见进入了北城，住在司马子如的南宅。将皇位禅让给齐王高洋。至此，东魏灭亡。

五月初十，齐王高洋在邺城南郊即皇帝位，建立北齐。定国号为齐，改元天保，建都邺，年仅21岁，为北齐文宣帝。十一日，北齐封元善见为中山王，让他可以不行臣下之礼。

七月，西魏丞相宇文泰因为齐王高洋称帝，就率各路人马去征讨他。西魏征召秦州刺史宇文导为大将军，都督23州诸军事，驻扎在咸阳，镇守关中。九月初十，西魏军队从长安出发伐北齐。十二日，西魏军队进至潼关。十九日，北齐皇帝高洋驾临晋阳。

十一月，西魏丞相宇文泰在弘农建桥，跨黄河，到达建州。二十日，北齐皇帝高洋亲率军队出发，驻扎于晋阳之东城。宇文泰听说高洋军容严整，军威强盛，不禁感叹说："高欢并没有死去！"当时正逢久雨成灾，从秋天到冬天，西魏军队中的战马死了不少，于是只好从蒲坂撤退。从此黄河以南从洛阳往东、黄河以北从平阳往东，都纳入了北齐的版图。

元宝炬曾登逍遥宫远望嵯峨山，感慨地对左右说："望到这山，不禁让人有脱屣归隐的想法。如果我满50岁了，我就将政权交给太子，自己在山中采摘饵药，不再像现在这样一天万机了。"公元551年三月初六，西魏皇帝元宝炬在乾安殿去世，在位17年，终年45岁。

公元551年十二月，北齐皇帝高洋请太原公主喝酒，派人用毒酒害死了中山王元善见，时年28岁。他的3个儿子也一并被害。公元552年二月，奉谥日孝静皇帝，葬于漳西山岗。后来高洋忽然又挖开他的陵墓，将棺材扔进漳水。

史书记载，高洋幼时其貌不扬，沉默寡言，其实大智若愚，聪慧过人，虽偶然被兄弟嘲笑或玩弄，但其才能甚得父亲欣赏。他在位初年，留心政务，削减州郡，整顿吏治，训练军队，加强兵防，使北齐在很短的时间内强盛起来。他执法非常严格，不管皇亲国戚还是平民百姓，都同等对待。有一次国都邺城大旱，百姓无粮可吃。高洋得知此事，命皇后李氏的弟弟李长林打开国库，赈济灾民。然而半年以后，邺城老百姓还是饿死了有很多，原因是李长林克扣赈灾粮食，后来一位正直的大臣不顾自己的安危，把此事上奏给了皇上。高洋一听，勃然大怒。待原因查明后，下令将李长林斩首示众，后经许多大臣们的求情，留他一命，但仍将他削职为民。

高洋还改革了官制，削去州、郡建制。这样，全国的官吏一下子就减少了几万人，贪污腐化现象大大减少，农民们的负担也减轻了很多。为防止北方少数民族的进攻，高洋还加固长城。每到农闲季节，他就调民工修长城，这对边疆的稳固起了很大的作用。经过一系列的改革和发展，齐国慢慢的强盛起来。高洋还出兵进攻柔然、契丹、高丽等国，都大获全胜。同时，北齐的农业、盐铁业、瓷器制造业都相当发达，是同陈朝、西魏鼎立的三个国家中最富庶的，可谓中国历史上少见年轻有为之君。

可是没过多久，高洋便开始整日不理朝政，沉湎于酒色之中，他在都城邺修筑三台宫殿，十分豪华，动用了10万民夫，奢侈至极。高洋在位后期对百姓的压迫更重。他虽然是汉人，但是他大肆屠杀汉族人民，凶残至极。

不仅如此，高洋在大殿上设有一口锅和一把锯，每逢喝醉了酒，就以杀人取乐。宫女宦官和亲信每天都有人惨死在他的盛怒之下。最后遂由司法部门把判决死刑的囚犯，送到皇宫，供高洋杀人时之用，后来杀得太多，死囚不够供应，就把拘留所里正在审讯中的被告充数，称为“供御囚”。不但送到皇宫，即令高洋出巡时，供御囚也跟着，只要三个月不死，即作为无罪释放。高洋幼年时，宰相高隆之对他曾经不恭，于是，高洋就下令把高隆之杀掉。随后，又将高隆之二十多个儿子唤到马前，马鞭在马鞍上轻轻一扣，卫士群刀齐下，人头同时落地。高洋非常宠爱一位歌妓出身的薛贵嫔，又跟她的姊姊私通。有一天，高洋到她姊姊家吃酒，姊姊仗着高洋的宠爱，求高洋让她的父亲当上司徒，高洋大怒，说：“司徒是朝中的重要官职，哪是你想求便能求到的？”说完便亲自动手将她锯死。之后，高洋又怀疑薛氏跟高岳之前不清白，便用毒酒毒死了高岳，接着又砍下薛氏的头，把血淋淋的人头藏到怀里参加宴会，在宴会高潮时掏出来抛到桌子上，全席大惊失色。高洋又把她的尸体肢解，用腿骨做一个琵琶，一面弹一面唱。出葬时，高洋跟随在后面，蓬头垢面，大声哭号。

更有甚者，高洋凶性发作时，连自己的母亲也不放过。有一次曾把他母亲娄太后坐的小矮凳（胡床）推翻，使其跌伤。又有一次他大发脾气，宣称要把母亲嫁给鲜卑家奴。高洋还把平日经常规劝他的两个弟弟高浚和高涣，囚到地窖铁笼之中，高洋亲自去看他们，纵声高歌，命二人相和，二人既惧又悲，唱出歌声，声音颤抖。高洋听了，不禁流下眼泪，然后提起铁矛，向二人刺去。卫士们群矛齐下，两个弟弟用手抓住铁矛挣扎，号哭震天，随后死去。最后连同铁笼，一齐烧毁。后来，高洋又把北魏帝国元姓皇族，全部屠杀。

高洋对后妃虽喜怒无常，但对李氏却以礼相待；至于对李氏的母亲和姐姐，他就另眼相看了。一次酒后，高洋闯进岳母家中，见岳母一副养尊处优的样子，发起无名之火。他从随从手里拿过弓箭，一箭射中岳母的脸，并对血流如注的岳母说："我打过母后，还没有打过你，这不公平，我还要打你一顿才好。"于是又命令手下抽了岳母100马鞭才罢休。

高洋30岁的时候，身体状况日益恶化。每天只靠几碗酒度日，最后终于死在昏醉之中。

宇文建周，雄才大略

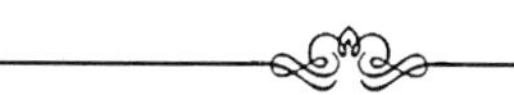

高洋临终前委托弟弟高演照顾自己继位的幼小长子高殷。公元560年，高演发动政变，高殷被废为济南王，次年就被杀死了。

高演幼时便聪敏过人，有大成之量，得到母亲宠爱。身长八尺，仪表风姿出众。高演长于政术。高洋当政时，他就开始参预朝政，政治经验逐渐成熟丰富。高演在位期间，文治武功兼盛。高演留心于政事，积极寻求及任用贤能为朝廷效力，政治清明。高演又关心民生，轻徭薄赋，并下诏分遣大使巡省四方，观察风俗，问人疾苦，考求得失。此外，高演亲征亲戎、北讨库莫奚，大获牛马。一年之后，高演就得重病而死。死前，传位的时候，高演想到自己杀侄篡权，怕自己的弟弟高湛也这样做。为了保住儿子、当时的太子高百年的性命，高演在万难抉择中终于下决心传位于同母弟高湛，并给高湛手书："将我的妻子儿女好好安置，善待他们！"然而，他死后没过多久，儿子高百年终为高湛所杀，终年14岁。

高湛性格优柔荒淫，继位之后，变本加厉。他残害宗室，昏庸无能，沉湎于美色之中，宠信小人，不思国事。高湛即位以后听说故帝高演的皇后元氏有一种奇药，就派人去元氏那里索取，不料被元氏一口回绝了。高湛怒从心头起，令宦官驾车当面叱辱元皇后。元皇后不敢反唇相讥，只有忍气吞声，随后孤身一人去了高演的陵墓前恸哭。高湛余怒未消，将她降居顺成宫幽禁起来。

第二年正月，高湛立妃子胡氏为皇后。册封皇后的那天晚上，在后宫设宴庆祝，高湛在外殿早已饮酒半醉，这时摇摇晃晃地闯入后宫，那些为皇后祝贺的内外命妇都站起来迎接高湛，高湛将这些妇女挨个儿瞄了一遍，忽然看见嫂子李氏，她是文宣帝高洋的皇后、废帝高殷的母亲。第二天的黄昏，高湛就摒去左右随从，一个人来到了李氏所住的昭信宫。高湛到了昭信宫调戏李氏，李氏起身就走。高湛一把拉住她的裙裾，李氏惊骇说："陛下身为天子，怎么不顾及名义呢？"高湛恼羞成怒说："今天你从我也得从，不从也得从，否则杀了你的儿子！"威胁到了自己的儿子，李氏不敢再拒绝，没过多久，她便怀孕了。

当时，大臣和士开武善于使槊，文工于弹奏琵琶，而且是个风流隽朗的人物。当初高湛为长广王时和士开已经得到了高湛的信任，常入侍左右，辟为开府参军。高湛即位之后升任和士开为给事。胡后以前就对和士开暗自倾心，此时乘高湛与嫂子乱伦，她贿通宫女，引和士开入宫淫乱。高湛害怕胡后责备他与李氏的关系，凡是胡后的要求他都毫不犹豫地答应。胡后乘机念叨和士开的好处，高湛便擢升和士开为黄门侍郎。皇嫂李氏怀孕快要生产，她的亲生儿子太原王高绍德请求入见，李氏挺着大肚子羞愧难当，便不让高绍德进宫。高绍德听到母亲躲着他不肯见面，说："儿子也知道母亲腹大，因此不见儿子。"李氏听后，不禁惭愤交并。过了几天李氏生下一个女婴，生下后李氏便立刻将她溺死了。高湛听到了此事怒不可遏，便令左右去召高绍德。高湛一等高绍德来到面前便用刀背上的铁环痛击，高绍德跪在地上哀求，高湛怒骂说："你父亲打我的时候你为什么不出言相救？现在还想活么？"说着再用力挥刀猛击，高绍德晕倒在地上，片刻后气绝而死。李氏见儿子死得凄惨无比，当下号哭起来，高湛命宫女脱下李氏的衣服，取鞭子抽打，然后命人将李氏装进绢囊中投在御沟的水中，过了半天再捞起来。高湛这才觉得解气，他吩咐宫女说："假如她已经死了就不必再说，假如没有死，就让她去妙胜寺里做尼姑。"高湛走了之后，宫女立刻抢救，救治了半天终于救活，宫女将她抬上床榻，过了两昼夜手脚才能活动，待伤口愈合以后宫女将她用牛车拉到了妙胜寺，从此剃发为尼。高湛身体精力渐衰，不久病情加重，没有几年就病死了。

正当北齐政权风雨飘摇的时候，北周却出了一位明君。此人就是宇文邕。公元554年正月，宇文泰杀废帝元钦。公元556年九月，宇文泰北巡时病危，于是把自己的孩子托付给侄子宇文护，其临终遗言中说："我儿年纪尚幼，外寇方强，国家之事就托付给你了，你要努力完成我的志向。"宇文护以宇文泰嗣子宇文觉幼弱，想乘宇文泰的权势和影响尚存时早日夺取政权，因迫使西魏恭帝元廓禅位于周。公元557年，宇文觉称周天王，北周建立。

宇文觉也是少年坚毅刚决，不满宇文护的专权。赵贵、独孤信对宇文护也是相当的不服。他们一起鼓励宇文觉除掉宇文护。于是宇文觉招了一批武士，经常在皇宫后园演习如何擒拿宇文护。他又与大臣商量，除掉宇文护。谁知他们的计划还来不及实施，就有人向宇文护告密了，后赵贵被杀，独孤信被罢官，后来孤独信也被赐死。宇文觉被废黜，后被毒死。

事后，宇文护拥立宇文泰另一个儿子宇文毓，是为周明帝。宇文毓外表儒弱，但是在处理事务中逐渐显露出自己的聪明才智和才干。很快，他周围集聚起一批老臣元勋。他致力于发展经济，在百姓中也威望日高。为了试探一下，宇文护假惺惺地搞了一次“归政于帝”的举动，把除了军权以外的所有权力都交还给皇帝。谁知宇文毓准许，并把自己的名号正式改为皇帝。这些都引起宇文护的疑惧和不安，于是，公元560年，宇文护毒死宇文毓。

随后，宇文护又立宇文泰四子宇文邕为帝，是为周武帝，实际大权仍由他掌握。宇文邕小时候孝敬父母，聪敏又有资质。宇文泰因此很喜欢他。青少年时代的宇文邕，前途平坦，12岁时就被封为辅城郡公。宇文邕性格沉稳，不爱多说话。刚开始时，宇文邕不敢暴露自己对宇文护的不满。宇文邕一直采用韬晦之计。宇文护的母亲，被北齐俘虏，母子分离35年，后来北齐将她放回，宇文邕对她也竭力奉承，以此来博得宇文护的欢心。由于宇文邕表面上的尊重、屈从，宇文护没有像对宇文觉、宇文毓那样对待他。然而在暗中，宇文护还是时时要挟宇文邕，专横跋扈，总想取而代之。公元572年，宇文邕感觉时机成熟，决心铲除宇文护。

一天，宇文护从同州返回长安，宇文邕便与他一同来见太后，宇文邕一边走，一边对宇文护说："太后年岁高了，可是喜欢饮酒。虽然我屡次劝阻，太后却没有听。您今天请去替我劝一下。"说着，又从怀中掏出一篇《酒诰》交给宇文护，让他以此劝说太后。宇文护进到太后居处，果然听从宇文邕所言，对太后读起了《酒诰》。他正读着，宇文邕忽然举起玉珽在他脑袋上猛地一击。宇文护跌倒在地，后被砍杀。诛杀宇文护，是北周宇文邕一生中的大事。

宇文护被杀后，北周的大权才真正开始掌握在北周武帝宇文邕手中。周武帝除去了心头之患，开始了一系列的改革措施，他在父亲宇文泰所建立的基础上，终于使原来弱于北齐的北周，转弱为强。

排佛强国，消灭北齐

宇文护的余党被诛杀之后，北周武帝宇文邕改年号建德。他继承父亲宇文泰的事业，进行了一系列的改革措施。北周建国十余年，国力逐渐强盛。

周武帝在登基之初为了迎合宇文护的偏好，曾推崇佛教和道教。在建德二年（公元573年）宇文邕召集道士、僧侣、百官再次讨论佛、道、儒三教的问题。在宗教讨论中，儒教被排在第一位、道教排在第二位、释教被排到了最末位，事实上已是灭佛的前奏。当时有很多佛教徒察觉到这种苗头，大为不满，向周武帝争辩。他们说，释教即便不能和儒教相抗，也不应该排在道教之后。其他一些人倒是看出了周武帝的用意，他们指出："陛下有事于释教，不过是求兵于僧尼之众，求田地于佛塔之下。可是僧尼当兵，军队不能增加多少；把寺院的地抢去，国家就能强盛吗？"周武帝不为所动，第二年五月下诏："全国佛、道二教，书经塑像全都毁坏，沙门道士勒令还俗。儒教经典所不记载的祭祀，下令扫除。"一时之间，佛像被大量销毁，经像被焚烧，僧尼被驱赶，宝塔被破坏，寺庙被改为俗宅，佛教惨遭浩劫。

宇文邕灭佛一事，被佛教徒视为佛教浩劫，竭力攻击。但从当时历史背景来看，宇文邕的灭佛对社会发展所起的作用是利大于弊的。当时，佛教、道教势力的扩张，不仅损害了政府的税收与徭役、兵役，也妨碍了经济势力的扩展。这次灭佛，北周政府不仅获得了大量的寺观财富，而且获得了近300万的编民，遂使生产日益发展。正因为北周成功的灭佛运动，才使它国力大大增强，为灭北齐奠定了坚实的基础。

北周在武帝宇文邕的领导下蒸蒸日上，而北齐政权却在几代昏君的糟蹋下不成样子，到了北齐后主高纬的手里，政权更是岌岌可危。

当时，高湛一心玩乐，皇位传给了儿子高纬。高纬小时候有个乳娘，叫陆令萱。她的丈夫因犯谋叛罪被判死刑，陆令萱也就沦为皇宫女仆，负责喂养高纬。陆令萱看准了身为太子的高纬终有一天会黄袍加身。因此，她当乳娘不久，便施展政治投机的手腕，讨好胡太后，结党营私。高纬上台后，封陆令萱为女侍中。陆令萱、和士开、高阿那肱、穆提婆、韩长鸾等佞幸小人把持了朝政，勾结亲党、贿赂公行、狱讼不公、官爵滥施。一时间，奴婢、太监、娼优等人都被封官晋爵。天下开府一职的官员达到1千多人，仪同官职难以计数。仅领军就增加到20人，由于人员庞杂、职权不明。

皇宫中有500个宫女，高纬把每个宫女都封为郡官，每个宫女都赏赐给一条价值万金的裙子和价值连城的镜台。除在邺都大兴土木工程外，又在晋阳广建12座宫殿，丹青雕刻，巧夺天工，比邺城更为华丽。宫内的珍宝往往是早上爱不释手，晚上便视如敝履，随意扔弃。高纬曾在晋阳的两座山上凿两座大佛，叫工匠们夜以继日，晚上则用油作燃料，一夜之间数万盒油同时燃烧，几十里内光照如昼。高纬的牛马狗鸡的地位和大臣们一样，他的爱马封为逍遥郡君、凌霄郡君。斗鸡的爵号有开府斗鸡、郡君斗鸡等。

北齐到高纬时期已是朝纲紊乱、民力凋尽、徭役繁重、国力空殚。高纬根本不把这一切放在心上，他常常谱曲，自称为“无愁天子”，拿起琵琶，自弹自唱。宫内近千名太监、奴婢一齐伴唱，整个皇宫歌声缭绕，一片太平盛世景象。他每天都和后妃、宫女在一起厮混，只顾吃喝玩乐，十天半个月不上一次朝。在他的心里，从来就没有“国家”和“百姓”。哪个大臣劝他勤于政事，轻则被罢官、重则被杀头。那些阿谀奉承的人，有的四处为他物色美女，有的为他修建富丽堂皇的宫殿，供他游乐。这样的人都得到了他的提拔和重用。他在位不到十年，豪华宫殿建了十几处，邺城里的寺院比他父亲高湛在位时多了将近一倍。整个国家已经到了随时就被吞并的地步。

公元572年，齐后主高纬听信谗言，将名将斛律光诱杀。斛律光是北齐名将，曾跟随高欢和高澄、高洋几代人东征西战，战功显赫，以军功升至左丞相，成为北齐的栋梁。北周屡次与斛律光交战都不能获胜，便趁北齐君臣内部离心离德，大施反间计。他把斛律光篡位的谣言编成儿歌，教人传唱，朝廷内反对斛律光的大臣趁机诬告斛律光图谋不轨。昏庸的高纬听信谗言，将斛律光诱到宫中，用弓弦勒死。这显然是自毁长城的举动，北齐朝野上下无不痛惜，敌国北周武帝听到这个消息则惊喜过望，下令大赦全境。

斛律光，字明月，出身将门。斛律光少年的时候就善于骑射，武艺高强，17岁就被高欢提拔为都督，后来成为高澄的亲信都督，不久为征虏将军，累升卫将军。斛律光性情刚直，治军严格，打起仗来，总在前方指挥，因此他的部队战斗力很强。在北齐和北周的频繁战争中，他带兵几十年，多次立功，从没有打过败仗，北周将士都很怕他。

公元564年，北周派大将达奚成兴侵齐平阳（山西临汾西南），北齐派斛律光率步骑3万抵抗。达奚成听说是斛律光迎战，不战而退，齐军乘胜追入周境，俘虏了周军2000多人。是年冬，北周宇文护亲自挂帅，以柱国大司马尉迟迥为先锋，率兵10万攻打洛阳，并派雍州牧齐国公宇文宽、同州刺史达奚武、泾州总管王雄屯兵邙山策应。北齐则派兰陵王高长恭和斛律光前往救援，齐王自己也带领卫兵从晋阳出发，作为后应。齐周两军在邙山相近，斛律光首战告捷，与高长恭带500骑兵突破周军包围进入洛阳城，与城内守军会合。周将尉迟迥退守邙山，会合宇文宽、王雄等兵拒战。猛将王雄驰马挺槊冲入斛律光营中，斛律光见其来势凶猛，奔出阵后，落荒急走，只剩一箭，随行也仅有一卒。王雄紧追，相距数丈，大喊："当擒你献给天子！"语音未落，只见斛律光取弓措箭，返身一射，正中王雄前额。王雄伏抱马首奔回营中，当晚因伤势过重死去。斛律光乘势击杀，大败周军，"斩捕首虏三千余级，迥、宽仅而获免，尽收其甲兵辎重"。齐王高湛赶到洛阳策勋班赏，晋升斛律光为太尉，又封冠军县公。公元567年十二月，北周又围攻洛阳，阻断齐军粮道。第二年正月，斛律光奉高湛之命率步骑3万征讨。军至定陇，与在鹿卢交屯兵的周将张掖公、宇文桀、中州刺史梁士彦、开府司水大夫梁景兴等相遇。斛律光披坚执锐，身先士卒，大败宇文桀军，斩首两千余级。齐军长驱直下，直到宜阳，与在这里防守的北周齐国公宇文宪、申国公拓跋显敬相持百日。为了沟通宜阳道路，斛律光营筑了统关、丰化二城，在齐军返回时，宇文宪等率军5万追击，斛律光纵骑反攻，杀败周军，俘虏其开府宇文英、都督越勤世良、韩延等。宇文宪又令宇文桀、大将军中部公梁洛都、梁士彦、梁景兴率步骑3万，于鹿卢交断路拦击，斛律光与韩贵孙、呼延族、王显等合击，大破之，斩杀梁景兴，获马千匹，因军功被加封为右丞相、并州刺史。这年冬天，斛律光率步骑5万在玉壁营筑了华谷、龙门二城，与宇文宪、拓跋显敬相持，宇文宪再也不敢妄动。斛律光又进围定阳，营筑南汾城，置州逼周军，胡、汉民众万余户前来归附。公元571年，斛律光率众筑平陇、卫壁、统戎等镇、戍13所。北周柱国抱罕公普屯威、柱国韦孝宽率步骑万余进攻平陇，与斛律光战于汾水之北，周军大败，被俘杀千余人。接着北周又派其柱国纥干广略图攻宜阳，斛律光率步骑5万赴之，大战于城下，战败周军，夺取了北周的建安等四戍，俘获周军千余人，凯旋而归。

他的弟弟为幽州刺史，在边境筑城设险，养马练兵，修水利、劝农耕，威震謇厥。全家功高位显，门第极盛。因此，斛律光常为此担忧，怕惹来祸患，居家很严，生活节俭，不谋私利，杜绝贿赂，门无宾客，也不肯干预朝政。北齐后主高纬是个昏庸无能的皇帝，他宠信、穆提婆等小人，政治黑暗腐败。斛律光非常讨厌这些人，说："小人当道，国家堪忧啊！"这引起了朝中小人的忌恨和陷害。

公元575年7月，周武帝亲率6万大军伐齐，出潼关向东，兵锋直指洛阳。西魏宇文泰伐东魏时曾走过这条线路，并不太顺利。将军们说："洛阳是四战之地，即使攻下，也不易守住；不如兵出河北，先攻太原，可一举而定。"东魏北齐虽以邺为都城，但是发迹之地却是在晋阳，将领们的意见还是很有道理的。但是周武帝灭齐心切，想径直攻下北齐洛阳，直捣邺城。当时，河阴是攻克洛阳之前必须拿下的大城，此外还有金墉城，这是魏晋以来攻打洛阳必须占领的阵地。周军攻打河阴二十几天无法拿下，金墉城守将独孤永业也坚守城池，齐军的援军从晋阳南下，形势对北周变得不利起来。周武帝无心恋战，以身有疾病为借口，烧毁船只，从陆路退回关中。此战之后一年，周武帝再次率军伐齐，这一回他汲取教训，改变进攻策略，直取晋阳。但是经过上一战，北周将领有了畏难情绪，纷纷抵制东征。武帝只得采用高压手段，宣布凡"不服从命令的，一律军法制裁！"周军一路开进到汾曲，首要目标是攻取晋州的主城平阳城。周武帝分兵扼守各处要隘，阻止晋阳来救，自己亲率主力急攻。平阳城高难攻，武帝不得不亲自到城下督战。攻城正酣，武艺高强的周将段文振登上城头，竟径直闯入守城主将处，拔刀把他劫持了。城头顿时大乱，守兵溃散，北周军这才攻克平阳，俘获守军8000人。

北周军急攻平阳的时候，齐后主高纬则与宠妃冯小怜正忙着围猎。晋州告急的文书，从早晨到中午以飞马传送了三次，右丞相高阿那肱居然不去报告。直到晚上平阳陷落，高阿那肱才上奏战事，冯小怜却要求高纬"更杀一围"。高纬不顾战局紧张，又和冯小怜尽兴打起猎来。唐朝诗人李商隐诗云："晋阳已陷休回顾，更请君王猎一回。"直到十一月份，高纬才带着冯小怜和齐军10万主力抵达平阳。周武帝见齐军兵盛，便引军西还长安以避其锋，让大将梁士彦坚守平阳。齐军挖地道攻城，城坍陷了一处，将士乘虚而入，就在这紧要关头，高纬突然命令将士暂停攻城。原来高纬要等待正在梳妆的冯小怜出来观看攻城的壮观场面，冯小怜很长时间之后出来。这期间，周军早已用木板把缺口挡住，齐军失去了攻城的有利时机。不久，周武帝聚集8万人马再至平阳，同齐军展开决战。决战时，两军实力不相上下。后来齐军东翼略后退，冯小怜就惊慌失措地大声喊："齐军败啦！齐军败啦！"高纬不顾手下将领的劝阻带着冯小怜慌忙逃去。齐军君主一逃，顿时军心大乱，连战皆溃，死者万余人。"军资甲仗，数百里间，委弃山积。"北齐主力被打垮。对此，高纬竟说："只要小怜无恙，战败又有何妨。"

平阳战败后，高纬率领败军退至晋阳，这里是北魏和北齐两代高氏家族苦心经营的军事重镇，城高壕深，粮草充足。北周军抵达晋阳城后久攻不下，时值严冬，周武帝只得撤军。北周军刚撤没走多远，冯小怜又一再请求高纬放弃晋阳，返回都城邺城，昏庸的高纬居然听从了。就这样，北周轻而易举地夺得了北齐重镇晋阳，随后把兵锋指向北齐首都邺城。此时邺城尚有精兵10万，如果奋力抵抗，未必会败。然而高纬却在发表战前宣言的时候大笑起来，将士们见此情景非常气愤，皆无战心。高纬大概觉得时日无多，就在北周兵临城下的时候把帝位禅让给8岁的儿子高恒，自己做起太上皇纵情享乐。

公元577年正月，周武帝率军攻破邺城。高纬带着冯小怜和高恒逃往济州，并派人把玺绂送到任城王高谐那里，帮儿子把帝位禅让给任城王。周武帝派人一路追击，终于在山东将高纬连同冯小怜等人俘获，历时仅28年的北齐灭亡。自北魏分裂之后近30年，北方重新统一。在灭齐之后不久，北周武帝英年早逝，年仅36岁，统一中国的进程再次被延后。

第四章

雄才出世，天下一统

天下大势，合久必分，分久必合。南北朝经历了漫长的分裂之后，到了隋朝才实现了统一，而实现这个大统一的君王正是隋文帝杨坚。杨坚蒙祖德荫，在北周朝中迅速成长壮大起来。当他看到北周国势已衰之时，便乘机夺取政权，建立隋朝。建国后，杨坚采取了有效的改革措施，使得国内渐安。同时，他率军南下，消灭南朝最后一个小国，实现了南北的大一统。

蒙祖德荫，青云直上

杨坚是东汉太尉杨震的第十四代子孙。杨氏家族从汉朝以来，直到魏晋、南北朝时期都是名门望族。

杨坚之父杨忠跟随宇文泰起义关西，因功赐鲜卑姓普六茹，位至柱国、大司空、随国公。他死后杨坚承袭父爵。杨坚身材伟岸，武艺绝伦，识量深重，有将帅的风度。在北周的军事、政治上都立下过大功，在北周朝廷位高权重。杨坚不善于念书，但因为父亲是功臣，杨坚在14岁就开始了政治生涯。15岁时，杨坚被授予散骑常待、车骑大将军、仪同三司的荣誉职衔，封成纪县公。当时西魏权臣宇文泰非常赏识杨坚。第二年，宇文泰的侄子宇文护废恭帝立堂弟宇文泰三子宇文觉为帝，即孝闵帝，建国号为“周”。杨忠升为柱国、大司空，封随国公。其子杨坚又升骠骑大将军、开府仪同三司。宇文觉只做了9个月的皇帝，便被宇文护杀掉，宇文护又立宇文觉长子宇文毓为帝，即周明帝，杨坚晋封为大兴郡公。

公元560年4月，宇文护鸩杀宇文毓，拥宇文毓的四弟宇文邕为帝，即周武帝。19岁的杨坚升为左小官伯，被任命为随州（今湖北随州）刺史，进位大将军。公元566年，鲜卑大贵族、柱国大将军独孤信意识到杨坚前途无量，便把自己14岁的七女儿独孤伽罗嫁给了杨坚。从此杨坚成为周明帝的连襟，杨坚的地位进一步提高。

杨坚并无突出的功绩，地位却扶摇直上，逐渐引起一些朝臣和贵族的嫉恨。北周初年，宇文护专权，多次想除掉杨坚，都因大将侯伏、侯万寿兄弟求情而没有得逞。公元573年，周武帝宇文邕诛杀宇文护后亲政，齐王宇文宪曾对武帝宇文邕说："普六茹坚（杨坚）相貌非常，臣每次见他，不觉自失，这人恐怕不会屈人之下，请尽早除之。"本来宇文邕对杨坚早存疑心，听宇文宪说后，疑心更重。但是否立即铲除杨坚还犹豫不定，于是便问计于下大夫来和，来和也说杨坚不凡，但暗中想给自己留条后路，便谎称说："杨坚这人是可靠的，如果皇上让他做将军，带兵攻打陈国，那就没有攻不下的城防。"为此，杨坚避免了一场杀身之祸。

宇文邕还是放心不下，暗里又派人请相士赵昭偷偷为杨坚看相。赵昭与杨坚友善，当着宇文邕之面佯装观察杨坚脸庞，然后毫不在意地说："皇上，请不必多虑，杨坚的相貌极其平常，无大富大贵可言，最多不过是个大将军罢了。"最终，杨坚渡过了这次险关。这时，内史王轨又劝谏宇文邕说："杨坚貌有反相"。言下之意是要及早除掉杨坚。因为宇文邕对相士赵昭的结论相信无疑了，便不悦地说："要是真的天命所定，那有什么办法啊？"又使杨坚再次化险为夷。

宇文邕死后，其子宇文赟即位。杨坚的长女被聘为后妃，杨坚又晋升为柱国大将军、大司马。北周宣帝宇文赟，性格荒淫，是个暴虐荒淫的皇帝。宇文赟即位前，父亲武帝对他管教极为严格，曾派人监视他的言行举止，甚至只要犯错就会严厉惩罚。宇文赟不问朝政，沉顿酒色，满朝文臣武将敢怒而不敢言。宇文赟不但不听忠臣劝告，反而觉得这皇

帝当得太不称心如意。他终于想出了一个逍遥自在的办法，将皇帝让给年仅6岁的儿子。自称天元皇帝，住在后宫，荒淫无度的生活使他年仅22岁就死去。

578年武帝去世，宇文赟即位后他就开始沉湎酒色，又大肆装饰宫殿，且滥施刑罚，经常派亲信监视大臣言行，北周国势日渐衰落。宇文赟刚刚坐稳，马上就诛杀了他的叔父、功高德茂的齐王宇文宪。同时，宇文赟对杨坚也产生了极大的疑心，他曾直言不讳地对杨妃说过：“我一定要消灭你们全家。”并命内待在皇宫埋伏杀手，再三叮嘱说：“只要杨坚有一点无礼声色，即杀之！”然后他把杨坚召进皇宫，议论政事。杨坚几经化险为夷，心中早有准备，不管宇文赟怎样激，杨坚都神色自若，宇文赟无杀机可乘。最后，杨坚通过内史上大夫郑译向宇文赞透露出自己久有出藩之意。这正合宇文的心意，当即任命他为杨州总管。这样宇文赟放心了，杨坚也安心了。

同时，杨坚也积极利用已有的社会影响，广泛拉拢关系，扩大自己势力。杨坚在做随州刺史时已与骠骑将军庞晃结为莫逆之交。后来，杨坚做定州总管，庞晃任常山太守，二人交往更密。杨坚将任亳州总管时，庞晃劝他就此起兵，建立帝王之业，杨坚说：“时机还不成熟。”至此，杨坚取周自代的愿望溢于言表。

荒淫无道，陈国颓危

永定三年（公元559年），只当了三年皇帝的陈武帝陈霸先去世，其亲生儿子陈昌当时在长安，在江陵陷落时和堂兄陈顼由西魏军俘掠而去。于是，侯安都等人立推陈霸先侄子陈蒨为主，是为陈文帝。

当时，宣皇后急召侄儿临川王陈蒨入都，秘不发丧。侯安都还军时，正好与陈蒨相遇，便一起驰还建康。众臣皆推陈蒨为帝，这位临川王先是谦让。宣皇后觉得自己亲生儿子陈昌在长安未归，开始时不肯下令马上让侄子继位。为此，朝廷上下惶惶不决。最后，侯安都在朝会中表态："今四方未定，何暇及远，临川王有大功于天下，应共立之。今日之事，后应者斩！"于是，侯大将军按剑上殿，入后宫见宣皇后，索取玺书，并亲自把陈蒨扶上帝座，让他以皇储身份发哀举丧。陈蒨就成为陈朝的第二任皇帝。

听闻陈武帝已死，一直秣马厉兵的王琳便于公元560年3月进军栅口，陈朝在芜湖屯军，双方相持。西南风起，处于顺风的王琳自谓得天助，引兵直驱建康。陈军从芜湖连连出兵，跟随王琳军后，结果，西南风为侯填所用。王琳派军士掷火攻陈朝水军，被风一吹，反烧其船。陈军也使火攻，大败王琳。接应王琳的北齐军在西岸自相蹂践，陷于芦荻泥沼中不能自拔，死伤无数。最后，王琳乘小船突阵逃跑，只与左右亲随及妻妾数十人挣得性命，跑到北齐地面寻求庇护。陈朝的军队一路进逼，夺回了王琳的领地，还把北周南侵的军队逼回北方，取得了湖北东部地区。至此，陈朝才真正站稳了脚跟。

在平定外患的同时，陈朝内部还发生了一起骨肉相残的事件。陈霸先的儿子陈昌早年陪侍梁元帝萧绎，西陵陷落时，陈昌连同被俘。北周看重陈霸先的政治前途，就一直好生养护着陈昌，以便将来进行要挟。陈霸先去世之后没有嗣子，只得让皇侄陈蒨即位。北周见到时机成熟，就放陈昌回国，北周这样做是想给陈朝制造内乱。陈昌回国的路上给当朝皇帝陈蒨写了一封信，史书的记载是“辞甚不逊”，这封信是指责陈蒨窃国自立，逼迫他赶紧交出皇位。这位身边无兵、无勇的天真皇子就这样一路南行，做着他的皇帝美梦。陈蒨感觉到，这帝位原本该是那位皇子的，但他的帝位却绝对不是窃取的，乃是名正言顺继位受取的皇帝。陈蒨懊恼之余说了一句：“太子快回来了，我只好找个地方当藩王去养老。”他边上的心腹大臣侯安都说：“自古岂有主动让位的天子？”陈蒨这才醒悟过来，于是决定除掉陈昌。陈昌一入境，陈蒨就下诏让侯安都去迎接。过长江时，侯安都便把陈昌推入长江淹死了，对外则宣布陈昌由于船坏溺死。

陈昌丧柩至建康，陈文帝假装悲痛，亲自临哭，把堂弟风光大葬。葬礼毕，他马上加封侯安都为清远公。杀掉堂弟，但亲弟陈顼还在长安，陈文帝便以割地为条件，以土换人，西魏终于把陈顼“归还”给陈文帝。陈顼一回来，便授侍中、中书监、中卫将军，以安成王的尊位，统摄文武大政。陈文帝死后，正是这位皇帝亲弟陈顼，废掉了陈文帝的儿子，自己坐上了帝位。

陈文帝天嘉四年（公元563年）六月，陈蒨除掉了对他有拥戴大功的司空侯安都。侯安都，字成师，曲江人，数世为郡里大姓。自陈霸先岭南起兵，侯安都就拥兵相从。尤其是攻杀王僧辩，侯安都作为先锋将、先锋兵，他单身一人被人扔过石头城女墙。而后，侯安都率兵屡破北齐军，生擒数员北齐大将，并协助周文育擒斩梁宗室萧勃。沌口一战，虽败于王琳，侯安都又能虎口脱险，威名未损。陈霸先死后，推陈文帝继位，杀掉碍事的陈昌，击败王琳。于陈文帝而言，侯安都怎么说也是第一功臣。所以，投桃报李，陈文帝荣显侯安都一家老小，其父病死，文帝在建康予其风光大葬。侯安都小儿子才9岁，就被授为始兴内史。

侯安都工隶书，能鼓琴，涉猎书传，能为五言诗，可称文武全才，世所罕有。由于功勋卓著，侯安都后来多次招聚文武之士，或射驭驰骋，或命以赋诗，大加赏赐，为所欲为。而且，他的部下将帅仗着侯安都势力，多违法乱纪。朝廷查处，这些人纷纷逃入侯安都处躲避，廷尉也不敢抓人。

陈蒨本性严察，对此非常愤恨。侯安都恃功自傲，无所收敛，日益骄横。一次，陈文帝在皇宫宴饮重臣，侯安都酒酣兴起，其坐斜靠，大声问陈文帝："现在您与做临川王的时候相比感觉如何？"陈文帝愠怒，假装没听见，不答。侯安都不识趣，连问好几次。陈文帝强按怒气，回答说："为帝虽是天命，也多亏明公之力。"侯安都闻言大笑。大宴毕，侯安都借着酒劲，向皇帝说要借用御用帐饮器具，转天想把全家老小都带来。陈文帝虽然口头上答应，内心却非常不爽。果然，侯安都第二天满载妻妾家小，他自己坐在御座上，其文武宾客坐在群臣位上，各自向他称觞上寿。陈文帝闻报，更是杀心顿起。

中书舍人蔡景历揣知上意，便密奏侯安都要谋反。陈文帝便下诏征侯安都为江州刺史、征南大将军，令他从京口还建康受命。侯安都没什么戒备，率大批文武从官入城。陈文帝亲自在嘉德殿“私宴”侯安都。刚喝一杯酒，卫士冲入，把侯大将军五花大绑捆了起来。同时，御林军尽夺侯安都属下将校的兵杖和兵权。转天，陈文帝赐死侯安都。

陈文帝在位期间的主要功绩是讨平内部的叛乱，维护朝廷的统一。陈文帝死后，其太子陈伯宗继位，是为陈废帝，改元光大。安成王陈顼以叔父之亲尊，被封为骠骑大将军、司徒、录尚书事，都督中外诸军事。陈文帝弥留之际，曾当着大臣的面对陈顼表示要传位于这位亲弟，陈顼泣涕固辞。

后来，陈伯宗继位，中书舍人刘师知等人以安成王陈顼地望权势过大，便矫皇太后诏令让陈顼出镇扬州。陈顼见诏，开始还很听话，马上收拾行装，准备带属官家人赴镇。其高级僚属毛喜劝谏：“陈朝享有天下时间不长，今日之诏，必非太后之意，大王您以宗室大臣之重，岂可轻出！您一出京，便受制于人，到时候，想当富家翁也不可能啊！”陈顼觉得有理，称疾缓行。然后，他假托有事，召刘师知入府议事。同时，他派毛喜入禀太后沈氏。沈太后确实不知情，对毛喜说：“今伯宗年幼，国事并委二郎（陈顼），我没有下诏让他外镇。”毛喜去见陈伯宗，这位陈伯宗也不知就里。于是，安成王陈顼放开手脚，逮捕并杀掉了刘师知等人，自此国政尽揽于己手。

公元568年底，陈顼以太皇太后的名义下诏，诬称陈伯宗与刘师知等人通谋，悖礼忘德，废之为临海王，出居别馆。过了一年多，陈顼派人杀掉被废的陈伯宗。随后，安成王陈顼即位，是为陈宣帝。

陈宣帝是位喜欢事功的君主。北齐政局混乱时，他派北伐，想一举荡平叛将王琳的威胁。北周正是宇文护执政的时候，其没有进取之心，这使得陈朝的北伐显得格外具有优势，因此连克历阳、合肥、寿阳等地，竟一举收复了淮南。陈朝上下十分惊喜，但是他们却高估了自己的实力。当时北齐处在衰乱时期，又不信任王琳，不给他派兵，又不准他在淮南募兵，还派人去监督。王琳是梁朝末年的名将，因为忠于萧氏而仓皇北逃，后来竟因为无兵可带而被擒。吴明彻的军队抓住王琳，把他杀掉了。北齐灭亡的时候，陈朝想趁乱抢劫，夺得淮北地区，于是命令吴明彻进军。他们太高估了自己的实力，吴明彻的军队走的是淮河泗水一线，周军用铁索联结了几百只车轮放到泗水河道里，堵住了大军的归路。陈将萧摩诃劝吴明彻，趁周军的部署还没有成形的时候发动进攻，但是不知道因为什么原因，吴明彻竟然没有听从。等到水路断绝之后，萧摩诃劝吴明彻率领大军突围，他率领骑兵断后。但是吴明彻决定自己亲自断后，让萧摩诃用骑兵冲击。萧摩诃果然冲出了重围，但是吴明彻所属的3万军却全军覆没，吴明彻被俘。不久北周趁机反攻，派出名将韦孝宽一举吞并了淮南全境，陈朝多年来北伐的成果全部拱手相让。

陈宣帝在位13年，于太建十四年二月去世，时年53岁。这位陈宣帝，美容仪，身长八尺三寸，手垂过膝。他有勇力，善骑射，也算是个文武全才。当初，梁元帝在江陵称帝，征各大将子侄“入侍”，其实就是做人质，陈顼因此和堂弟陈昌两人到了江陵。江陵不久城陷，他与众多梁朝宗室、属官一起被掠押至西魏的长安。在他去世的前一年，北方强大的隋朝建立起来，灭亡南朝的形势已经很清楚了，但是陈朝还处在纷乱的宫廷政变当中。即将嗣位的是太子陈叔宝，但是他的弟弟陈叔陵却对皇位虎视眈眈。在先帝的灵柩前，陈叔宝跪伏哀哭，陈叔陵抽出一柄刀朝太子的颈后砍去，太子受重伤昏倒。幸而太子的生母和乳母极力保护，陈叔陵弑兄才没有得逞，后陈叔陵欲逃跑，他挣脱出去之后，回到其府上召集府兵，释放囚犯充兵，纠集了近1000人的队伍前去皇宫夺位。宫里得到消息，派人紧急召右卫将军萧摩诃入宫讨贼。萧摩诃带了马步兵士，轻而易举地杀了陈叔陵。那位受伤的陈叔宝这才坐稳帝位，他就是历史上的陈后主。

陈后主叫陈叔宝，他在位时大建宫室，生活奢侈，不理朝政，日夜与妃嫔、文臣游宴，制作艳词。陈后主有一妃子，名张丽华，发长七尺，其光可鉴，深受后主喜爱。隋军南下时，自恃长江天险，不以为然。

张丽华入宫时，为孔妃的侍女。有一天，被后主偶然遇见，后主大惊，端视良久，对孔妃说："此国色也。卿何藏此佳丽，而不令我见？"孔妃说："妾谓殿下此时见之，犹嫌其早。"后主问何故，她说："她年纪尚幼，恐微葩嫩蕊，不足以受殿下采折。"后主微笑，心里很怜爱。因此做小词，以金花笺书写后送给张丽华。张丽华年虽幼小，但天性聪明，吹弹歌舞，一见便会，诗词歌赋，寓目即晓。随着年龄的增长，越发出落得轻盈婀娜，进止闲雅，姿容艳丽。每一回眸，光彩照映左右。

后来，陈后主命人在临光殿的前面，起临春、结绮、望仙三阁。"阁高数丈并数十间，其窗牖、壁带、悬楣、栏槛之类，并以沉香木为之，又饰以金玉，间以珠翠，外施珠帘，内有宝床、宝帐，其服玩之属，瑰奇珍丽，近古未有。每微风暂至，香闻数里；朝日初照，光映后庭。其下积石为山、引水为池，植以奇树，杂以花药。"建造如此豪华的殿宇，其花费自然要转嫁到百姓头上："税江税市，征取百端。"以致"刑罚酷滥，牢狱常满。"后主自居临春阁，张丽华贵妃居结绮阁，龚、孔二贵嫔，居望仙阁，其中有复道连接。又有王、季二美人，张、薛二淑媛，袁昭仪、何婕妤、江修容等七人，都以才色见幸，轮流召幸，得游其上。张丽华曾于阁上梳妆，有时临轩独坐，有时倚栏遥望，看见的人都以为仙子临凡，在缥缈的天上，令人可望不可即。

张丽华也确是艺貌双佳，她发长七尺，黑亮如漆，光可鉴人。并且脸若朝霞，肤如白雪，目似秋水，眉比远山，顾盼之间光彩夺目，照映左右。更难得的是，张丽华还很聪明，能言善辩，鉴貌辨色，记忆特别好。当时百官的启奏，都由宦官蔡脱儿、李善度两人初步处理后再送进来，有时连蔡、李两人都忘记了内容，张丽华却能逐条裁答，无一遗漏。起初，张丽华只执掌内事，后来开始干预外政。陈后主与那位北齐后主一样，国家大事也要把张丽华抱在怀里一同抉择。后宫家属犯法，只要向张丽华乞求，无不代为开脱。王公大臣如不听从内旨，也只由张丽华一句话，便即疏斥。因此江东小朝廷，不知有陈叔宝，但知有张丽华。

陈叔宝还热衷于诗文，他在后庭摆宴时，必唤上一些舞文弄墨的近臣，与张贵妃及宫女调情。然后让文臣作词，选其中特别艳丽的句子配曲，一组组分配给宫女，一轮轮地演唱。这些官员，不理政治，天天与陈叔宝一起饮酒做诗听曲。陈叔宝还将十几个才色兼备、通翰墨会诗歌的宫女名为“女学士”。才有余而色不及的，命为“女校书”，供笔墨之职。每次宴会，妃嫔群集，诸妃嫔及女学士、狎客杂坐联吟，互相赠答，飞觞醉月，大多是靡靡的曼词艳语。文思迟缓者则被罚酒，最后选那些写诗写得特别艳丽的，谱上新曲子，令聪慧的宫女们学习新声，按歌度曲。沉醉于酒色之中的陈后主，终于迎来了亡国之恨。隋文帝杨坚挥师南下，开始进攻南陈。

《玉树后庭花》遂被称为“亡国之音”。后来就有了杜牧的《泊秦淮》：烟笼寒水月笼沙，夜泊秦淮近酒家。商女不知亡国恨，隔江犹唱后庭花。公元604年11月，陈叔宝死于洛阳，年52岁。

幼主禅位，杨坚建隋

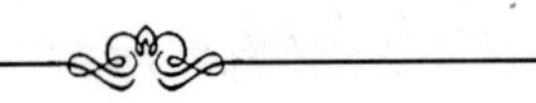

公元578年，周武帝病死，他的儿子宇文赟即位，即周宣帝。杨坚的长女杨丽华做了皇后，杨坚升任上柱国、大司马，掌握了朝政大权。周宣帝宇文赟是历史上著名的荒淫暴君，在位期间没有再刻意南伐。

周宣帝日夜享乐，为了满足自己的欲望，不顾朝臣的反对，修建洛阳宫，致使上下怨愤，杨坚便开始做取代周室的准备。杨坚的行动也曾引起周宣帝的警觉，甚至曾想杀掉杨坚。但杨坚始终不动声色，周宣帝既找不到借口，也不愿意随便杀死自己的岳父。

杨坚尽管表面不露声色，但内心对周宣帝的猜疑也感到不安。为逃避周宣帝的猜疑，也想在北周动乱时拥有实力，杨坚想暂时离开朝廷，到地方上去掌实权。公元580年，时机到来，周宣帝决定南伐。郑译便乘机向皇帝推荐了杨坚，由于皇帝对关西士族郑译向来都很信任，于是就任命杨坚为扬州总管。这时，周宣帝病重，召见大臣刘昉、颜之仪，准备托付以后事。二人到时，周宣帝已经不省人事。然而，宣帝的长子宇文阐才8岁。刘昉为以后飞黄腾达，便找来郑译商议，共同拟定一个假诏书，传位于宇文阐，即周静帝，并尊杨坚的女儿杨丽华为皇太后，让杨坚以皇太后父亲的身份总揽朝政，辅佐周静帝。

北周大象二年、陈朝太建十二年（公元580年）五月二十日，天元皇帝宇文赟病逝，二十三日发丧。二十六日，北周皇帝宇文阐下诏书尊称阿史那太后为太皇太后，李太后为太帝太后，杨皇后为皇太后，朱皇后为帝太后。另外废陈皇后、元皇后、尉迟皇后出家为尼姑。又任命汉王宇文赞为上柱国、右大丞相，只不过是尊以虚名，实际上没有任何权力。同时任命杨坚为假黄钺、左大丞相，秦王宇文贽为上柱国。还下令朝中百官都必须率领下属服从左大丞相的命令。杨坚深知自己的地位还不巩固，需要采取一系列措施。

起初，杨坚受命辅政时，就派邗国公杨惠对大臣李德林说："朝廷赐令让我总管文武大权，治理国家的责任重大。我想与你一起谋划大事，你一定不要推辞。"李德林回答说："我愿意追随您，虽死不辞。"杨坚非常高兴。最初，刘昉、郑译商议让杨坚出任大冢宰，郑译自己想担任大司马，刘昉又要求担任小冢宰。杨坚私下问李德林："准备把我怎么安排？"李德林说："您应该担任大丞相、假黄钺、都督中外诸军事。如果不这样做，就不能镇服众心。"等到为天元皇帝办完丧事，杨坚就按照李德林所说的去做了，并将正阳宫作为丞相府。

当时北周将帅大臣尚未归心于杨坚，杨坚将掌管宫廷宿卫的司武上士卢贲安排在自己的身边。杨坚将要去正阳宫，朝中百官都不知道该怎么办。杨坚一面密令卢贲部署宿卫禁兵，一面召见公卿大臣，对他们说："想求取富贵的人请追随我。"公卿大臣们三三两两私下商议，有的表示愿意追随杨坚，有的则想留在朝廷。这时，卢贲带着全副武装的宿卫禁兵来到，公卿大臣们谁也不敢再有离去的表示。杨坚带着朝中百官出了宫廷东门崇阳门，来到正阳宫。但是守门的禁兵不放杨坚进去，卢贲上前对他们说明情况，可是禁兵还是不肯撤离。于是卢贲双目圆睁，厉声喝令他们闪开，守门禁兵这才退下，杨坚得以进入正阳宫。卢贲从此负责掌管丞相府的警卫。杨坚任命郑译为丞相府长史，刘昉为司马，李德林为府属。郑译、刘昉两人从此与李德林结交仇根。

当时汉王宇文赞就住在宫廷中，每天都与皇帝宇文阐同帐而坐。刘昉就把一些经过打扮的美貌歌女进献给宇文赞，宇文赞非常高兴。刘防乘机对宇文赞说："大王您是先帝的弟弟，为众望所归。宇文阐年龄还小，怎能担负起治理天下的重任！只是现在先帝刚刚去世，人心还不稳定，请您暂时先回自己的府第，等待事情安定后，就迎立您为天子，这方是万全之计。"宇文赞年轻，才识平庸低下，相信了刘昉的话，于是就出宫回府去了。于是杨坚排除了皇室中潜在的干扰。

但这时真正的威胁是已经成年并各居藩国的宇文泰的5个儿子。他们既有实力，又有影响；一旦起兵，杨坚根本无法控制。在还没有公开宣帝的死讯时，杨坚便找借口召他们回到长安，收缴了他们的兵权印符。宇文泰5个儿子与雍州牧毕王宇文贤联系，请他起兵，但宇文贤很快就被杨坚击败。杨坚明知是宇文泰5个儿子从中作乱，却假装不知，并允许他们剑履上殿，入朝不趋，以此安定他们。宇文泰5个儿子看到外面指望不上，便寻找直接刺杀杨坚的机会，然而，他们刺杀未遂，反而被杨坚将其剪灭。然后，杨坚宣布废除周宣帝时的严刑峻法，停止洛阳宫的营建，以此取得臣民们的广泛支持。这样，杨坚在京师的统治已基本稳固。

杨坚执政以后，革除了北周宣帝苛刻残暴的政令，为政务从宽大。他册改旧律，制定《刑书要制》，上奏北周皇帝宇文阐颁行天下。他又提倡节俭，并且身体力行，于是得到了朝野内外的称赞。北周尉迟迥深知丞相杨坚将会篡夺政权，就密谋起兵讨伐。

起初，杨坚调发北周在关中的军队，任命韦孝宽为行军元帅，梁士彦等人为行军总管，统率军队讨伐尉迟迥。

北周行军元帅韦孝宽率军至永桥城（今河南武陟西），众将领都请求先攻打此城，韦孝宽说："永桥镇城虽小却很坚固，如果攻而不克，就会挫伤我方军威。如果我们打败了尉迟迥的大军，这个小城还能有什么作为！"于是率军在武陟安营扎寨。尉迟迥派遣他的儿子魏安公尉迟惇率军10万进至武德，在沁水东面安营扎寨。时逢沁水暴涨，韦孝宽就与尉迟迥的军队隔水相持，都不进攻。于是杨坚又先后命令刘昉、郑译前往，刘昉以自己没有做过将帅为理由推辞，郑译以母亲年迈需要侍奉为理由推辞。对此，杨坚很不高兴。丞相府司录高颖请求前往，杨坚大喜，就派他前去。高颖接受任命后立即出发，只派人向母亲告别。

北周监军高颖到了前线军中，在沁水上建造桥梁。尉迟惇从上游放下带火的木筏，高颖事先在桥的上游建造了一些土墩以阻挡火筏，使其不能靠近桥梁。尉迟惇布阵20余里，指挥军队稍微后退，想等到韦孝宽的军队渡河中间时发起进攻。韦孝宽趁尉迟惇的军队后撤之机，擂鼓齐进。军队过河后，高颖又命令将桥焚毁，断绝了士卒的退路。结果尉迟惇的军队大败，尉迟惇单骑逃走。韦孝宽率军乘胜前进，一直追到邺城。邺城百姓出来观战的有数万人，行军总管忻说："形势已经到了危急关头！我要用诡诈的战法击败敌军。"于是先射杀观战的百姓，这些人纷纷逃避，互相推搡践踏，呼声震天。韦孝宽的军队很快士气重振，趁纷乱之机发起进攻。结果尉迟迥的军队大败，退保邺城。韦孝宽指挥军队攻破邺城，尉迟迥起兵才68天即告失败。

杨坚像

公元581年，杨坚派人为周静帝写退位诏书，内容极力称赞杨坚功德，希望杨坚按照舜代尧、曹丕代汉献帝的典故，接受皇帝称号，代周自立。诏书由朝廷大臣捧着到随王府送给杨坚。杨坚假意推辞，经过朝廷百官的再三恳求，杨坚才同意接受。仪式结束，杨坚穿戴上皇帝的龙袍，在百官簇拥下坐上皇帝的宝座。

杨坚由继承父亲的随国公起家，进称随王，故把自己新王朝的国号定为随，他又感到随字有走字旁，与走同义，不太吉利，便改随为隋。改元开皇，以长安为都，称大兴城。内史崔仲方劝说杨坚废除北周建立的六官制度，而恢复汉、魏旧制，杨坚听从了他的建议。于是，隋朝设置了太师、太傅、太保三师和太尉、司徒、司空三公，以及尚书、门下、内史、秘书、内侍五省，御史、都水二台，太常等十一寺，左、右卫等十二府，以分别执掌和统领各类职事政务。任命原相国府司马高频为尚书左仆射兼纳言，相国府司录京兆人虞庆则为内史监兼吏部尚书，相国府内郎李德林为内史令。

十五日，杨坚诏令追尊皇考杨忠为武元皇帝，庙号太祖；皇妣吕氏为元明皇后。十六日，杨坚又诏令修建祖庙社庙。同时，册立原隋王后独孤氏为皇后，王太子杨勇为皇太子。十九日，杨坚封北周逊帝宇文阐为介国公，原北周宗室诸王一律降爵改封为公。

起初，刘昉、郑译假传北周天元皇帝诏命引用隋文帝辅政，天元杨皇后虽然没有参与谋划，却因为宇文阐年幼，恐怕政权落人别族手中，所以听说杨坚辅政非常高兴。后来杨皇后察觉到她父亲怀有异图，密谋篡权，心中愤愤不平，往往从言语态度上表现出来。及至北周皇帝宇文阐禅位于杨坚，她异常愤怒和悲伤。杨坚也感到非常对不起女儿，于是改封她为乐平公主。过了一段时间，杨坚想作主将女儿改嫁，乐平公主誓死不从，杨坚只好作罢。五月，杨坚秘密杀死了北周介公宇文阐，终年9岁，谥号静皇帝。

杨坚由专权而称帝，独孤氏家庭的地位和影响起了一定的作用。然而，杨坚对独孤氏一直存在畏惧的心理。杨坚称帝后，独孤氏直接参与政事。

独孤氏嫉妒心非常强，不允许杨坚和其他女人接近。虽然当时在后宫也有嫔妃几十人，但杨坚根本不能与她们亲近。由于独孤氏喜欢次子杨广，杨坚最后也废除了长子杨勇继承皇位的资格。杨勇是杨坚的长子，幼时颇得父母喜爱，故在杨坚做隋王时便被立为世子，后来确立为太子。开国之初，杨坚为提高儿子的地位，凡有军国大事，都要杨勇参与处理。随着年龄的增长，杨勇越来越迷恋女色，东宫嫔妃多被宠幸。杨勇的第一个儿子是与尚未选入东宫的云氏在外边生的，杨坚对此也大为不满，指责杨勇。但杨勇不服，依然我行我素，从此逐渐失宠。但杨勇既为皇太子，当然会有一批人为了将来的利益为他出谋划策，于是杨勇周围逐渐形成一派势力。当杨勇在父母面前失宠时，善于察言观色的杨广便开始策划取而代之，在他周围以当朝重臣杨素为首形成另一派势力。

公元598年冬至日，朝廷百官都到东宫朝见杨勇，杨勇大张旗鼓地接受朝贺，这实际上是对杨坚的示威。杨坚不能容忍，专门为此下诏，严禁以后再有此类事情发生。杨坚废除杨勇的决心此时已经正式形成。

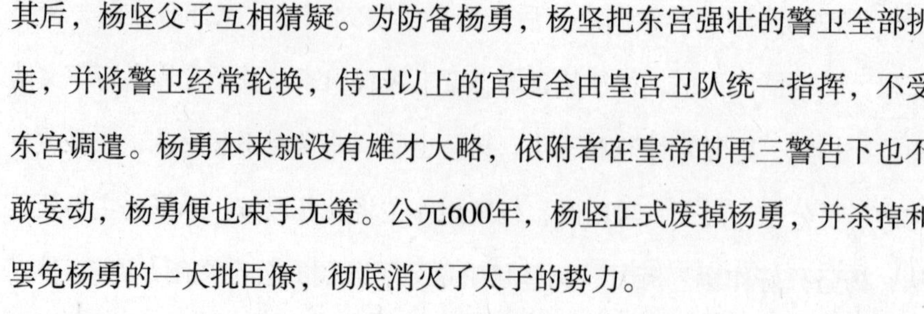

其后，杨坚父子互相猜疑。为防备杨勇，杨坚把东宫强壮的警卫全部挑走，并将警卫经常轮换，侍卫以上的官吏全由皇宫卫队统一指挥，不受东宫调遣。杨勇本来就没有雄才大略，依附者在皇帝的再三警告下也不敢妄动，杨勇便也束手无策。公元600年，杨坚正式废掉杨勇，并杀掉和罢免杨勇的一大批臣僚，彻底消灭了太子的势力。

杨坚在天下基本稳定、政治机构完善后，接受大臣的建议，采取了一系列改革措施，进一步巩固自己的皇权。

为了鼓励官吏的廉洁治民，杨坚采取给田养廉的办法，对贪污腐败的，严肃处理，一旦有官吏受贿，立即处死。有一次，他配止痢药，要用胡粉，翻遍宫中也没有；还有他想找一条织成的衣领，宫中也没有。开皇十四年（公元594年），关中闹饥荒，杨坚派人去察看灾情，见百姓吃的都是豆粉拌糠。他拿着食品给群臣看，并且责备自己无德，自我惩罚，忌酒忌荤。文帝还把饥民领到洛阳，他请大家饱餐一顿，命令卫士对待百姓如父母，看到扶老携幼的群众，自己引马让路，道路不好走的地方，告诉手下的人帮助挑担的人走过去。

开皇七年（公元587年），隋文帝杨坚灭后梁。雄心大略如杨坚者，一心要统一天下的。现在杨坚将要面对的，却是日渐孱弱的南陈小朝廷和一个昏庸，荒淫不堪的陈后主。

起兵灭陈，天下一统

开皇八年（公元588年）秋，杨坚共发兵50多万，东起海滨，西至四川，在整个长江沿线水陆并进，向陈国发动大举进攻。设置淮南行省于寿春，以晋王杨广为尚书令，任命晋王杨广、秦王杨俊、清河公杨素为行军元帅，指挥水陆军50万人，同时从长江上、中、下游分八路攻陈。其具体部署是：杨俊率水陆军由襄阳进屯汉口，杨素率舟师出永安东下，荆州刺史刘仁恩出江陵与杨素合兵，杨广出六合，庐州总管韩擒虎出庐江，吴州总管贺若弼出广陵，蕲州刺史王世积率舟师出蕲春攻九江，青州总管燕荣率舟师出东海沿海南下入太湖，进攻吴县。前三路由杨俊指挥，为次要作战方向，目标指向武昌，阻止上游陈军向下游机动，以保障下游隋军夺取建康。后五路由杨广指挥，为主要作战方向，目标指向建康，其中杨广、贺若弼、韩擒虎三路为主力，燕荣、王世积两军分别从东、西两翼配合，切断建康与外地联系，保障主力行动。隋军此次渡江正面东起沿海，西至巴蜀，横亘数千里。为了达成渡江作战的突然性，隋在进军之前，扣留陈使，断绝往来，以保守军事机密。同时派出大批间谍潜入陈境，进行破坏、扰乱活动。

整个作战行动主要在长江上游和下游两个地段上同时展开。开皇八

年（公元588年）十二月，杨俊率水陆军十余万进屯汉口，负责指挥上游隋军，并以一部兵力攻占南岸樊口，以控制长江上游。陈朝指挥长江上游诸军的周罗侯，起初未统一组织上游军队进行抵抗，听任各军自由行动。当看到形势不利时，又防守江夏（今武昌），阻止杨俊军接应上游隋军。两军在此形成相恃。杨素率水军沿三峡东下，至流头滩，陈将戚欣利用狼尾滩险峻地势，率水军据险固守。杨素于是利用夜暗不易被陈军窥察之机，率舰船数千艘顺流东下，遣步骑兵沿长江南北两岸夹江而进，刘仁恩部亦自北岸西进，袭占狼尾滩，俘虏陈全部守军。陈南康内史吕忠肃据守歧亭，以三条铁锁横江截遏上游隋军战船。杨素、刘仁恩率领一部登陆，配合水军进攻北岸陈军，经40余战，终于在次年正月击破陈军，毁掉铁锁，使战船得以顺利通过。此时，防守公安的陈荆州刺史陈慧纪见势不妙，烧毁物资，率兵3万和楼船千艘东撤，援救建康，但被杨俊阻于汉口以西。周罗侯、陈慧纪也被牵制于江夏及汉口，无法东援建康。

在长江下游方面，当陆军进攻的消息传来，陈各地守军多次上报，均被朝廷掌管机密的施文庆、沈客卿扣压。隋军进至江边时，施文庆又以元会（春节）将至，拒绝出兵加强京口、采石等地守备。开皇九年（公元589年）正月初一，杨广进至六合南之桃叶山，乘建康周围的陈军正在欢度春节之机，指挥诸军分路渡江：派行军总管宇文述率兵3万由桃叶山渡江夺占石头山，贺若弼由广陵南渡占领京口，韩擒虎由横江夜渡。此时，陈军仍处醉乡之中，完全不能抵抗，韩部轻而易举袭占采石。正月初三，陈后主陈叔宝召集公卿讨论战守，次日下诏“亲御六师”，委派萧摩诃等督军迎战，施文庆为大监军。陈叔宝、施文庆不谙军事，将大军集结于都城，中派一部舟师于白下，防御六合方面的隋军，另以一部兵力镇守南豫州，阻击采石韩擒虎部的进攻。

隋军突破长江之后，迅速推进。贺若弼部于初六日占领京口后以一部进至曲阿，牵制和阻击吴州的陈军，另以主力向建康前进。韩擒虎部于初七日占领姑孰后，沿江直下，陈沿江守军望风而降。正月初七日，贺若弼率精锐8000进屯钟山以南的白土岗，韩擒虎部和由南陵渡江的总管杜彦部2万人在新林会合，宇文部3万进至白下，隋大军继续渡江跟进。至此，隋军先头部队完成了对建康的包围态势。建康地势虎踞龙盘，向称险要。此时，陈在建康附近的部队仍不下10万，陈后主弃险不守，把全部军队收缩在都城内外，又拒不采纳乘隋先头部队孤军深入立足未稳之机进行袭击的建仪。正月二十日，陈后主决定孤注一掷，命令各军出战，在钟山南20里的正面上摆成一字长蛇阵，鲁广达率部在最南方的白土岗列阵，向北依次为任忠军、樊毅军、孔范军、萧摩诃军。但陈军毫无准备，既未指定诸军统帅，又无背城一战的决心，各军行动互不协调，首尾进退不能相顾。贺若弼未待后续部队到达，即率先头部队出战陈鲁广达部，初战不利，贺若弼燃物纵烟，掩护撤退，尔后集中全力攻击萧摩诃部，陈军一部溃败，全军随之瓦解。在这同一天，韩擒虎进军石子岗，陈将任忠迎降，引韩部直入朱雀门，攻占了建康城。

隋朝大军直入朱雀门，陈朝的大臣尽皆散走。此时的陈后主奔至后堂景阳殿，与张丽华、孔贵嫔三人并作一束，同时投入到一口井中。隋兵入宫，执内侍问后主藏到哪里去了。内侍指着井说："这里。"隋兵看里面漆黑一团，呼喊又没有人答话，直到从上面往下扔石头，才听到里面有求饶的声音。隋兵用绳子拉人上来，感觉非常重本来以为后主体胖，出来后才发现后主与张丽华、孔贵嫔同束而上。隋兵哈哈大笑。据说三人被提上来时，张丽华的胭脂还蹭在井口，后人就把这口井叫"胭

隋文帝杨坚

脂井”。

陈朝的灭亡，其主要原因是陈后主的奢侈享乐，荒淫无道。陈帝国是南北朝唯一没有出过暴君的政权，但它最后一任皇帝陈叔宝，却是声名最响亮的昏君之一。

当时，当贺若弼渡过京口，直逼京城之际，守军向陈叔宝密报告急，陈叔宝认为搅了酒兴，竟根本不看。一个月后，当隋军打进宫城，那份告急报还躺在陈叔宝的床下，尚未启封。

当战机尽失之时，陈叔宝突然命骠骑将军萧摩诃出战。然而，就在这危急关头，陈叔宝看中了萧摩诃貌美的妻子，并将其霸占。萧摩诃闻听此事，战意遂失，不几日，这位曾经护驾有功的前朝老将便被隋军俘虏。京师交战不利，大将任忠疾驰入京，向陈叔宝报告败状。他泣不成声说：“陛下保重，臣无能为力了。”此时，文武百官自奔东西。殿中只剩袁宪守在身边。平时骄奢淫逸的陈后主见自己差不多茕茕孑立，悲从心起：“我从来待你不如其他人，现在只有你还在这里相陪，真令我不胜追愧。今日之事，不仅是因我无德，也是江东衣冠道尽了。”说着，魂不守舍地找地方藏匿。袁宪义正辞严地说：“北兵入都，料定必无所犯。大事已经这样，陛下能到哪里安身呢？我看陛下应正衣冠，御正殿，效仿梁武帝见侯景的故事。”

陈叔宝毕竟不是梁武帝，他既无梁武帝的气魄，更无梁武帝的胆量。此时，他脸色惨白，一边下殿急奔，一边嘟囔：“锋刃之下，怎好轻试？不必多言，我自有办法。”他拉上心爱的张贵妃、孔贵妃，出后堂景阳殿，跑到那口枯井旁，跳井藏身。袁宪拉住陈叔宝苦苦劝谏，后阁舍人夏侯公韵也跑过来用身体挡住井口。陈叔宝气急败坏地把他们推到一边，拉住两个女人跳到井中。

陈朝灭亡，杨坚结束了自东汉以来长达数百年的分裂动荡局面，实现了全国统一。他废除九品中正制，开科取士，奠定了中国科举制度的基础。他对行政机构进行大刀阔斧的改革，创造出一套适合时代要求、有利于加强中央集权的政治制度。他创建的三省六部制和进行的一系列精简机构、裁汰冗官的改革，为以后历代所遵循。他以身作则，严肃吏治的有效措施，促进了社会的高速发展。他实行均田制，提高了农民的生产积极性。而他减轻剥削和检查户口的办法，对促进经济发展和加强国力有重要作用。他继承了汉代以后的儒法兼用的统治手法，又掺进了不少佛家、道家的因素，这就使得他的文化政策更多包容兼蓄，而较少专宗一派。因此，在中国历史上，杨坚是一位功名赫赫的开国皇帝。

杨坚成功地统一了历经数百年严重分裂后的中国，从此中国在大多数的世纪里都保持着他所建立的政治统一。杨坚开了中国科举制度的先河，于开皇七年（公元587年）命各州“岁贡三人”，应考“秀才”。他在位期间，一时繁荣，史称“开皇之治”。